U0113259

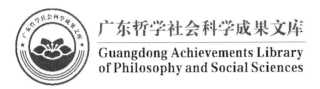

广东哲学社会科学成果文库
Guangdong Achievements Library
of Philosophy and Social Sciences

"一带一路"绿色共同体建设下中国ODI环境效应研究

"YIDAIYILU" LÜSE GONGTONGTI JIANSHE XIA
ZHONGGUO ODI HUANJING XIAOYING YANJIU

杨丽华◎著

中山大學出版社
SUN YAT-SEN UNIVERSITY PRESS
·广州·

图书在版编目（CIP）数据

"一带一路"绿色共同体建设下中国 ODI 环境效应研究/杨丽华著. —广州：中山大学出版社，2022.12
（广东哲学社会科学成果文库）
ISBN 978 – 7 – 306 – 07473 – 7

Ⅰ.①—… Ⅱ.①杨… Ⅲ.①对外投资—直接投资—投资环境—研究—中国 Ⅳ.①F832.6

中国版本图书馆 CIP 数据核字（2022）第 046935 号

出 版 人：王天琪
策划编辑：金继伟
责任编辑：杨文泉
封面设计：曾 斌
责任校对：卢思敏
责任技编：靳晓虹
出版发行：中山大学出版社
电　　话：编辑部 020 – 84110283，84113349，84111997，84110779，84110776
　　　　　发行部 020 – 84111998，84111981，84111160
地　　址：广州市新港西路 135 号
邮　　编：510275　　传　　真：020 – 84036565
网　　址：http：//www.zsup.com.cn　E-mail：zdcbs@mail.sysu.edu.cn
印 刷 者：佛山市浩文彩色印刷有限公司
规　　格：787mm × 1092mm　1/16　19.75 印张　353 千字
版次印次：2022 年 12 月第 1 版　2022 年 12 月第 1 次印刷
定　　价：78.00 元

《广东哲学社会科学成果文库》
出版说明

　　《广东哲学社会科学成果文库》经广东省哲学社会科学规划领导小组批准设立，旨在集中推出反映当前我省哲学社会科学研究前沿水平的创新成果，鼓励广大学者打造更多的精品力作，推动我省哲学社会科学进一步繁荣发展。它经过学科专家组严格评审，从我省社会科学研究者承担的、结项等级"良好"或以上且尚未公开出版的国家哲学社会科学基金项目研究成果，以及广东省哲学社会科学规划项目研究成果中遴选产生。广东省哲学社会科学规划领导小组办公室按照"统一标识、统一封面、统一形式、统一标准"的总体要求组织出版。

广东省哲学社会科学规划领导小组办公室
2017 年 5 月

目　　录

第一章 绪 论

第一节 研究背景

ODI（outward direct investment），即"对外直接投资"。本书将"ODI环境效应"界定为用来考察"对外直接投资与环境变量相互影响关系"的学术术语，研究样本为"一带一路"沿线国家。

本书系《广东哲学社会科学成果文库》立项并资助出版（GD20CGYJ02），选题直接来自作者主持或参与的系列项目：广东省普通高校特色创新项目（2020WTSCX033）、广东海洋大学博士科研启动项目（R20040）、广东海洋大学国家社会科学基金培育项目（C21812）、国家社会科学基金重点项目（22AJL009）。具体而言，下列有关中国 ODI 的理论与现实问题成为本书的写作动机。

一、现实背景

（一）逆全球化思潮日益抬头，数量扩张型 ODI 发展模式难以为继

自 2008 年国际金融危机以来，全球经济增长乏力，保护主义和单边主义开始抬头。美国率先挑起的全球贸易摩擦，叠加地缘政治冲突所产生的不确定性，对国际经贸规则产生巨大影响。以美国和欧盟为首的发达经济体加强了对外直接投资的审查和监管，对外国投资者实行准入限制和不合理调查①，国际投资体制碎片化趋势日益明显，跨国公司面对的营商

---

① 佟家栋、盛斌、蒋殿春等：《新冠肺炎疫情冲击下的全球经济与对中国的挑战》，载《国际经济评论》2020 年第 3 期，第 4 页、第 9－28 页。

环境更加复杂多变。单边主义和保护主义对世界经济的负面影响逐步显现，全球对外直接投资近几年呈现持续低迷的态势。联合国贸易和发展会议（UNCTAD）发布的《2019 年世界投资报告》显示，2018 年全球外国直接投资流量仅为 1.3 万亿美元，较 2017 年下降 13%，远低于 1.85 万亿美元规模的预期值，出现了连续三年下滑的现象[①]；2019 年全球 ODI 流量恢复到了 1.54 万亿美元，但受新冠肺炎疫情的影响，2020 年同比下降近 40%，出现自 2005 年以来全球 FDI（foreign direct investment，外国直接投资）首次低于 1 万亿美元的现象。[②]

新冠肺炎疫情在全球的蔓延，进一步加剧了世界经济下行与分化的压力，强化了近年来抬头的逆全球化倾向。中国将面临全球对外直接投资萎缩和投资结构重构的挑战——各种规则调整加快，国际贸易和投资环境进一步恶化，国际风险增加。在单边思维和保护主义的影响下，中美经贸冲突及两国政治关系进一步恶化，欧美国家对中国海外投资的审核和限制正日趋严苛，中国国有资本在海外的合法经营活动受到严苛的限制。在全球价值链收缩和跨境投资持续低迷的情况下，中国 ODI 流量从 2016 年的 1961.5 亿美元峰值下降到 2017 年的 1582.9 亿美元、2018 年的 1430.4 亿美元、2019 年的 1369.1 亿美元[③]、2020 年的 1329.4 亿美元，ODI 连续 5 年下降的态势，意味着中国对外开放的空间不断受到挤压。

（二）环境议题引关注，环境变量对国际投资影响日益增强

在绿色发展、环境善治等理念不断推行的国际背景下，2015 年联合国《2030 年可持续发展议程》确立了 17 个"可持续发展目标"（sustainable development goals，简称"SDGs"），其对生态环境和持续性发展的关注[④]，对跨国企业的环境与社会责任提出了更高要求。在新冠肺炎疫情全球蔓延、经济下行压力不断增大的形势下，保护主义加上国际社会对环境问题的关注，将催生新的"绿色投资壁垒"，环境变量对跨国投资行为的影响将越来越大。本书根据耶鲁大学发布的环境绩效指数（environmental performance index，简称"EPI"）报告所做的测度结果也验证了这一点：全

---

① 张爽：《从"理性投资"到"高质量发展"的中国对外投资合作》，载《国际经济合作》2020 年第 1 期，第 91 – 103 页、第 329 页。
② 联合国贸易和发展会议（UNCTAD）2020 年 6 月 16 日发布的《2020 年世界投资报告》。
③ 国家商务部、国家统计局、国家外汇管理局：《中国对外直接投资统计公报》，2020。
④ 黄梅波、陈冰林：《促贸援助与 SDGs：中国的角色与定位》，载《国际贸易》2016 年第 2 期，第 24 – 28 页。

球 180 个国家的环境规制水平均值自 2007 年以来一直呈上升趋势（见表 1.1），由 2007 年的 64.91 升至 2016 年的 67.37，说明各国越来越重视环境问题，通过设置更严格的环境规制来减少工业化和全球化所造成的环境风险。东道国对环境保护的呼声日益高涨，环境规制的增强有效激励"一带一路"国家通过转型升级实现绿色化发展[1]，也必将对中国对外直接投资的环境与社会责任提出更高的要求，中国 ODI 面临的环境约束条件将日益严苛。

表 1.1　2007—2016 年全球环境绩效水平均值

年份	全球均值	年份	全球均值
2007	64.91	2008	65.00
2009	65.03	2010	66.06
2011	66.07	2012	66.34
2013	66.05	2014	67.17
2015	67.34	2016	67.37

数据来源：根据 2007—2016 年《全球环境绩效指数报告》计算所得。

（三）高质量共建"一带一路"重要性凸显，环境问题成核心议题

在经济下行压力不断增大、保护主义盛行的国际背景下，"一带一路"在中国构建全方位开放发展新格局中更显重要。即使是受到 2018 年中美贸易摩擦、2020 年新冠肺炎疫情暴发等外部冲击，中国对"一带一路"沿线国家（Belt & Road Countries，BRCs）的投资仍保持稳定增长的态势。2019 年，中国对"一带一路"沿线国家实现直接投资 186.9 亿美元，同比增长 4.5%，占同期中国对外直接投资流量的 13.7%，远高于其同期 6.4% 的存量占比。[2] 2020 年 1—10 月，中国企业对"一带一路"沿线国家非金融类直接投资 141.1 亿美元，同比增长 23.1%，占同期总额

---

① 潘海英、贾婷婷、张可：《中国对"一带一路"沿线国家直接投资：经济发展、资源禀赋和制度环境》，载《河海大学学报（哲学社会科学版）》2019 年第 2 期，第 34 – 46 页、第 106 页。

② 《2019 年度中国对外直接投资统计公报》。

的 16.3%，较 2019 年提升 3.6 个百分点。[①] 预计未来一段时间内，中国对"一带一路"沿线国家的投资合作将继续保持稳定增长态势。共建"一带一路"作为我国构建面向发达经济体和发展中国家两个开放体系、增强自身规则构建功能的主要途径（张晓娣，2020），成为中国坚定不移扩大对外开放的主要途径。

然而，不少发展中国家和新兴市场国家在展现出较大发展与合作空间的同时，逐渐展现出营商环境较差、政策频繁变动等方面的风险。在经济下行压力不断增大的国际背景下，保护主义加上国际社会对环境问题和可持续发展的关注，有可能产生新的"绿色贸易/投资壁垒"。在此背景下，中国对外投资首要考虑的是安全边际和融入全球价值链的问题，以降低环境等非经济因素的影响。

2019 年 4 月，第二届"一带一路"国际合作高峰论坛圆桌峰会将"高质量共建"写入联合公报，提出了"开放、绿色、廉洁"理念，倡导将联合国《改变我们的世界：2030 年可持续发展议程》（简称"2030 ASD"）融入共建"一带一路"，统筹推进经济增长、社会发展、环境保护，让各国实现共同发展[②]，标志着环境与发展质量问题已成为"一带一路"共同体建设的核心议题，这无疑对"走出去"的中国企业承担环境责任提出了新要求。如何在把握东道国环境风险的基础上，强化"一带一路"共建的安全保障及风险治理，构建环境风险应对的快速反应机制，具有极强的现实意义。

（四）中国企业国际化的内生动力与对外投资的风险阻力将长期共存

在国际政治多极化重组、保护主义日益抬头的国际背景下，高质量共建"一带一路"对中国跨国企业的环境责任与治理能力提出了新的要求。然而，中国在"一带一路"的对外直接投资具有显著的环境敏感性特征。本研究以"一带一路"沿线 50 个样本国所做的统计结果表明，中国 ODI 呈现"双高"特征，即 70% 左右的 ODI 存量高度集中于前十大东道国、约 73% 的 ODI 流量分布在能源和化工等环境敏感型行业，意味着中国 ODI 在东道国面临着较高的环境风险。

[①] 中华人民共和国商务部：《中国对外投资合作发展报告 2020》，第 105 页。
[②] 《习近平出席第二届"一带一路"国际合作高峰论坛开幕式并发表主旨演讲》，见 http://www. gov. cn/xinwen/2019 - 04/26/content_ 5386560. htm。最后访问时间：2020 年 8 月 20 日。

中国出口信用保险公司发布的 2019 年《国家风险分析报告》表明，地缘政治风险、经济增长乏力、全球营商环境复杂多变、部分国家债务危机、全球行业发展分化等因素将对未来全球风险前景产生不确定影响，全球国家风险水平总体上升。[①] 在此背景下，外资审查趋严、政策收紧等不确定因素增多，对外投资风险不断增加。《2019 年世界投资报告》显示，2018 年，55 个国家和经济体出台了至少 112 项对外投资政策，其中 1/3 的政策是有关对外资进入的新限制或规定，达到 2003 年以来的最高水平。在新冠肺炎疫情的冲击下，各国经济复苏之路曲折多变，保护主义再度盛行，给中国企业的对外直接投资带来诸多阻力与风险。

中国经济步入"三期叠加期"，国内资源环境约束趋紧、生产成本上升等多重压力不断加大，中国企业"走出去"的内生动力不断增强。[②] 随着"一带一路"倡议的不断推进与国际产能合作的渐进深入，中国对"一带一路"沿线的 ODI 一直维持着高速增长。2016 年以来，虽然中国对外投资流量规模持续下降，但在全球投资流量和存量的占比持续增长并保持高位。《全球投资风险分析报告》的统计数据显示，2016 年，中国 ODI 流量首次占比高于一成，达到了全球总量的 13.5%[③]；2017 年，存量达到了 18090.4 亿美元，中国成为仅次于美国的全球第二大对外投资国；2018 年，中国 ODI 流量为 1430.4 亿美元，虽同比下降 9.6%，但规模仅次于日本，全球排名升至第二位，占全球比重上升至 14.1%，创历史新高；2019 年，ODI 流量为 1369.1 亿美元，同比下降 4.3%，但仅低于日本的 2266.5 亿美元，继续蝉联全球第二，占全球市场份额的 10.4%，连续 3 年全球占比超过 10%。在国际社会对环境和可持续问题的关注不断增强的背景下[④]，践行"一带一路"生态共同体理念，对中国 ODI 环境效应及其背后蕴含的环境风险进行审视，加强 ODI 环境风险治理，是中国 ODI 高质量发展的必然要求。

综上，在全球经济下行压力加大、逆全球化思潮和绿色投资壁垒日益

[①] 张爽：《从"理性投资"到"高质量发展"的中国对外投资合作》，载《国际经济合作》2020 年第 1 期，第 91 - 103 页。

[②] 杨丽华、张诗文、贾林琅：《中国制造业跨国企业环境责任水平测度及提升策略》，载《中南林业科技大学学报（社会科学版）》2019 年第 3 期，第 38 - 44 页。

[③] 韩先锋、惠宁、宋文飞：《ODI 逆向创新溢出效应提升的新视角——基于环境规制的实证检验》，载《国际贸易问题》2018 年第 4 期，第 103 - 116 页。

[④] 胡德胜、欧俊：《中企直接投资于"一带一路"其他国家的环境责任问题》，载《西安交通大学学报（社会科学版）》2016 年第 4 期，第 45 - 51 页。

抬头和增强的国际背景下，环境安全已成为"一带一路"命运共同体的核心议题之一。本研究在对中国 ODI 的行为特征进行深入剖析的基础上，对中国 ODI 的环境效应进行系统审视，探求其风险治理对策，主要解答高质量共建"一带一路"背景下中国对外直接投资所面临的一些亟待解决的问题，比如：哪些因素导致中国 ODI 分布具有高度集中的特征？这些特征是否受东道国环境规制的影响？高度集中的中国 ODI 分布对东道国环境质量的影响效应是什么？这些环境效应是否存在区域和行业的异质性特征？如何识别环境敏感性较高的东道国和行业？如何治理中国在"一带一路"投资的环境风险、提高对外投资的质量？等等。因此，本书具有很强的问题导向性及现实指导意义。

二、理论背景

自 20 世纪 90 年代以来，可持续发展理论和生态经济价值理论受到各国学者密切关注和重视，对外直接投资与生态环境质量的议题日益成为国际经济学领域的热点话题。不断深入的全球化潮流也因被质疑造成了东道国环境质量的恶化而屡遭诟病（Doytch & Uctum，2016）。有关"对外投资与环境变量"关系的研究一直是学术界的热点议题，现有研究展现以下特征。

（1）就研究的理论基础来看，有关环境质量与 ODI 关系的研究主要借鉴了国际贸易理论的分析框架①，主要源于两个视角：一是"污染天堂假说"（Copeland & Taylor，1994，1995），二是"环境库兹涅茨曲线"（Grossman & Kruege，1991，1995）。而近年来有关"污染光晕假说"（Gentry，1998）的出现，则在某种程度上减轻了对全球化的批评（Blanco et al.，2013）。其中，最经典、影响最大的当属"污染天堂假说"和"环境库兹涅茨曲线"。

（2）就研究对象来看，现有文献主要关注发达国家 ODI 对发展中经济体的影响，对类似中国这样的新兴经济体的 ODI 影响效应的研究并不充分。基于南北贸易模型的"污染天堂假说"，基于发达国家 ODI 实践而得出的"环境库兹涅茨曲线""污染光晕假说"，用来解释 ODI 环境效应的"三效应论"（Grossman & Kruege，1991，1995）、"四效应论"等，基

---

① Rezza A A. "A Meta-Analysis of FDI and Environmental Regulations". *Environment and Development Economics*，2014，19（14）.

本是以发达国家 ODI 为研究对象。随着新兴市场跨国企业（emerging market multinational corporations，EMNCs）对外投资的迅猛发展，有关新兴市场国家在东道国 ODI 是"赚一把就走"的掠夺性行为（take-and-leave）①，还是会有利于东道国的长期发展这一议题，日益成为国外文献关注的焦点。在国内，有关新兴国家 ODI 对东道国社会或环境的影响效应、东道国环境政策对新兴国家 ODI 的影响效应等课题的研究刚刚兴起，还有待深入。由于中国企业"走出去"的历史尚短，就研究视角来看，国内研究大多从"内向国际化"视角关注外资"引进来"对中国环境的影响效应，从"外向国际化"视角对中国企业"走出去"的环境效应问题进行关注的研究正在兴起，但并不多见。就研究主题来看，国内相关文献主要聚集于中国企业国际化战略选择议题②，关注其"为什么国际化"（国际化动因）和"如何国际化"（国际化进入模式与区位选择）的问题③，而有关中国企业国际化后对东道国影响效应（国际化效应）的研究并不多见且有分歧，仅有以刘玉博和吴万宗④、刘乃全和戴晋⑤、周伟等⑥、LIANG 等⑦、蔡玲和王昕⑧等为代表的学者对中国 ODI 的东道国环境效应进行了研究。

（3）就研究范式来看，比较单一。大多数研究在探讨"对外投资与环境变量"之间的关系时，主要关注单向传导效应，或对"环境规制作用于 ODI 行为"的机制进行研究，如"污染天堂假说"；或对"ODI 作用于东道国环境质量"的传导效应进行分析，如 Copeland-Tailor 模型，很少

① Giuliani E，Gorgoni S，Günther C，et al. "Emerging versus Advanced Country MNEs Investing In Europe：A Typology of Subsidiary Global-local Connections". *International Business Review*，2014（4）：680 – 691.

② 杨丽华：《服务企业国际化的研究范式及其嬗变趋势》，载《企业家信息（人大复印资料）》2011 年第 11 期，第 18 – 19 页。

③ 杨丽华：《基于学习效应的中资银行国际化行为研究》，经济科学出版社 2015 年版。

④ 刘玉博、吴万宗：《中国 OFDI 与东道国环境质量：影响机制与实证检验》，载《财贸经济》2017 年第 1 期，第 99 – 114 页。

⑤ 刘乃全、戴晋：《我国对"一带一路"沿线国家 OFDI 的环境效应》，载《经济管理》2017 年第 12 期，第 6 – 23 页。

⑥ 周伟、陈昭、吴先明：《中国在"一带一路"OFDI 的国家风险研究：基于 39 个沿线东道国的量化评价》，载《世界经济研究》2017 年第 8 期，第 15 – 25 页。

⑦ Liang D，Xiao H，et al. "The Belt and Road Initiative and the 2030 Agenda for Sustainable Development：Seeking Linkages for Global Environmental Governance". *Chinese Journal of Population Resources of Environment*，2018（3）：203 – 210.

⑧ 蔡玲、王昕：《中国跨国投资、生态环境优势和经济发展——基于"一带一路"国家空间相关性》，载《经济问题探索》2020 年第 2 期，第 94 – 104 页。

同时将两种影响效应结合起来。此外，把环境要素纳入主流国际贸易与对外投资理论的研究框架并用来阐释国际贸易与对外投资的现实问题，是一项具有挑战性的工作，由此决定了有关"ODI 环境效应"的理论范式本身也需要不断发展与完善。

（4）就研究结果来看，关于 ODI 与东道国环境质量之间的关系究竟是正相关还是负相关，学术界并未达成共识，既有学者认为无论在长期还是短期、发达国家还是发展中国家，ODI 都对环境质量起到恶化作用[①]；也有学者认为，ODI 会通过技术示范和产业链连锁效应促进东道国环境质量的改善，从而产生"污染光晕效应"（Birdsall & Wheeler，1993；Raman & Fumio，2000；Kevin & Duncan，2002；Eskeland & Harrison，2003）。

综上，有关"对外投资与环境变量"关系的研究一直是学术界的热点议题。就研究对象来看，现有文献对新兴市场跨国公司 ODI 影响效应的研究比较少见；就研究结果来看，对于 ODI 环境效应究竟是正还是负，学术界并未达成共识；就研究范式来看，大多数研究主要关注了单向传导效应，从"外向国际化"视角对中国企业"走出去"环境效应进行关注的研究尚不充分。在此背景下，本研究突破单向传导效应的限制，以新兴市场跨国公司的典型代表——中国跨国企业为例，以其在"一带一路"沿线国家的 ODI 行为特征为主线，基于"环境效应"理论视角梳理"东道国环境变量作用于中国对外投资行为"和"中国对外投资行为作用于东道国生态环境质量"的双向传导机制，进一步选取环境风险指数对中国 ODI 环境效应进行量化测度，是对现有文献的一种丰富，有助于全面把握中国 ODI 环境效应的具体表征及区位与行业异质性特征并据此提出分类治理的框架。

① Omri A，Nguyen D K，Rault C. "Causal Interactions between CO_2 Emissions，FDI，and Economic Growth：Evidence from Dynamic Simultaneous-Equation Models". *Economic Modelling*，2014，42：382–389；Kim H S，Baek J，"The Environmental Consequences of Economic Growth Revisited". *Economics Bulletin*，2011，31（2）：1198–1211.

第二节 研究目的与意义

一、研究目的

（一）拓展现有 ODI 环境效应相关理论的知识谱系

本研究通过考察"一带一路"共建下中国 ODI 的行为特征、揭示中国 ODI 所面临的现实问题，提出"环境效应"的统领视角，诠释中国 ODI 行为与环境变量之间的逻辑关系，探求中国 ODI 环境效应的双向传导机制，验证共建"一带一路"背景下中国 ODI 的环境效应；并进一步选取环境风险这一代理变量，对中国 ODI 环境效应的具体表征及其异质性特征进行全面把握，提出分类管理的环境风险治理对策，以此勾勒共建"一带一路"背景下中国 ODI 研究的新图景。

（二）为高质量共建"一带一路"提供决策建议

本研究通过机理分析和实证检验，深入探究高质量共建"一带一路"背景下中国 ODI 所亟须解决的现实问题，如为什么中国 ODI 高度集中于某些区域与行业（ODI 动因、东道国环境变量与 ODI 区位选择），如此高度集中的对外投资分布是否对东道国的环境质量有影响（环境效应的验证）；中国 ODI 环境效应的具体表征是什么（代理变量环境风险的引入），如何对其进行量化测度（环境风险的行业与异质性特征）；风险治理的路径有哪些；等等。通过对这些现实问题的解答，以期为高质量共建"一带一路"背景下政府部门识别和管理对外投资的环境风险提供决策参考。

二、研究意义

（一）拓展 ODI 环境效应的研究视野与知识谱系，创新其研究范式

不同于以往研究从"内向国际化"视角关注外资"引进来"对东道国环境的影响，本研究从"外向国际化"视角关注中国企业"走出去"

对东道国环境的影响，拓展了 ODI 环境效应的研究视角。通过考察高质量共建"一带一路"背景下中国 ODI 的行为特征、揭示中国 ODI 所面临的现实问题，提出"环境效应"的统领视角，诠释中国 ODI 行为与环境变量之间的逻辑关系，探求中国 ODI 环境效应的双向传导机制，验证高质量共建"一带一路"背景下中国 ODI 的环境效应；并进一步选取环境风险这一代理变量，对中国 ODI 环境效应的具体表征及其异质性特征进行全面把握，提出分类管理的环境风险治理对策，以此勾勒高质量共建"一带一路"背景下中国 ODI 研究的新图景。

在内容框架的构建上，本研究以"中国 ODI 行为特征"为逻辑起点，揭示其在当今复杂的国际形势下所面临的现实问题，提出了"环境效应"的统领视角，跳出单向思维的研究模式，沿着两条主线对中国 ODI"环境效应"的双向传导机制进行研究，向前探讨中国 ODI 分布高度集中的影响因素是什么，特别是东道国环境规制的影响效应；向后探讨中国 ODI 行为对东道国环境质量的影响效应是什么，创新了 ODI 环境效应研究范式，对现有文献是一种丰富，也是对笔者前期研究的深入与拓展。

（二）探究共建"一带一路"背景下中国 ODI 所面临的环境安全问题

从研究内容来说，本书在对中国 ODI 的行为特征进行深入剖析的基础上，通过机理分析和实证验证，从环境效应视角对其在东道国的 ODI 行为及其影响因素、影响效应进行研究，深入探究高质量共建"一带一路"背景下，中国对外直接投资所亟须解决的现实问题：①中国 ODI 为什么高度集中于某些东道国？为了解答这个问题，本研究要弄清楚中国 ODI 的动因是什么，区位选择的影响因素有哪些，特别是东道国环境规制是否对中国 ODI 区位选择产生影响。②如此高度集中的对外投资分布，对东道国环境质量有何影响？这些环境效应是否具有区位和行业的异质性特征？解答这些问题，将有助于识别那些中国 ODI 环境效应较大的东道国和行业。③中国 ODI 所面临的环境风险是什么？有何特征？是否可以量化测度？如何管理中国在"一带一路"投资的环境风险？对这些问题的解答，使得本研究具有明确的问题导向特征，将有助于了解东道国环境风险来源及国别差异性，可以为共建"一带一路"生态共同体的背景下中国 ODI 环境风险治理提供有效方法、手段与对策建议。

（三）揭示中国对外投资的现实问题，为高质量共建"一带一路"提供新思路

本研究通过重点解读联合国《2030 年可持续发展议程》中有关环境和可持续发展的目标要求，基于环境效应视角，深入研究共建"一带一路"的背景下中国对外直接投资的行为特征及其关键影响变量，把握其投资行为对东道国环境质量的影响及由此而产生的 ODI 环境风险，有助于加大对对外投资项目的风险研判力度，尽早预警共建"一带一路"过程中可能面临的环境风险，以应对国际环境的不确定性和对外投资风险问题，并据此提出保障"一带一路"绿色发展的措施，为政府和企业制定可持续发展的对外投资战略提供理论依据与政策建议，以期在保障母国与东道国生态环境可持续发展的基础上实现中国 ODI 的可持续发展，因而具有较强的现实指导意义和社会价值。

第三节 研究思路及方法

一、核心概念界定

本研究将 ODI 环境效应界定为用来考察"对外直接投资与环境变量"之间相互关系的学术术语。该术语起源于国际贸易与环境的共生与协调问题，最早就国际贸易环境效应展开研究的是经济学家 Grossman[1]，他于 1990 年首次提出，从长期来看，环境质量与经济增长呈倒"U"形曲线关系，这一研究后来进一步发展成为著名的"环境库兹涅茨曲线"。由于国际贸易环境效应问题比 ODI 更早受到关注，且 ODI 与国际贸易都属于对外经济活动范畴，目前国内外大多数有关 ODI 环境效应的研究直接借鉴了国际贸易的分析框架，形成了三种最具代表性的流派："环境库兹涅茨曲线""污染天堂假说"和"污染光晕效应"，前者主要关注东道国环境规制对 ODI 区位选择的影响效应，后两种学派则关注 ODI 对东道国环境质量的影响效应。

---

① 李怀政：《国际贸易与环境问题溯源及其研究进展》，载《国际贸易问题》2009 年第 4 期，第 68－73 页。

本研究在对国内外相关文献和中国 ODI 行为特征进行全面把握的基础上，考察共建"一带一路"背景下中国 ODI 行为所蕴含的环境问题，突破单向传导的研究范式，对环境效应的传导路径及其理论内涵进行如下界定。

就作用方向来看，环境效应包括"东道国环境变量对 ODI 区位选择的影响效应"和"ODI 对东道国环境质量的影响效应"双向传导路径，其中东道国环境变量主要研究"环境规制"对中国 ODI 区位选择的影响效应。此外，引入"环境风险"代理变量对 ODI 环境效应进行具体表征及度量。与环境效应的双向传导机制相呼应，本书中的环境风险既考察东道国环境变量变动对中国 ODI 带来的不确定性（如第五章对东道国环境规制影响中国 ODI 区位选择的研究，通过验证中国 ODI 是否倾向于流向环境规制水平低的东道国，来判断其所面临的环境风险大小），也考察中国 ODI 对东道国环境质量的影响（如第六章对中国 ODI 作用于东道国环境质量影响效应的研究、第七章对中国 ODI 行为所产生的环境风险表征的研究）。

二、研究思路

遵循"理论凝练—研究范式界定—模型构建—实证检验—研究启示与对策建议"的技术路线（见图 1.1），即以共建"一带一路"背景下中国 ODI 的行为特征分析为逻辑起点，考察中国 ODI 的实际表现与高质量共建"一带一路"目标之间的差距，引出"环境效应"的出场语境（发现问题）；沿着"东道国环境变量作用于中国对外投资行为""中国对外投资行为作用于东道国环境质量"的双主线，构建中国 ODI 环境效应的双向传导范式（界定研究范式）；然后在此基础上构建理论模型并进行实证检验（分析问题）；最后，对中国 ODI 环境效应背后所蕴含的环境风险及治理对策进行研究（解决问题）。

三、研究方法

本研究采用规范分析与实证分析相结合的方法，其中，对有关 ODI 动因、环境规制作用于 ODI 区位选择、中国 ODI 作用于东道国环境质量等理论机理的论证主要采取规范分析的方法。实证部分采取以下方法对课题展开深入研究。

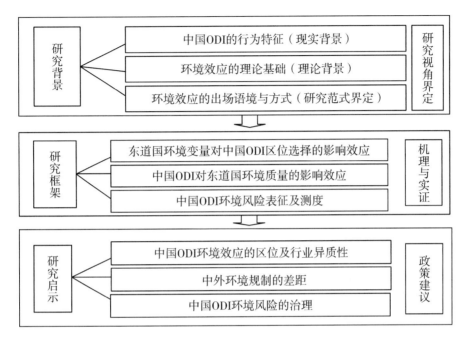

图 1.1 研究思路与技术路线

（一）面板回归分析法

在对中国 ODI 环境效应的双向传导机制进行实证检验时，考虑到某些变量如 ODI 行为、环境污染等可能受上一期变量的影响，有必要考虑被解释变量的滞后项，某些解释变量如 ODI、环境规制等也许会受到其他变量的影响而产生内生性。此外，在模型构建中还有可能遗漏了其他解释变量，这些遗漏的变量会使扰动项与控制变量产生相关性。因此，本研究采取动态面板 GMM 回归法，运用 Stata 15.0 软件，利用中国在"一带一路"样本国 2007—2016 年的相关面板数据，对中国 ODI 环境效应进行实证检验。分样本回归时因样本数据减少，所以采用固定效应回归技术进行分析。

具体来说，在第四章动因分析中，对全样本国家投资动因进行实证分析时，采用了差分 GMM（generalized method of moments，动态面板广义矩估计），以解决被解释变量滞后项及相关变量的内生性问题；在分样本验证时（按经济走廊和收入水平划分时），因为样本数据减少、差分 GMM 的适用性下降，故采取变量滞后一期的固定效应回归，对中国在不同区域和不同收入水平的东道国的投资动因进行分析。而基于行业和区位的异质性效应，则采用基于国别、行业或收入层面的分样本回归，因为样本数据减少，所以采用固定效应回归技术对中国 ODI 动因进行分析。

第五章验证环境规制对中国 ODI 区位选择的效应时，因环境规制具有滞后性，参考张友棠和杨柳（2018）等的做法，选取滞后一期的环境规制为核心解释变量，采用系统 GMM 回归法对东道国环境规制作用于中国 ODI 区位选择的影响效应进行了验证。

第六章东道国环境效应验证中，从规模效应、结构效应、技术效应及总效应视角，采用随机效应回归模型对中国 ODI 作用于东道国环境质量的影响效应进行分析。

（二）纵横向拉开档次法和熵值法

在污染指数测度方法选择上，本研究需要构建各东道国环境污染面板数据，借鉴郭亚军（2002）、曾慧（2016）等的做法，采用纵横向拉开档次法构建和计算环境污染综合指数，运用 MATLAB R2016a 对各东道国环境污染现状进行动态综合评价。

在对 ODI 环境效应和环境风险的空间异质性进行分析时，鉴于在可观测期内各东道国环境风险指标的变化并不大，也基于数据的可获得性，第八章的东道国环境风险指数测度采用截面数据，对各东道国环境风险指数的时间演化及空间差异特征进行对比分析，采取熵值法对环境风险指数进行测度，并运用 SPSS 21.0 进行聚类分析，对各东道国环境风险的空间分布特征及时间演化趋势进行分析。

在代理变量的选择上，在第七章的中国 ODI 的环境风险表征分析中，基于数据的可获得性，本研究根据《中国对外投资追踪数据》（*China Global Investment Tracker*，CGIT）的统计口径，创新性地将环境敏感型行业的不良投资（troubled transactions）界定为中国 ODI 环境风险的代理变量之一[1]，从环境敏感型行业不良投资的区位、行业、主体分布多个视角，对中国 ODI 面临的环境风险表征进行了分析。

综上，本研究立足于新兴市场对外投资与环境质量关系的热点前沿，

---

[1]　由于我国企业外向国际化的历史较短，有关中国 ODI 质量的测度数据很有限，仅有美国企业研究所（American Enterprise Institution）和传统基金会（Heritage Foundation）发布的《中国对外投资追踪数据》（*China Global Investment Tracker*，CGIT），对中国自 2005 年以来投资金额在 1 亿美元以上的每一笔对外直接投资（ODI）、海外工程投资项目（construction contracts）及不良投资进行跟踪汇报。CGIT 将因非商业性原因而导致的投资失败案例界定为不良投资。

将关注焦点放在中国企业 ODI 的行为特征与环境风险、东道国环境风险来源及空间差异等主题上。在国内研究较少的背景下，本研究旨在探求共建"一带一路"背景下中国 ODI 安全保障与环境风险治理的新思路。

四、研究样本

2015 年 3 月国家发展改革委、外交部、商务部（简称"三部委"）联合发布了《推动共建丝绸之路经济带和 21 世纪海上丝绸之路的愿景与行动》（简称"《愿景与行动》"）；2015 年 7 月"一带一路"建设推进工作会提出了"新亚欧大陆桥、中蒙俄、中国—中亚—西亚、中国—中南半岛、中巴、孟中印缅"六大经济走廊，明确了"一带一路"倡议下的重点关注区域，并提出了三点要求：①根据国家政策走向尽早预警走廊建设可能面临的环境和社会风险，提出保障"一带一路"沿线区域绿色发展的措施；②弄清各国的环境和社会环境管理制度和要求；③推动对外投资国家间的交流，优化国别间投资机构的环境管理程序建设。

为响应"一带一路"建设推进工作会于 2015 年 7 月对"一带一路"重点区域的部署和"一带一路"绿色共同体建设的要求，本研究聚焦于"一带一路"沿线四大国际经济合作走廊——"新亚欧大陆桥""中国—中亚—西亚""中国—中南半岛""孟中印缅"东道国为本研究的样本（详见书末附表 3、附表 4）。

有关中国对外直接投资数据的统计来源主要有两个：其一是中国商务部（Ministry of Commerce of the People's Republic of China，MOFCOM）发布的《中国对外直接投资统计公报》，其二是美国企业研究所和传统基金会发布的《中国对外投资追踪数据》①（简称"CGIT"）。前者从宏观层面记录中国 ODI 的流动状况，是本研究的主要数据来源；后者则基于微观视角对每一笔交易金额在 1 亿美元以上的对外投资进行记录，是本书的补充数据来源。本书优先选用所有能从《中国对外直接投资统计公报》中获取的数据，因数据可获得性好，样本国一般在 58 个左右，如第三章第一、二节及第四章和第五章的实证分析；第六章因东道国数据限制，样本

---

① 《中国对外投资追踪数据》（CGIT）与《中国对外直接投资统计公报》数据的差别体现在：CGIT 使用实时的企业信息披露，从微观层面记录每一笔对外投资交易，而商务部基于宏观层面使用资本流动的季度报告；CGIT 只记录 1 亿美元以上的投资，如果中国出现大量金额相对小的海外直接投资，这两个数据库统计结果的差距会加大。

国减少至 38 个；只有当涉及某东道国某细分行业的微观 ODI 数据时，才选用 CGIT 的数据进行补充分析，因数据可获得性，将德国、荷兰、法国、瑞士、意大利纳入新亚欧大陆桥区域，将样本国拓展到 50 个，如第三章第三节及第七章的实证研究。

第四节 研究内容及创新

一、研究内容

本书将"ODI 环境效应"界定为用来考察"对外直接投资与环境变量相互影响关系"的学术术语。以共建"一带一路"背景下中国对外直接投资的行为特征为起点，本书跳出单向思维的研究模式，沿着两条主线对中国 ODI"环境效应"的双向传导机制进行研究，向前探讨中国 ODI 分布高度集中的影响因素是什么（特别是东道国环境规制的影响效应）；向后探讨中国 ODI 行为对东道国环境质量的影响效应是什么。沿着中国 ODI 环境效应背后所蕴含的环境风险及其治理等主题展开了深入研究，主要内容阐述如下。

（一）文献综述与研究范式界定

1. ODI 环境效应的研究进展与嬗变轨迹

沿着对外直接投资理论及 ODI 环境效应两大主题，对相关研究学术史及研究动态进行系统梳理，以此构成本书的理论基础。

2. 环境效应的内涵界定

基于中国 ODI 行为特征所蕴含的环境问题，引出本研究范式的应用情境及方式，在全面把握 ODI 环境效应现有研究范式及其嬗变轨迹的基础上，界定环境效应的理论内涵。

3. 研究范式界定

跳出单向思维的研究范式，沿着"东道国环境变量作用于中国 ODI 行为"和"中国 ODI 行为作用于东道国环境质量"双主线，创新性地提出中国 ODI 环境效应的双向传导机制。

（二）共建"一带一路"背景下中国ODI行为特征及其影响因素研究

1. 共建"一带一路"背景下中国ODI行为特征

主要对中国ODI的总体特征进行把握，以此构成本研究的现实背景。主要内容包括：①中国ODI进程、规模及发展趋势；②中国ODI区位与行业分布特征。

2. 基于动因视角的中国ODI区位选择行为研究

新兴市场国家企业国际化动因具有多元化特征，不同的ODI动因会产生不同的环境效应。在第四章，本研究基于中国ODI存量数据，利用系统GMM面板回归法从动因层面对中国ODI区位分布的影响因素进行实证分析。全样本回归结果表明，市场寻求与效率寻求动因是影响中国ODI区位分布的重要因素；分样本回归结果表明，在中国—中亚—西亚经济走廊，自然资源寻求动因的影响效应超过了制度因素（政治稳定性）的负向抑制效应，从动因视角进一步印证了中国ODI的区位分布具有环境敏感性特征。

（三）中国ODI"环境效应"的双向传导路径

1. 东道国环境规制对中国ODI行为的影响效应

此部分旨在确定中国ODI是否具有"污染天堂效应"，如果有，在哪些东道国的"污染天堂效应"更大。我们引入环境规制这一核心解释变量，构建了拓展的投资引力模型，基于中国在58个样本东道国2007—2016年的面板数据，采用系统GMM回归法对东道国环境规制作用于中国ODI区位选择的影响效应进行了验证。结果表明，东道国环境规制水平越宽松，流向该国的ODI存量越多。根据全球环境规制均值，将样本国分为高水平组和低水平组进行稳健性检验，结果表明：当环境规制水平提高时，低水平组国家将会显著抑制ODI的流入；而高水平组国家的负向抑制程度更低。这意味着中国企业ODI在低水平组国家面临的环境风险更大，因为这些国家通常是中低或低收入国家，未来环境规制变动的可能性更大。

2. 中国ODI对东道国环境质量的影响效应

在第六章，本研究基于Copeland-Tailor模型，从规模效应、结构效应、技术效应和总效用等构面，对中国ODI作用于东道国环境质量的理论机理进行梳理，据此构建理论模型。实证分析采用随机效应回归模型，重点考察中国 ODI 的流入对东道国污染排放水平的影响。选取东道国人均 GDP、第二产业占 GDP 总量比重（第二产业通常为高碳排放产业）、技术要素等指标分别作为规模效应（测试经济规模与收入水平是否会对东道国污染水平和环保理念产生影响）、结构效应和技术效应的代理变量，选取东道国环境规制变量（REG）为控制变量，对中国 ODI 的生态环境效应进行验证，由此廓清中国 ODI 环境效应的异质性特征。研究结果表明，中国 ODI 存量占东道国吸引外资之比与东道国污染排放水平负相关，中国 ODI 改善了东道国的环境质量；东道国的环境规制对污染排放水平具有负向抑制作用，而东道国经济发展规模与污染排放水平显著正向相关；东道国第二产业占比和技术要素水平对污染排放水平的回归系数为正，但统计显著性不强，说明结构效应和技术效应不显著。

（四）中国 ODI 的环境风险问题研究

1. 中国 ODI 环境风险表征

基于风险来源视角，沿着两个角度对中国 ODI 环境风险进行整体上的把握。

其一是东道国层面的环境风险表征，包括：①东道国生态环境脆弱性，基于气候、森林、水、土地资源等资源禀赋进行测度；②东道国自然资源损耗风险，用能源消耗结构、人均资源消耗等指标测度；③东道国环境规制变动风险。

其二是中国 ODI 行为特征层面的环境风险表征，从中国 ODI 特定投资行为及 ODI 质量两个视角进行分析。前者选取环境敏感型行业的国别分布现状对环境风险进行研究；后者选取中国在环境敏感性行业的不良投资作为环境风险的代理变量，数据来自《中国对外投资追踪数据》，从不良投资的区位与行业分布特征、环境敏感型行业的国别分布两个视角，对中国在主要样本国所面临的环境风险进行了分析。

2. 东道国环境风险测度

采用截面数据，对各东道国环境风险指数的时间演化及空间差异特征进行对比分析。沿着"选取测度指标—环境风险指数测度—聚类分析及空间差异性分析"的技术路线，采取熵值法构建和测度环境风险指数，对各东道国环境风险的空间分布特征及时间演化趋势进行分析，以廓清中国 ODI 在各东道国面临的环境风险及其空间差异性特征。

（五）共建"一带一路"背景下中外环境制度的差异

为进一步廓清高质量共建"一带一路"背景下中国在环境保护方面的现有制度建设和实际履责水平与联合国《可持续发展目标》（SDGs）框架等国际通行规则之间的差异，本研究从宏观和微观两个视角对中国ODI环境制度现状进行分析。

1．宏观视角：中国环境规制与国际通行规则的比较

通过比较分析法，对联合国《2030年可持续发展议程》中的SDGs框架、国际通用规范体系、与中国有关环境规制的现行规范进行对比分析，重点考察中国环境规制与SDGs框架、国际"硬法律"（各类国际环保公约）、国际"软法律"（如赤道原则、国际金融公司的《环境与社会可持续性绩效标准》与OECD（经济合作与发展组织）的《跨国公司指南》）之间的制度差异，研究结果表明，我们可以借鉴改进之处有：①中国ODI环境规制的"硬性法律"条款有待完善。中国现行的对外投资环境规制多由相关部门联合颁发，法律硬性约束力低，缺乏专门针对对外投资的环境保护方面的法律法规。②环境责任范围有待扩展。SDGs国际通用规范则包括环境污染防治、生态气候、生物多样性、企业社会责任与义务等全方位的责任界定，而国内颁发的环境保护规制关注点主要集中在对森林资源、矿产资源的保护及对企业的对外投资活动指引，有些领域的环境责任界定不清。③可量化的企业环境责任标准有待加强。国际通用规范明确规定了企业的环境责任，并制定了一系列企业环境评估和管理的工具方法，为企业履行环境责任提供更为具体的标准；中国可借鉴国际规则进一步健全可量化的、操作性强的环境责任标准。

2．微观视角：中国跨国企业环境责任履行现状

在绿色发展与环境善治等理念盛行的国际背景下，如何实现企业跨国经营与东道国的社会、环境效应的双赢，成为中国跨国企业不得不面对的战略考量。[①] 本研究依据和讯网发布的企业社会责任评价标准，构建了中国制造业跨国企业环境责任评价的5个指标维度，选取了85家沪深两市A股制造业上市公司为样本，对其整体企业环境责任水平及各维度得分进行测度。研究结果表明：①中国制造业环境责任履行水平在缓慢增长，但仍有较大提升空间。全样本加权得分在2008—2017年间稳步增加，但总

① 刘宏、苏杰芹：《中国对外直接投资现状及存在问题研究》，载《国际经济合作》2014年第7期，第37–41页。

体得分率偏低，全样本加权得分比仅为 40% 左右，其中 41.76% 的样本得分在 0～10 分之间，仅有 6.59% 的样本企业得分在 20～25 分的高绩效区间，由此可见我国大部分制造业跨国企业环境责任的履行情况有待改善。②国有企业一定程度上代表了政府，在追求经济利益的同时要兼顾社会公众的利益，因此，其环境履行情况比非国有企业好。非国有企业的环境履行水平一般来说比国有企业更低。

（六）共建"一带一路"背景下中国 ODI 环境风险治理对策

基于中国 ODI 的行为特征及其影响因素、中国 ODI 生态环境效应及所蕴含的环境风险特征，以及中国环境制度建设与国际规则的差距，本研究提出了中国 ODI 环境风险治理的对策。以高质量共建"一带一路"为契机，创新与对外投资环境保护相关的制度，主动探求中国 ODI 环境治理与联合国《2030 年可持续发展议程》环境目标的有机融合；推动中国对外直接投资企业向高新技术密集型、清洁型产业的转型升级；依据东道国环境变量及其变动趋势优化中国 ODI 区位选择，防范环境规制带来的潜在风险，以上这些都是中国 ODI 环境风险治理的重点。

二、主要观点

本研究创新性地界定了中国 ODI 与环境变量之间的双向传导效应，提出了以下学术观点。

（1）在环境问题已成为共建"一带一路"的核心议题这一现实背景下，中国 ODI 区位分布高度集中于某些特定国家、行业分布集中于环境敏感型行业的行为特征，折射出中国对外直接投资的实际表现与共建"一带一路"高质量目标存在差距，中国 ODI 面临着较大的环境风险。在此情境下，对中国 ODI 行为与环境变量之间关系的研究，及时呼应了高质量共建"一带一路"背景下对环境议题的关注，具有很强的现实意义及问题导向特征。

（2）中国 ODI 行为与环境变量之间的关系是双向的。以"中国 ODI 区位分布高度集中于某些特定国家"的行为特征为现实起点来观察，中国 ODI 行为会对东道国环境质量产生影响；东道国的环境规制变量同样也会对中国 ODI 行为产生影响。本研究提出的"环境效应"双向传导的研究范式，从理论上可以解释中国 ODI 高度集中于某些特定区域的区位选择行为，验证中国 ODI 是否存在"污染天堂效应"；从实践层面可以识别那些较高风险的东道国，有助于全面把握高质量共建"一带一路"背景下中国 ODI 环境安全问题。

（3）从动因层面来看，新兴国家 ODI 具有多重动因，不同的动因会产生不同的环境效应，因此也被纳入"环境效应"的分析框架。在高风险区域（如原独联体、中国—中亚—西亚经济走廊）的"资源寻求型"动因，使得中国 ODI 面临着更高的环境风险。

（4）中国 ODI 的行为特征，加上东道国生态环境约束条件和环境规制水平变动风险，成为中国 ODI 环境风险的主要表征。政策稳定性越差、环境规制水平越宽松的东道国，未来规制水平提高的可能性越大，环境风险也更大。

（5）对来自东道国层面的环境风险进行测度时，要从"风险源""受体脆弱性""受体恢复性"三个构面构建环境风险测度指标体系，对东道国环境风险进行尽可能全面而客观的测度。

（6）东道国环境风险水平在空间和行业的异质性特征，是我们提出 ODI 风险分类管理的现实依据。比如，通过对样本国总体生态环境风险的综合评价，将样本国划分为三类：自然资源禀赋较好、经济发展较为依赖能源资源出口的国家；自然资源能源较丰富、生态环境质量较好但经济发展水平较低的国家；生态环境风险低、经济社会整体发展状况较好的国家。对此，我们可以在环境风险管理方面实行分类管理。

三、创新之处

（一）研究视角的新颖性

从理论背景来看，现有文献主要关注发达国家 ODI 的环境效应，由于中国企业"走出去"的历史尚短，国内相关研究主要聚集于中国企业国际化战略选择，关注其国际化动因、进入模式与投资区位选择等问题，有关中国 ODI 与东道国环境变量关系的研究并不多见。国内研究大多从"内向国际化"视角关注外资"引进来"的环境效应，本研究则从"外向国际化"视角关注中国企业"走出去"的环境效应，创新了有关 ODI 环境效应的研究视角。

（二）研究范式的创新性

本研究跳出单向思维的研究模式，以"中国 ODI 区位分布高度集中于某些特定国家"的行为特征为现实起点，向前探求东道国环境规制对中国 ODI 分布的影响效应，向后追溯中国 ODI 对东道国环境质量的影响效应，提出了环境效应的双向传导范式，不仅拓展了现有研究的视野与范式，也是对笔者前期研究的拓展与深化。

（三）学术观点的创新性

基于中国 ODI 的行为特征及高质量共建"一带一路"背景下环境治理目标，本研究创新性地界定了 ODI 环境效应的内涵及其表现形式，首次框定了中国 ODI 与环境变量之间的双向作用机理，创新性地提出了以下学术观点。

（1）中国 ODI 的区位分布和产业选择都具有环境敏感性特征，因此，"环境效应"的研究视野具有明确的问题导向型特征。

（2）有关东道国环境规制对中国 ODI 区位选择影响效应的研究，从理论上可以用来解释中国 ODI 高度集中于某些特定区域的区位选择行为，验证中国 ODI 具有"污染光晕效应"还是"污染天堂效应"；从实践层面有助于识别那些较高风险的东道国，因而是"环境效应"的两大传导路径之一。

（四）研究内容的前沿性

本研究具有明确的问题导向性，及时呼应了高质量共建"一带一路"背景下对环境议题的关注。本研究对 ODI 环境效应传导机制的梳理与验证，将有助于识别那些环境敏感性较大的东道国和行业，为高质量共建"一带一路"背景下中国 ODI 环境安全问题的解决提供新的思路，也深化了现有研究的内容。

第二章　理论基础与研究范式界定

本章将围绕着"对外直接投资理论"和"对外直接投资环境效应"两大主题对相关文献进行梳理，以形成本研究的理论基础。

第一节　有关对外直接投资的理论基础

对外直接投资理论主要解答企业对外投资的三大行为及其影响因素，即为什么国际化（动因）、到哪里国际化（区位选择）、如何国际化（进入模式选择）。就研究对象来看可以分为两大阵营：一是发达国家跨国公司的对外直接投资理论；另一个是有关新兴市场国家跨国企业的国际化研究。

一、基于发达国家情境的理论研究

自斯蒂芬·海默（S. Hymer）提出垄断优势理论到邓宁（Dunning）折中范式的形成，跨国公司理论虽然流派纷呈，但其基本分析框架都是以垄断优势为核心，将跨国公司对外直接投资视为利用其现有优势的过程。

（一）垄断优势理论视角

海默将产业组织理论中的垄断原理用于对跨国公司行为的分析[1]，首次从垄断优势视角对企业对外直接投资行为进行解释，认为国际直接投资是市场不完全性的产物，企业对外直接投资的动因来源于其拥有在技术、

---

① 吴先明：《跨国公司理论范式之变：从垄断优势到寻求创造性资产》，载《世界经济研究》2007 年第 5 期，第 64 - 68 页、第 88 页。

规模、营销网络、创新能力、国际声誉等方面的垄断优势①，形成了独树一帜的垄断优势论。后经其导师金德尔伯格（Kindleberger）及 Caves 等学者的进一步拓展，垄断优势理论发展成为最早的对外直接投资理论，对后面的研究产生了深远影响。Kindleberger 提出，跨国公司的垄断优势主要来自三个源泉：一是产品市场的异质性特征，如产品差异、特有的营销资产等；二是要素市场的异质性，如专利技术、经营诀窍和管理技能等；三是企业的规模经济效应。② 这些优势的存在，会成为企业以对外直接投资或出口等形式来进行国际化扩张的动因，以保持现有优势、获取超额利润。③ Knickerbocker 从垄断企业战略竞争角度提出寡占反应理论，把企业对外直接投资分为"进攻性投资"与"防御性投资"④，认为跨国公司在某海外市场投资后，其母国或第三国的竞争对手会采取"战略跟随"，较好地解释了寡头垄断公司对外投资的区位选择，进一步发展了海默、金德尔伯格的理论。

垄断优势论的主要代表者有 Hymer、Kindleberger、Caves、Agmon & Lessard，该理论以产业组织理论为基础，突破了传统理论中完全竞争的假设，突出了知识资产和技术优势对企业跨国经营的促进作用，解释了企业国际化的动因，并从理论上开创了以国际直接投资为研究对象的新领域。但该理论未能解释具有垄断优势的企业为什么采取 FDI 的模式而不是出口或许可经营的模式，因而难以对 FDI 的区位和产业选择行为进行解释。

（二）交易成本与内部化理论视角

美国学者科斯（Coase，1937）认为，只要企业在内部组织交易的费用低于公开市场交易的成本，企业就应该将交易内部化。威廉姆森（Williamson，1985）认为交易成本的衡量取决于三个维度：资产特殊性、不确定性和交易频繁度，其中最为重要的是资产特殊性。如果这些变量是高价值的，应采用内部化模式。英国学者巴克利和卡森把科斯的市场交易内

---

① Hymer S. *The International Operations of National Firms: A Study of Direct Foreign Investment.* Cambridge, MA MIT Press, 1960.

② Kindleberger C P. *American Business Abroad.* New Haven: Yale University Press, 1969.

③ 宋亚飞：《中国企业跨国直接投资研究》，东北财经大学出版社 2001 年版，第 26 - 28 页。

④ Knickerbocker F. *Oligopolistic Reaction and Multinational Enterprise.* Cambridge, MA: Harvard University Press, 1973.

部化设想扩大到企业对外直接投资，丰富了内部化理论。① 他们认为某些优势来源（如专技知识、专利权、人力资本等）是不稳定的，从市场取得这些优势的成本相对较高，企业只有将这些优势内部化，才能确保稳定的利益。

相关的研究表明，力求成本最小化（运输成本等＋威廉姆森的交易成本），仍是跨国公司进行区位选择时的重要标准。区位经济学中的市场学派强调市场接近性，以降低运输成本、市场搜寻成本以及信息交流成本（由心理距离决定），便于人员的招聘及消费者反馈。如 Mariotti & Piscitello 认为信息成本的高低对外商投资区位选择也有着重要的影响。

之后加拿大学者鲁格曼（Rugman，1981）对内部化理论加以发展。认为世界上不仅存在不完全竞争的最终产品市场，而且更为重要的是存在中间产品的不完全竞争市场，这主要由政府的关税、贸易壁垒、外汇管制与汇率政策等引起。这些要素或中间市场存在着严重的交易成本，企业为了克服市场的不完全性，因而将此类活动置于共同的所有权及控制之下，以内部市场的流动取代外部市场的交易。

内部化理论划分了中间产品市场不完全性与最终产品市场不完全性的区别，对跨国公司用内部化的生产来克服中间产品的不完善性以减少交易成本的行为进行了解释，因而更接近国际化生产过程的实际。内部化理论对跨国公司的内在形成机理有比较普遍的解释力，对发达国家和发展中国家都适用，是较有影响的国际直接投资理论之一。但有研究者指出，内部化理论或交易成本理论由于依赖于导致市场失灵的那些条件，因而不适合用来比较 FDI 与出口这两种不同的进入模式（Erramilli & Rao，1993；Ekeledo & Sivakamur，2004），该理论也未能解释企业 FDI 的动机和区位选择。

（三）国际生产折中理论视角

国际生产折中理论由 Dunning 于 20 世纪 70 年代提出并建立，并在随后的几十年经 Dunning 不断发展和充实。该理论综合了垄断优势理论、内部化理论和交易成本理论的观点，用"三优势"（所有权优势、区位优势、内部化优势）的分析范式来解释企业的国际化行为。Dunning 指出，所有权优势（ownership advantages）和内部化优势（internalization advanta-

---

① Buckley P J, Casson M. *The Future of the Multinational Enterprise*. New York：Holmes and Meiers，1976.

ges）只是企业对外直接投资的必要条件，而区位优势（location advantages）是对外直接投资的充分条件。这一模型代表了多种理论及方法的综合运用，并创造了新的决定因素，因此又被称为 OLI 范式，得到了广泛的认可和应用。

大多数有关跨国企业动因与区位选择的研究，以 Dunning 的折中理论为基础，从企业所具有的排他性垄断优势（如先进的技术水平等）、区位优势（如市场规模、劳动力成本、自然资源禀赋等优势）以及内部化优势（如通过在海外并购或新建子公司、通过内部化使用其拥有资产而产生的优势）三个层面对企业国际化动因及行为进行研究。

伴随着跨国公司全球价值链的构建以及发展中国家跨国公司的兴起，折中理论的解释力开始受到质疑。理论界对折中范式的批评主要集中在缺乏动态性和难以实证两个方面：一方面，认为折中范式未能对跨国公司的特定优势本身的变化做动态的分析，而跨国公司研发活动的国际化意味着跨国公司的全球扩张不仅是利用优势的过程，而且是创造优势的过程；另一方面，关于缺乏垄断优势的发展中国家企业会对欧美等发达国家投资的问题，折中理论很难解释后起的发展中国家企业对发达国家的逆向投资。①

（四）异质性厂商贸易理论视角

尽管在现有企业国际化的研究中，以 Dunning 为代表的折中理论综合了多种理论及方法，居主流地位。但由于其分析框架大多建立在经济效率分析基础上，忽略了组织学习、企业战略、竞争因素等变量对国际化的影响，被质疑与现实不符。② 近 20 年来，许多学者逐渐将研究重心移向微观层面，基于企业和企业家层次，从内生性视角对企业的国际化行为进行解释。比如异质性厂商贸易理论，将研究视角细化到异质性厂商，关注企业异质性与企业 FDI 等经营方式的关系，开拓了国际贸易研究的新领域。Helpman 等所做的开创性研究表明，厂商生产率差异是其选择不同进入方式的主要原因，代表着异质性贸易理论最新的研究方向。③

---

① 吴先明：《跨国公司理论范式之变：从垄断优势到寻求创造性资产》，载《世界经济研究》2007 年第 5 期，第 64 - 68 页、第 88 页。

② Axinn C, Matthyssens P. "Limits of Internationalization Theories in an Unlimited World". *International Marketing Review*, 2002（5）：436 - 449.

③ 陈策：《异质性厂商国际市场进入方式的选择和政策支持研究》，西北大学 2010 年博士学位论文。

也有学者试图将基于经济学的国际化理论与基于企业行为的理论整合起来，如林芸竹基于 Uppsala 模型提出的动态观点，构建动态的折中理论，认为海外市场的学习会为企业注入新的所有权优势，从而会影响企业对区位优势和内部化优势的考量（动态性）。[①] 这些研究提供了新的视角，但依然沿袭了"优势论"的研究范式，主要以发达国家跨国企业为研究对象。

二、基于新兴市场国家情境的理论研究

有关新兴市场跨国企业的研究经历了两次高潮。[②]

第一次是在 20 世纪 70 年代末至 80 年代初，对新兴市场跨国企业的竞争优势进行了研究，认为其竞争优势来源于企业通过规模经济降低成本的能力，或通过用劳动力替代机器、用便宜的投入品替代昂贵的投入品，或通过其在欠发达市场上积累的经营知识来提高运营绩效。这个时期的研究主要强调了企业成本优势对国际化的作用（Kumar & McLeod，1981；Wells，1983），这实际是与主流理论 OLI 范式一致的。

第二次高潮发生在 20 世纪 90 年代，认为新兴市场跨国企业的竞争优势来源于其在卷入全球价值链过程中，通过从价值链的低端向中高端不断升级的学习行为。在此阶段，越来越多的文献开始超越 OLI 的研究范式，关注制度和学习能力对企业国际化程度和性质的决定作用（Peng，Wang & Jiang，2008）。如后进者理论（the latecomer theory）认为 EMNCs 国际化的过程中面临着一系列竞争劣势，包括贸易保护主义、资源的有限性、先进知识产权的匮乏、母国基础设施的不完善等，因此，EMNCs 的国际化是其消除竞争劣势的一种手段，政府干预和扶持会对 EMNCs 国际化产生影响，而这并没有在主流的国际化范式中予以考虑。

因此，有关新兴市场企业国际化的研究范式也主要有两种。第一种认为，以 OLI 理论为代表的主流国际化理论对于解释新兴市场企业的国际化也是有效的，本书称之为传统的研究范式。如以 Van Tulder（2010）为代表的学者认为，Dunning 的折中范式对于解释新兴市场的国际化行为依然有效，只需在此基础上进行细微调整即可。Rugman 也从企业所有权优势/

---

① 林芸竹：《营建业国际化过程之动态折中模型》，台湾大学 2010 年硕士学位论文。

② Panond P. "The Changing Dynamics of Thai Multinationals after Asian Economic Crisis". *Journal of International Management*，2007（3）：356－375.

劣势层面，对新兴市场的跨国企业进行了研究。P. Kedron 和 S. Bagchi-Sen 运用 Dunning 的折中范式，从企业特定优势和区位特定优势两个层面对印度制造企业在美国的 ODI 行为进行了研究。[1] 第二种则强调 EMNCs 与发达国家企业国际化的差异性，强调制度环境、国际化动因、网络构建与学习能力、战略行为对企业国际化的影响，本研究称之为新兴的研究范式，并重点对此类文献进行梳理。

（一）基于制度视角的研究

制度理论和组织学习理论经常被用于解释发展中国家的对外投资区位选择（Makino et al.，2002；Johanson & Vahlne，2009；Peng，2012）。作为国家"创造性资产"的一个重要组成部分，相对于"自然资产"而言，制度对 FDI 所起的作用越来越重要（Narula & Dunning，2000），有关"制度环境"对 ODI 区位选择影响的研究备受关注，且主要集中在三个层面：①母国制度环境对 ODI 的影响，如陈岩等（2012）研究了中国信贷政策等母国制度质量对中国 ODI 区位选择的决定作用；②东道国制度环境对 ODI 的影响，如 Asiedu & Lien[2]、Hurst[3]、蒋冠宏和蒋殿春（2012）等研究指出东道国制度质量是影响发展中国家 ODI 区位选择的重要因素；③母国与东道国的环境差异（即相对制度环境）对 ODI 的影响。

1. 母国制度对 EMNCs 国际化的影响效应

Peng 等认为，国际商务理论中一个基本的议题就是，在母国制度环境下形成的企业特征，在不断变化的国际背景下如何对企业的战略决策产生影响。[4] 现有文献对发达国家情境下制度环境作用于企业国际化战略决策的机理进行了大量的研究（Meyer，Estrin，Bhaumik，et al.，2009）。近年来，新兴市场背景下，母国法律、法规等制度环境对企业国际化决策（Yang，Jiang，Kang，et al.，2009）和国际化战略的影响（Athreye & Kapur，2009）、制度环境下所形成的企业特征对企业 ODI 行为影响等方

---

[1] Kedron P，Bagchi-Sen S. "US Market Entry Processes of Emerging Multinationals：A Case of Indian Pharmaceuticals". *Applied Geography*，2011（31）.

[2] Asiedu E，Lien D. "Democracy，Foreign Direct Investment and Natural Resources". *Journal of International Economics*，2011，84（1）：99 – 111.

[3] Hurst L. "Comparative Analysis of the Determinants of China's State-owned Outward Investment in OECD and Non-OECD Countries". *China & World Economy*，2011，19（4）：74 – 91.

[4] Peng M W，Wang D Y L，Jiang Y. "An Institution-Based View of International Business Strategy：A Focus on Emerging Economies". *Journal of International Business Studies*，2008.

面的研究，也开始备受关注。如 Aggarwal & Agmon（1990）认为，政府的大力扶持（尤其是以优先获得原材料和其他要素投入的形式）、低息资本资源、补贴等，在一定程度上弥补了新兴市场企业在国外扩张中的所有权劣势和区位劣势。Buckley，Clegg & Cross 等也阐述了三个特殊的解释因子（资本市场的不完全性、特殊的所有权优势和母国制度因素）在新兴市场跨国公司理论中的应用。[①] 基于母国制度环境，新兴市场的跨国企业拥有某些特定的所有权优势，使得其能比国内企业和工业化国家的跨国企业更有效率地在某些领域进行竞争。沿着 Aggarwal 的这一视角，本研究认为，母国的制度环境特征对新兴国家企业国际化的推动作用主要体现在以下几方面。

（1）母国不利的政治经济环境对 EMNCs 的国际化具有促进效应。后进者理论便将 EMNCs 的国际化视为其消除竞争劣势的一种手段，认为新兴市场企业的国际化是为了消除包括贸易保护主义、资本和自然资源的有限性、先进知识产权的匮乏、母国基础设施的不完善或母国市场的激烈竞争等不利因素，母国环境的这些限制条件迫使 EMNCs 走向国际化。Eren-Erdogmus 等的研究表明，母国不利的经济环境促使土耳其零售企业走向国际化，后进者理论范式具有较好的解释效应。[②] 李凝、胡日东（2011）基于制度理论视角的研究发现，转型期制度约束与制度缺失是中国 ODI 高度集中于避税地的重要原因。

（2）母国政府的干预和扶持，推动了 EMNCs 的国际化。由于新兴经济体市场化程度低，很多关键资源无法从市场渠道获得，所以政府参与能够弥补企业在资源方面的劣势。[③] 母国政府的干预和扶持会对 EMNCs 的国际化产生影响，而这并没有在主流的国际化范式中被予以考虑（Ahmad，2008）。这些干预和扶持主要体现在以下几个方面：①提供财政方面的刺激（如税收刺激与减免、低利率贷款）；②提供保险以降低政治风险；③通过政府中介（如商会、商务部等）进行扶持；④签订避免国际双重征税的协议；⑤推动双边和区域性协议的实施以保护国外投资；⑥安排双边或多边协议，以推动东道国投资环境的自由化。还有研究表明，企

① Buckley P J，Clegg L J，Cross A R，et al. "The Determinants of Chinese Outward Foreign Direct Investment". *Journal of International Business Studies*，2007，38，499 –518.

② Eren-Erdogmus I，Cobanoglu E，Yalcın M，et al. "Internationalization of Emerging Market Firms：the Case of Turkish Retailers". *International Marketing Review*，2010，27（3）：316 –337.

③ Yadong Luo Y D，Xue Q Z，Han B J. "How Emerging Market Governments Promote outward FDI：Experience from China". *Journal of World Business*，2010，45：68 –79.

业与政府形成的政治联系有助于企业在市场上获得优势，比如获得更有利的制度环境（Aggalwal & Knoeber，2001）、银行贷款（Dunning & Narula，1996；Bai et al.，2006；Faccio，2006；Khwaja & Mian，2005；Child & Rodrigues，2005；Li et al.，2008；Claessens et al.，2008）和对知识产权的保护（Hellman et al.，2003），进而有助于企业绩效的提高（Johnson and Mitton，2003；Li et al.，2008）和企业价值的提升（Claessens et al.，2008；Fisman，2001；Ramalho，2007；Roberts，1990）。Lu 对中国民营企业的调研结果证明，政治联系能克服投资所在地因产权制度不健全和契约制度的低效给企业经营带来的不利影响，从而对企业国际化扩张产生促进作用。① 阎大颖、洪俊杰、任兵（2009）研究发现政府政策扶持、海外关系资源及自身融资能力对企业对外直接投资的动机和能力具有重要影响。熊伟、熊英、章玲（2008）以修正的 OLI 理论为基础，阐述了制度通过影响企业优势、内部化优势和区位优势，进而对 ODI 产生影响的作用机制。Child & Rodrigues（2005）的研究也表明，很多中国企业在国际化扩张过程中能够在政府支持下获得信贷优惠以及其他有价值的政府资源。

（3）资本市场的不完全性，为企业国际化提供了可利用的资源。Buckley 等认为，新兴市场上资本市场的不完全性使得资本利率长期维持在低于市场利率的水平，为 ODI 提供了可供利用的资源。从这个角度来说，市场的不完全性可以转换为新兴市场企业的所有权优势。② 这些优势主要包括：①国有企业或有国有背景的企业可获得比市场利率低的资本资源（如以预算软约束的方式）；②银行系统的非效率性使得企业的对外投资能获得长期低息贷款，这样的贷款或因政策因素或因银行系统的无效性而形成；③企业集团在不完全性资本市场上有能力为 ODI 提供有效的补贴；④家族企业可以从家族成员中获得廉价的资本资源。政府资助所形成的预算软约束使得并购成为中国企业进入东道国市场的常见模式。资本市场的不完全使得企业的资源寻求型 ODI 或战略资产寻求型 ODI 变得更容易。

（4）在新兴市场制度背景下所形成的特定所有权优势，与特定区位

---

① Lu Y. "Political Connections and Trade Expansion". *Economics of Transition*, 2011, 19 (2): 231.

② Buckley P J, Clegg L J, Cross A R, et al. "The Determinants of Chinese Outward Foreign Direct Investment". *Journal of International Business Studies*, 2007, 38: 499–518.

优势相结合，形成了 EMNCs 独特的竞争优势。如获益于母国根植性/嵌入性，企业更熟悉新兴市场背景下的经营模式；通过有利的关系获取资源的能力，有人称之为关系资产，帮助企业获得有效的市场信息。如后进者理论认为 EMNCs 倾向于进入那些能提供民族社会网络的国家以克服其作为外来者的不利身份。中国企业充分利用特定区位的关系优势，在华人人口较多的地方从事 ODI 活动，就是有力的证明。Chen 等（1998）对台资企业国际化经验的分析表明，企业在进入亚洲市场时，强调对人际关系网络的运用。因此，EMNCs 必须注重利用制度因素来克服传统竞争优势的不足，如与外资企业合作，可以提升企业在各个方面的优势，特别是在国际市场经验不足的情境下。然而，有关新兴市场背景下母国制度环境对企业国际化战略的影响研究，尚缺乏相关的验证。

2. 东道国制度对 EMNCs 国际化的影响效应

制度理论从宏观视角出发，认为发展中国家的企业既存在着向更具有效率的高制度治理水平国家投资的制度逃逸行为（Witt & Lewin，2007；Shi et al.，2017），也可能凭借驾驭低制度治理水平环境的经验、资源和能力（Hu & Cui，2014），发生向低制度治理水平国家投资的制度嵌入行为（Kang & Jiang，2012）。一般认为，东道国的制度特点对跨国公司 ODI 区位选择有着关键性的影响。不同制度环境既可以降低跨国企业海外直接投资的不确定性和交易成本，也可以增加这种不确定性和交易成本，关键取决于该地区制度环境的有效性。[①]

（1）基于整体制度质量层面的研究。近年来，有关制度理论的文献显示出了东道国制度环境对跨国企业 ODI 节奏和模式影响的重要性。[②] 拥有良好制度质量的国家总是在吸引 FDI 上做得更好（Anghel，2005；Du et al.，2008）。[③] Buckley 等（2007）从资本市场不完善、企业所有权优势和制度影响三方面强调了中国与发达国家 ODI 的差异性，激发了后续研究对制度质量与制度距离的关注（Bénassy-Quéré et al.，2007）。以中国为代表的新兴市场国家对外直接投资具有特殊性，有可能同时存在顺梯

---

① 徐俊武：《制度环境与 FDI 互动机制及路径分析——基于新制度经济学的一个初步框架》，载《学习与实践》2006 年第 6 期，第 14 – 23 页。

② Du J，Lu Y，Tao Z G. "Ecomomic Institutions and FDI Location Choice：Evdience From US Multinationals in China". *Journal of Comparative Economics*，2008，（36）：412 – 429.

③ Anghel B. "Do Institutions Affect Foreign Direct Investment". Working paper，2005.

度和逆梯度的"二元路径"（王恕立、向姣姣，2015）①，这使得东道国制度变量对其 ODI 区位选择的影响效应变得更为复杂，有关制度质量与制度距离对中国 ODI 区位分布的影响并没有统一的结论。②

　　不少研究证明了东道国的制度质量对中国 ODI 区位选择具有负向影响③，如 Buckley 等认为中国的 ODI 更偏好制度环境差的国家；Kolstad 等研究发现制度环境差的东道国更能吸引中国对其进行资源寻求型直接投资；Wiig 等认为中国在对外直接投资时，倾向于在制度环境糟糕的东道国投资。④ 如 Kolstad 和 Wiig⑤、Egger 等⑥、杨娇辉等⑦、李建军和孙慧⑧的研究也得出了相似结论。

　　也有大量研究认为制度质量与中国 ODI 正相关。如鲁明泓（1999）通过对 114 个国家和地区的实证分析，认为制度因素在吸引国际直接投资的流入方面，比经济因素和硬环境的影响更重要。周建、肖淑玉、方刚以我国在 97 个东道国的经验数据所进行的实证研究发现，东道国制度质量与我国 ODI 流量显著正相关，而东道国宏观经济水平是东道国制度质量与我国 ODI 流量之间的中介变量⑨，建议我国企业在投资区位选择上要更关注制度环境和宏观经济更好的国家。邓明（2012）、蒋冠宏和蒋殿春（2012）认为制度质量对吸引中国 ODI 的进入具有正向影响。邓明基于

　　① 王恕立、向姣姣：《制度质量、投资动机与中国对外直接投资的区位选择》，载《财经研究》2015 年第 5 期，第 134－144 页。

　　② 余壮雄、付利：《中国企业对外投资的区位选择：制度障碍与先行贸易》，载《国际贸易问题》2017 年第 11 期，第 115－126 页。

　　③ 蒋冠宏、蒋殿春：《中国对发展中国家的投资——东道国制度重要吗?》，载《管理世界》2012 年第 11 期，第 45－46 页。Amighini A, Rabellotti R, Sanfilippo M. "China's Outward FDI: An Industry-level Analysis of Host Country Determinants". *Frontiers of Economics in China*, 2013, 8 (3): 309－336. Kolstad I, Wiig A. "What Determines Chinese outward FDI?" *Journal of World Business*, 2012, 47 (1): 26.

　　④ Wiig A, Kolstad I. "Multinational Corporations and Host Country Institutions: A Case Study of CSR Activities in Angola". *International Business Review*, 2010, 19 (2): 178－190.

　　⑤ Kolstad I, Wiig A. "What Determines Chinese outward FDI?". *Journal of World Business*, 2012, 47 (1): 26.

　　⑥ Egger P, Winner H. "Evidence on Corruption as an Incentive for Foreign Direct Investment". *European Journal of Political Economy*, 2005, 21 (4): 932－952.

　　⑦ 杨娇辉、王伟、谭娜：《破解中国对外直接投资区位分布的"制度风险偏好"之谜》，载《世界经济》2016 年第 11 期，第 3－27 页。

　　⑧ 李建军、孙慧：《全球价值链分工、制度质量与中国 ODI 的区位选择偏好——基于"一带一路"沿线主要国家的研究》，载《经济问题探索》2017 年第 5 期，第 110－122 页。

　　⑨ 周建、肖淑玉、方刚：《东道国制度环境对我国外向 FDI 的影响分析》，载《经济与管理研究》2010 年第 7 期，第 86－93 页。

2000—2009 年我国对 70 多个国家和地区 ODI 的数据，利用空间面板模型的研究结果表明，经济、法治制度、双边汇率以及资源禀赋都会影响我国 ODI 的区位选择。[①] 宗芳宇等研究提出双边投资协定在一定程度上能弥补东道国制度的漏洞，尤其对于制度不健全的国家来说，双边投资协定有很重要的作用。[②] 谢孟军等发现中国偏好在法律比较完善的国家进行投资。[③] 王恕立等基于 2003—2012 年中国对 100 多个国家和地区的非金融类 ODI 数据，研究得出中国 ODI 倾向制度环境优越的国家或地区。[④] 刘敏等通过研究 2003—2014 年我国对 100 多个国家和地区 ODI 的数据，发现东道国经济和文化制度在很大程度上会影响我国 ODI 区位选择。[⑤] 詹奥博认为制度较好并且与我国制度差距较小的东道国越能吸引我国对其进行直接投资，并且技术寻求动因和市场规模寻求动因相比资源寻求动因，对制度因素更加敏感。[⑥] 王金波基于 2005—2016 年中国企业的 ODI 数据，发现东道国的制度质量、制度差异对我国 ODI 的影响具有明显的国家异质性特征，并且我国 ODI 总体上倾向于那些制度质量好、资源禀赋丰富的国家或地区。[⑦]

（2）基于细分维度层面的研究。从宏观层面来看，东道国的制度可以分为政治、法律和社会制度三个方面。也有研究认为，除了以上三种制度，经济制度也是一国制度的重要组成部分。例如，徐俊武的研究表明，制度环境对 FDI 的作用是通过正规规则（主要体现为法律与产权保护）、非正规规则（文化制度）、政治市场的效率（政权稳定性、监管质量、政府效率）和经济市场的结构与效率（地区市场的开放程度和市场化水平）四个渠道实现的。而赵曙明等研究中的制度环境包括治理结构、营销战

---

① 邓明：《制度距离、"示范效应"与中国 ODI 的区位分布》，载《国际贸易问题》2012 年第 2 期，第 123 – 135 页。

② 宗芳宇、路江涌、武常岐：《双边投资协定、制度环境和企业对外直接投资区位选择》，载《经济研究》2012 年第 5 期，第 71 – 82 页。

③ 谢孟军、郭艳茹：《法律制度因素对中国对外直接投资区位选择影响研究——基于投资动机视角的面板数据实证检验》，载《国际经贸探索》2013 年第 6 期，第 107 – 116 页。

④ 王恕立、向姣姣：《制度质量、投资动机与中国对外直接投资的区位选择》，载《财经研究》2015 年第 5 期，第 134 – 144 页。

⑤ 刘敏、刘金山、李雨培：《母国投资动机、东道国制度与企业对外直接投资区位选择》，载《经济问题探索》2016 年第 8 期：第 100 – 112 页。

⑥ 詹奥博：《制度因素对中国三类动机 ODI 的影响研究》，浙江大学 2016 年硕士学位论文。

⑦ 王金波：《制度距离、文化差异与中国企业对外直接投资的区位选择》，载《亚太经济》2018 年第 6 期，第 83 – 90 页。

略、发展理念等构面，可能更倾向于中、微观层面。① Kaufmann 等、Li 从制度的角度和治理环境的框架，发展了基于制度的治理指数。Kaufmann 等编制的制度治理指数由三个构面组成②：①政治治理指数，包括发言权（voice）和问责制（accountability）两个维度；②政府治理指数，测度政府政策的制定和执行能力，包括政府效率（government effectiveness）和监管质量（regulatory quality）两个维度；③法治治理指数，从法治水平（rule of law）和对腐败的控制（control of corruption）两个维度进行测度。

很多学者从不同的维度对制度环境与 FDI 之间的作用机理进行了实证验证，所得出的结果差异甚大。大部分学者认为完善的法制系统为投资者保护提供了有效的渠道；东道国可靠、有效的信息披露准则，有助于减少跨国企业在东道国经营的信息不对称。杨坤等的研究发现，东道国的社会稳定情况、政府政策、促进和便利投资的措施等制度性因素，是决定我国企业 ODI 区位选择的重要因素。③ 张宏、王建（2009）利用 114 个东道国的截面数据所做的研究结果发现，东道国制度质量、宗教多元化对中国 ODI 流量影响显著。田晖等利用 2009—2016 年我国在"一带一路"沿线 52 个国家 ODI 的面板数据所做的研究结果表明，经济制度因素对我国 ODI 区位选择存在抑制效应，政治制度因素对其存在促进效应，而法律制度因素对其没有影响。④ 王博君的研究结果表明，"一带一路"倡议的实施影响了东道国经济制度对中国 ODI 的作用机制。⑤ 吉生保等从经济、制度、文化和地理四个方面论证制度因素对我国沿线国家 ODI 区位选择没有显著影响。⑥ 彭冬冬、林红研究发现，中国的 ODI 倾向于流入民主政治发展落后、政治稳定、政府监管质量高以及法治水平较低的国家；相对于其他类型的 ODI，成本导向型与资源导向型 ODI 倾向于进入政府效率更高

① 赵曙明、高素英、周建等：《企业国际化的条件、路径、模式及其启示》，载《科学学与科学技术管理》2010 年第 1 期，第 116 – 124 页。

② Kaufmann D, Kraay A, Mastruzzi M. "The Worldwide Governance Indicators：A Summary of Methodology, Data and Analytical Issues". World Bank Policy Research Working Paper, 2002, No. 5430.

③ 杨坤、张晓芳、张震雄：《我国企业 FDI 的区位选择研究》，载《科技创新导报》2008 年第 6 期，第 107 – 108 页。

④ 田晖、宋清、楚恬思：《制度因素与我国对外直接投资区位关系研究——"一带一路"倡议的调节效应》，载《经济地理》2018 年第 12 期，第 32 – 39 页。

⑤ 王博君：《经济制度对中国对外直接投资的影响——以"一带一路"沿线国家数据为例》，载《湖南社会科学》2019 年第 1 期，第 110 – 119 页。

⑥ 吉生保、李书慧、马淑娟：《中国对"一带一路"国家 ODI 的多维距离影响研究》，载《世界经济研究》2018 年第 1 期，第 98 – 111 页。

的国家。①

　　而在不透明的政治和法律环境下，非正式的压力将会增大。Jun 和 Singh 研究发现政治风险是决定外资流向的重要因素之一。② Wei 研究发现许多国家的腐败指标与 FDI 显著负相关。经济和政治的波动更大地增加了投资者的风险，增加了企业的交易成本，因而，缺失的制度特征（如产权保护不力）和政治经济的不稳定，公众对外资企业的怀疑，都会影响企业 ODI 的意愿。Delios 和 Henisz 对 665 家日本跨国公司的研究表明，当东道国的政策不确定风险较大时，日本企业趋于建立合资企业。Javorcik 研究了东欧和苏联等转型国家的产权保护水平与跨国企业投资之间的关系，发现产权保护的缺乏阻碍了外国投资者在技术密集型行业的投资。弱的制度环境增加了企业在东道国获取关键资源的困难，企业需要特殊的背景资源才能克服来自当地弱制度的非效率。而我国企业从事跨国经营的经验较少，背景资源也有限，为规避风险，企业需要寻找制度环境良好的地区投资。中国 ODI 与东道国不断上升的政治风险水平负相关。一般认为，对市场主导型的跨国公司而言，东道国的政治风险会减少流向该国的 ODI 流量。③ Globerman 等（2006）认为较高的治理水平能提高商业活动的利润空间，吸引 FDI 流入。Li 在 Kaufmann 等的基础上加入了信息披露系统以及公众的普遍信任，其对 44 个国家之间 FDI 的实证结果表明，高质量的治理环境更加有利于吸引 FDI。④ Matthew 等利用中国省级数据研究发现，FDI 倾向流入治理良好的地区，特别是腐败得以有效控制的地区。

3. 母国与东道国制度距离的影响效应

　　母国与东道国制度距离的影响效应即从相对制度环境的视角考量了制度环境对 FDI 的影响。母国与东道国制度上的差异（称为制度距离）会使得外资企业在东道国面临着获取内外部合法性的困难。邓明从文化距离、经济制度和法治制度三个方面对母国与东道国之间的制度距离进行了

　　① 彭冬冬、林红：《不同投资动因下东道国制度质量与中国对外直接投资——基于"一带一路"沿线国家数据的实证研究》，载《亚太经济》2018 年第 2 期，第 95 – 102 页、第 151 页。

　　② Jun K W, Singh H. "The Determinants of Foreign Direct Investment: The New Empirical Evidence". *Transnational Corporations*, 1996, 5 (3): 67 – 105.

　　③ Buckley P J, Clegg L J, Cross A R, et al. "The Determinants of Chinese Outward Foreign Direct investment". *Journal of International Business Studies*, 2007, 38, 499 – 518.

　　④ Li S M, Filer L. "The Effects of the Governance Environment on the Choice of Investment Mode and the Strategic Implications". *Journal of World Business*, 2007 (42): 80 – 98.

度量①，并认为母国和东道国之间的制度距离增加了跨国投资的风险，也加大了跨国经营的成本，从而会影响外资进入时的战略选择；而在与母国制度相近的东道国，投资方不需要付出上述成本，从而能促进投资的达成。Habib 和 Zurawichi 认为，与东道国之间的腐败程度相差越大，投资国的直接投资越少；潘镇等和邓明发现制度距离对跨国投资存在阻碍作用，支持了 Habib 和 Zurawichi 的制度接近论；但蒋冠宏和蒋殿春的研究却表明，中国与东道国的制度距离越大，反而越会促进中国 ODI 的增加。② 吉生保、李书慧、马淑娟（2018）③ 从地理、经济、文化和制度等多维距离视角出发，结果表明，除地理距离以外，文化距离也显著地抑制了中国对"一带一路"沿线国家的 ODI；且在距离的各维度当中，文化距离的系数绝对值远大于其他距离系数、地理距离的系数绝对值最小；而经济距离对ODI 的促进性和制度距离的抑制性不显著，表明制度差异对于中国在"一带一路"沿线国家 ODI 的抑制作用并不明显可能是因为东道国在制度与资源上的替代效应（North，1991）④，即中国 ODI 出于获取资源、取得市场和避税等多元化诉求，整体上降低了对于国别制度距离的敏感性。⑤

赵曙明等认为，不同的制度环境具有不同"比较"制度优势，企业国际化的路径就表现为：从整合资源禀赋到缩小制度落差的动态过程，实现企业与目标市场环境的嵌入过程。⑥ 因此从相对制度距离的视角来看，对中国的 ODI 来说，东道国的制度质量并非与 ODI 正相关。相反，与中国制度水平相近的发展中国家，反而要比制度质量高的发达国家更具有区位优势，因此更能吸引新兴市场国家 ODI 的进入。某些研究也验证了这一观点，如 Wheeler 和 Mody 的研究则没有发现东道国的腐败与吸收 FDI 之间存在必然联系的证据。陈松、刘海云通过对 75 个东道国 2007—2009年的面板数据进行的实证研究结果表明，在其他变量得到控制的前提下，

① 邓明：《制度距离、"示范效应"与中国 ODI 的区位分布》，载《国际贸易问题》2012年第 2 期，第 123 – 135 页。

② 余壮雄、付利：《中国企业对外投资的区位选择：制度障碍与先行贸易》，载《国际贸易问题》2017 年第 11 期，第 115 – 126 页。

③ 吉生保、李书慧、马淑娟：《中国对"一带一路"国家 OFDI 的多维距离影响研究》，载《世界经济研究》2018 年第 1 期，第 98 – 111 页。

④ 彭维刚：《全球商务（第三版）》，易靖韬译，中国人民大学出版社 2016 年版。

⑤ 闫雪凌、胡阳：《制度、文化与中国 OFDI 的利益动机》，载《南方经济》2016 年第 6期，第 1 – 17 页。

⑥ 赵曙明、高素英、周建等：《企业国际化的条件、路径、模式及其启示》，载《科学学与科学技术管理》2010 年第 1 期，第 116 – 124 页。

中国对外直接投资倾向于流入治理水平较低的国家，对外投资风险较大，说明中国企业在治理水平类似或低于中国的国家和地区投资比发达国家企业更具优势。Claessens 和 Horen（2008）也指出，银行 FDI 的区位选择不仅取决于东道国（地区）制度质量的好坏，还取决于东道国本身的制度质量与跨国银行母国的制度质量之间的相似程度，取决于跨国银行相对于其竞争者适应当地市场制度和环境的能力，即"相对性的制度环境"优势是外国银行区位选择的重要驱动因素。按照"相对制度环境"论，高制度质量并不一定是吸引外国银行 FDI 的先决条件，对于母国制度质量不高的银行来说，进入制度质量较差的国家，更有可能获得"相对制度优势"。因此，来自不同质量制度环境的跨国银行会出现一定程度的聚集效应：来自制度质量低的国家的跨国银行更集中地在同样制度质量较低的东道国进行 FDI，反之亦然。[①] 陈松、刘海云的研究证明了中国企业根植于本国特殊的经济、政治环境，积累了大量同政府接触、合理保护私有财产、解决经济纠纷、规避风险的经验，在治理水平较低国家开展价值增值活动，比发达国家的跨国企业更具有比较优势。[②]

对很多中国企业而言，在并不具有比较竞争优势的情况下，其国际化可能是为了获取战略性的资源（包括技术和管理技能等无形资源），也可能是为了规避其在国内市场上遭遇的竞争劣势，寻求制度资源（包括高效的政府治理、宽松的政策、公平的竞争等）。[③]

（二）基于网络构建与学习效应的研究

组织学习理论则从企业微观层面出发，区分了利用型对外投资和探索型对外投资，前者对应于 EMNCs 已有"专有优势"在发展中国家进行转移和利用，后者是指 EMNCs 向发达国家进行探索性学习以获取战略性资源（王凤彬、杨阳，2010）。

如前所述，政府支持所形成的特定优势，可以弥补新兴经济体企业的竞争劣势，从而促进 EMNCs 的国际化（Child & Rodrigues，2005）。尽管母国制度优势通常无法转移或复制到海外市场上，在母国制度背景下所形

---

① 黄静：《影响转轨国家银行业 FDI 流入的因素分析——基于 DEA 及面板协整的研究》，载《金融研究》2010 年第 7 期，第 71－84 页。

② 陈松、刘海云：《东道国治理水平对中国对外直接投资区位选择的影响——基于面板数据模型的实证研究》，第十届全国高校国际贸易学科会议论文，2011 年。

③ 姚丽伟：《对外直接投资（FDI）抑或外包（Outsourcing）——中国企业国际化模式选择研究》，河北大学 2010 年硕士学位论文，第 55－58 页。

成的网络构建能力及在此基础上的学习能力，比如，战略投资者的引进或外资渗入，却更有利于提升国际化的效果（Mahmood & Mahfuja，2007）。因此，与 OLI 观点不同的是，资源或所有权优势并非 EMNCs 国际化的必要条件，企业可以通过提升组织学习能力来弥补资源方面的劣势，通过企业网络的整合（Cantwell & Janne，1999；Cantwell & Santangelo，1999；Gomes-Casseres，Hagedoorn & Jaffe，2006）或作为传输中介的"管道"（Pipeline）构建（Bathelt，Malmberg & Maskell，2004；Sturgeon，Biesebroeck & Gereffi，2008）来实现知识和专业技能的转移，从而实现国际化战略目标。[①]

Mathews 从资源基础理论的视角，提出了 LLL（linkages – leverages – learning）范式，认为 EMNCs 大多属于资源缺乏型，因此，其国际化会致力于短缺资源的获取，并将这些资源内部化并转化成企业在国际市场上有效竞争所必需的动态能力。[②] 他的 LLL 理论认为，企业动态能力的国际化及由此所形成的有效竞争，是以下变量的函数：①能为 EMNCs 带来资源获取机会的各种资源联系（linkages）；②对所建立的资源联系进行开发利用的各种手段（leverages）；③对前两种变量反复应用所产生的学习效应（learning）。LLL 理论的一个重要假设就是，企业资源获取的典型途径并非公开市场的交易过程，而是通过企业之间的契约联系（contractual connections）而获得的。这就是说，通过战略网络的构建，大型企业集团联盟可以成为一种关键资源。因此，正是 EMNCs 在全球企业间快速扩展联系的这种能力（比如通过融入跨国供应链系统拓展国际化联系的能力），使其获得了可持续的竞争优势。Mathews 和 Zander 还强调了企业家才能在网络构建与组织学习中的作用，[③] 认为企业家才能作为一种独特的企业资源，对于刚刚开始国际化的企业不仅能发挥磁铁作用吸引国外资源，也能促使企业发现新机会、利用现有资源开发新机会、通过建立战略联盟和社会网络与竞争对手进行有效竞争。同样地，他们也强调了企业集团之间的战略联盟对构建新兴市场企业全球竞争力的作用。

Elango & Pattnaik（2007）也通过构建发展中国家跨国企业海外伙伴

---

① Yaprak A，Karademir B. "The Internationalization of Emerging Market Business Groups：An Integrated Literature Review." *International Marketing Review*，2010，27（2）：245 – 262.

② Mathews J A. "Competitive Advantages of the Latecomer Firm：A Resource-Based Account of Industrial Catch-Up Strategies". *Asia Pacific Journal of Management*，2002，19（4）：467 – 488.

③ Mathews J A，Zander I. "The International Entrepreneurial Dynamics of Accelerated Internationalization". *Journal of International Business Studies*，2007，38（3）：387 – 403.

关系价值的回归模型，说明了国际化网络在发展企业所有权优势方面的重要性。网络整合实现了企业增值型交易的内部化，不仅有助于保护产权资产，还有利于企业特定所有权优势的转换与发展。而网络整合中"管道"构建的成功与否取决于区位 – 所有权优势之间的相互作用及与其他"管道"的连接性（Ernst，2002）。为了成功构建这种管道，EMNCs 应采取不同于发达国家企业的资产利用型（asset exploitation）进入模式。

但是，无论是从制度理论还是组织学习理论的单一视角，都难以解释中国企业对外投资区位选择的多元化动态现象。已有文献往往陷入了"非高即低"的区位选择困境（Blonigen，2005；Kolstad & Wiig，2012），忽视了同时向两类制度治理水平国家投资的现实情境。[1]

（三）基于战略行为视角的研究

战略行为理论认为，将 EMNCs 的国际化过程视为一个战略选择的过程，更适宜用来解释新兴经济体中企业基于各种战略意图的国际化行为，这些战略行为包括追求利润最大化（Kogut，1988）、保持组织敏捷性（Harrigan，1988）、获得独特的市场地位或寻求全球协调效应（Kim & Hwang，1992）等。而这些行为很难用交易成本经济学进行解释。Li 指出，基于企业内向化（internally-focused）视角的国际化进程论和 OLI 范式都不能对发展中国家的跨国企业国际化行为进行充分完整的解释。[2] 他认为，国际化的演变过程就是一个战略选择的过程，既包括了企业的战略意图和内外部环境，也包括了其在特定市场上的绩效、现有的运行方式、进程和节奏等方面的内容。战略行为视角更适宜用来解释像中国这样的新兴经济体基于各种战略意图的国际化行为，如 Li 的研究就表明战略行为理论能很好地解释中国海尔、联想和 TCL 的国际化进程。

基于企业国际化区位选择的视角，有关 EMNCs 的国际化战略研究又分为以下两个层面。

（1）进入新兴国家的战略行为，对应于"所有权优势利用型"的国际化动因，即企业国际化是为了实现企业竞争优势与东道国行业环境之间的战略匹配。由于新兴经济中竞争水平较低，且 EMNCs 具有在新兴市场

---

① 王泽宇、刘刚、梁晗：《中国企业对外投资选择的多样性及其绩效评价》，载《中国工业经济》2019 年第 3 期，第 5 – 23 页。

② Li P P. "Toward an Integrated Theory of Multinational Evolution：The Evidence of Chinese Multinational Enterprises as Latecomers". *Journal of International Management*，2007，13（3）：296 – 318.

经营的感知优势，EMNCs 在新兴市场上具有特定的经营优势。因此，相似的发展水平和技术能力，以及在脆弱的制度环境下的适应能力，是文献普遍提及的发展中国家之间 ODI（South-South directed ODI）的动机。如 Kumar 阐述的 EMNCs 在新兴市场上经营所具有的优势主要包括：更低的运营成本，更熟悉新兴市场的经营环境，以及在新兴市场上所具有的低感知风险。Aykut & Goldstein（2007）有关 EMNCs 比较优势的研究结论印证了 Kumar（1982）的观点。在金砖四国中，中国投向发展中国家的 ODI 比重是最高的。

（2）进入发达国家的战略行为，对应于"所有权优势获取型"国际化动因，主要用来解释在并不具有竞争优势时进入发达国家的国际化行为，认为企业国际化的动机主要是基于战略资产寻求或全球化战略意图导向的动机。如中国企业的海外扩张不是为了利用其企业层面的特定优势，而是为了扩大其国别特定优势（Cui & Jiang，2009）[①]，或是为了开发其可持续的全球竞争优势（Child & Rodrigues，2005；Rugman & Li，2007；Rui & Yip，2008）。因此，在全球竞争优势的构建中，中国企业海外市场进入模式的选择要有助于战略资产获取的效果、知识学习效应的提升及全球化战略的实施。

因此，中国企业的国际化既是为了实现利润最大化和市场地位最优化的目标，也是为了寻求战略资产，实现全球化战略意图，以追赶其全球竞争者。中国企业进入模式的选择取决于东道国的行业竞争现状、行业需求水平、战略资产寻求型动机和实现全球化战略意图的动机。

综上，已有相关研究多以发达国家为研究情境，对新兴国家企业国际化的关注较为有限。国外主流国际化理论暗含着"本国企业具备一种或几种优势时才会进行国际化"的命题，而发展中国家企业所有权优势的增强是一个动态的过程，不能照搬"优势论"。

第二节　有关 ODI 环境效应的理论基础

有关 ODI 环境效应的研究形成了以下几种最具代表性的流派："环境

---

① Lin C, Fu M J. "FDI Entry Mode Choice of Chinese Firms: A Strategic Behavior perspective". *Journal of World Business*, 2009, 44: 434–444.

库兹涅茨曲线""污染天堂假说""污染光晕假说"和"触底竞赛假说"。

一、环境库兹涅茨曲线

Grossman 是最早对国际贸易的环境效应展开研究的经济学家[①]，他首次提出，从长期来看环境质量与经济增长呈倒"U"形曲线关系。Panay-otou（1993）后来将之描述为"环境库兹涅茨曲线"（Environmental Kuznets Curve，简称"EKC"）[②]。

（一）直接效应

Grossman 和 Krueger 将国际贸易/投资对环境的影响效应分为规模效应、结构效应、技术效应三个方面[③]，建立了基本的分析框架。

（1）规模效应，是指由于 FDI 的流入影响了东道国的经济规模和经济收入，导致其产出的扩张、消费的增加及环境观念的改变，最终影响其环境质量的改变。FDI 对环境的规模效应可以为负，也可以为正。①规模负效应。环境库兹涅茨曲线表明，环境污染与经济增长之间存在倒"U"形曲线，即随着一国经济规模的不断增长，污染程度也越来越严重。这是因为经济规模的增长扩大了环境的负外部性，导致了环境资源的过度消耗、环境污染的加剧。②规模正效应。一方面，规模经济带来了人均 GDP 的不断增长、公众对于环境类产品的需求提高，因此会促使政府实施更为严厉的环境规制；另一方面，随着政府财力的不断提高，加之来自公众的环境诉求的压力，东道国政府会主动增加环保投入，加快污染治理项目及技术的实施进程，FDI 技术溢出促进环保技术的不断发展，从而改善环境质量。然而 OECD（1991）的一项研究指出，这种正规模效应的实现需要东道国本身具有完善的可持续发展规划和法律框架，否则，即使收入增加也并不必然导致环境的改善。[④]

---

① 李怀政：《国际贸易与环境问题溯源及其研究进展》，载《国际贸易问题》2009 年第 4 期，第 68 - 73 页。

② Asghari M. "Does FDI Promote MENA Region's Environment Quality? Pollution Halo or Pollution Haven Hypothesis". *International Journal of Scientific Research in Environmental Sciences*（IJSRES），2013，1（6）：92 - 100.

③ Grossman G M，Krueger A B. "Environmental Impacts of a North American Free Trade Agreement". National Bureau of Economic Research，1991.

④ 邵帅、李程宇：《国际贸易生态化与中国生态文明建设的稳态分析》，载《北华大学学报（社会科学版）》2014 年第 2 期，第 24 - 29 页。

（2）结构效应，是指 FDI 流入所引起的东道国产业结构和经济结构的变化，对其环境质量产生影响，这一影响也是不确定的。①结构负效应。这一效应由污染密集型产业的转移而产生。根据产业梯度转移理论和比较优势理论，发达国家的高污染型产业由于较高的环境代价和日益升高的成本，在国内逐渐失去竞争优势，会逐渐转移到环境政策较为宽松、生产成本也较低的发展中国家，发展中国家因承接了转移而来的高污染型产业，环境状况出现恶化，逐渐变成发达国家的"污染天堂"。②结构正效应。FDI 的流入与会引发东道国产业结构的优化调整，从而对其环境状况产生正向的影响。发达国家传统产业向东道国转移的过程不仅带来了大量先进的生产工艺和管理经验，刺激了东道国传统产业的技术升级和工艺改造，推动产业结构的调整和优化发展，也促进了绿色生产技术的发明和应用，使得环境保护投入不断加大、环境污染物排放量不断减少，从而对环境状况的改善产生积极影响。尤其是当 FDI 向服务业等第三产业不断集中时，将在整体上有利于东道国环境状况的改善。

（3）技术效应，是指由于 FDI 所带来的先进技术以及技术的外溢效应，企业可以节约要素投入并排放更少的污染物，由此产生两个方面的正效应：① FDI 会带来更先进的管理理念和生产技术（包括环境技术），有利于提高企业的生产效率、减少生产过程中的资源能源消耗，并促进企业采用更多的绿色生产工艺；② FDI 的先进技术与管理理念具有显著的外溢效应，其对东道国企业具有明显的"示范效应"，进而提升了企业的技术水平及管理能力，对环境产生有利的影响。

后续研究大多是在"三效应"分析范式上的拓展与完善。如 1994 年 OECD 将国际贸易的环境效应界定为产品效应、技术效应、结构效应与规模效应，在一定程度上拓展了 Grossman 和 Krueger 的理论。Grossman 和 Krueger 以《北美自由贸易协议》为研究对象，将国际贸易的环境效应拓展到"四效应"范式——规模效应、技术效应、结构效应以及收入效应。[①] Panayotou（2000）将贸易环境效应归纳为五种，即规模效应、结构效应、技术效应、收入效应以及法规效应，其中收入效应是对规模效应的补充与完善。

正因为国际贸易/投资作用于东道国环境的总效应可以分解为"三效应""四效应"甚至是"五效应"，短期内其对东道国环境的影响是不确定的。但从长期来看，如图 2.1 所示，由国际贸易/投资推动的经济增长

---

① 朱杰：《山东省外商直接投资的环境效应分析》，山东师范大学 2015 年硕士学位论文。

与东道国环境质量之间存在倒"U"形的关系，即在经济增长的初期，环境质量会随着人均收入的增加而恶化；而当国民收入达到富裕水平时，其环境质量会逐渐改善。[①]

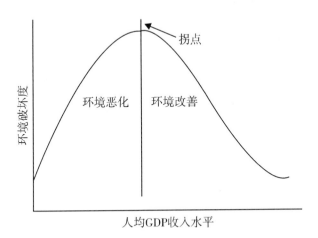

图2.1　环境库兹涅茨曲线

（二）门槛效应

随着对环境库兹涅茨曲线研究的不断深入，学者们提出了ODI作用于东道国环境的门槛效应，认为ODI环境效应取决于东道国是否跨过一定的门槛条件，如环境规制、经济发展、人力资本、金融发展水平门槛等，通过门槛模型考察这些变量的门槛特征。现有研究主要沿着以下两条主线展开。

1. 静态门槛模型

Hansen提出的静态门槛回归模型将门槛值视为一个未知变量，将之引入实证模型中，构建解释变量回归系数的分段函数[②]，在准确估计门槛值的同时对门槛效应进行显著性检验，因而成为经典的门槛模型。李斌等认为环境规制与外企治污技术创新之间呈"U"形关系，即只有当环境规

————

①　Asghari M. "Does FDI Promote MENA Region's Environment Quality? Pollution Halo or Pollution Haven Hypothesis". *International Journal of Scientific Research in Environmental Sciences*（IJSRES），2013，1（6）：92 – 100.

②　Hansen B E. "Threshold Effects in Non-dynamic Panels：Estimation，Testing and Inference". *Journal of Econometrics*，1999，93（4）：345 – 368.

制达到一定强度后，外企才会通过环境技术的创新来改善当地环境质量。[1] 李子豪和刘辉煌提出，FDI 对我国各省、自治区、直辖市的环境影响存在收入水平、人力资本和环境规制三种门槛约束。[2] 路正南和冯阳的研究显示，环境规制与碳排放绩效之间为"U"形关系。[3] 郑强等门槛回归结果表明，FDI 对中国环境污染的影响存在显著的基于经济发展、环境规制、人力资本和金融发展水平的双门槛效应[4]，即经济发展、人力资本和金融发展水平越高，FDI 的"污染光环"效应越明显，而适度的环境规制更有利于 FDI 技术溢出的发挥。江心英、赵爽选取 2003—2016 年的省际面板数据，将双重环境规制因素作为门槛变量，验证 FDI 是否对中国碳排放具有抑制效应。[5] 赵君丽、刘江薇基于 Hansen 的面板门槛模型，选取正式环境规制为门槛变量，验证了其对垂直型 FDI 存在显著的单门槛效应。[6]

2. 交叉检验模型

而交叉项检验是指引入对外投资与其他变量的交互项，如 Neequaye 等引入对外直接投资与腐败的交互项，考察了当东道国腐败程度不同时，对外直接投资对污染排放的影响，即腐败作为中介的调节效应。[7] 李国祥等验证了对外直接投资与环境规制的交互项对东道国环境的影响，目的是考察环境规制力度不同时，对外直接投资对东道国绿色技术创新的影响，即环境规制作为中介的调节效应。[8] 陈媛媛基于 2002—2011 年中国 30 个省、自治区、直辖市的面板数据，采用动态面板回归技术考察了地区腐败

① 李斌、彭星、陈柱华：《环境规制、FDI 与中国治污技术创新——基于省际动态面板数据的分析》，载《财经研究》2011 年第 10 期，第 92 – 102 页。

② 李子豪、刘辉煌：《外商直接投资的环境门槛效应研究——中国省级数据的检验》，载《管理评论》2013 年第 9 期，第 108 – 116 页。

③ 路正南、冯阳：《环境规制对碳绩效影响的门槛效应分析》，载《工业技术经济》2016 年第 8 期，第 31 – 37 页。

④ 郑强、冉光和、邓睿等：《中国 FDI 环境效应的再检验》，载《中国人口·资源与环境》2017 年第 4 期，第 78 – 86 页。

⑤ 江心英、赵爽：《双重环境规制视角下 FDI 是否抑制了碳排放——基于动态系统 GMM 估计和门槛模型的实证研究》，载《国际贸易问题》2019 年第 3 期。

⑥ 赵君丽、刘江薇：《双重环境规制对不同进入动机 FDI 的影响效应研究》，载《中国商论》2020 年第 6 期，第 220 – 224 页。

⑦ Neequaye N A, Oladi R. "Environment, Growth, and FDI Revisited". *International Review of Economics & Finance*, 2015, 39 (9): 47 – 56.

⑧ 李国祥、张伟、王亚君：《对外直接投资、环境规制与国内绿色技术创新》，载《科技管理研究》2016 年第 13 期。

下 FDI 对当地环境质量的影响并验证了影响机制,认为腐败会通过吸引大量质量低下的 FDI 而引起环境问题。[①] 该方法的缺陷:受限于交叉项形式的不确定性,可能无法对门槛效应进行显著性检验。[②]

二、污染天堂假说

(一) 基本理论

有关 ODI 生态环境效应的研究最为经典的当属"污染天堂假说"(Pollution Haven Hypothesis,简称"PHH"),该理论早期由 Walter 和 Ugelow 提出[③],并经 Bamnnol & Oates (1988)、Copeland & Taylor (1994) 等学者进一步论证成为相对完善的理论。Copeland & Taylor (1994,1995)利用(拓展的)南北贸易模型对国际贸易环境效应进行分析时,认为发达国家的环境标准要比发展中国家高,两国环境标准的差异导致了国际贸易比较优势的产生。贸易自由化的结果是使发达国家的环境得以改善而发展中国家的环境污染加剧,且一国环境污染加剧的程度超过了另一国环境改善的程度,因此,国际贸易总体上会对环境产生负面影响。"污染天堂假说"的理论机理表明,东道国相对宽松的环境规制 (weaker environmental regulations) 是影响污染产业区位选择的重要变量 (Becker & Henderson,2000)。在全球化背景下,如果一国环境规制比贸易伙伴国更宽松,其在生产污染密集型产品方面则更具有相对优势,企业的逐利性会吸引外资流向"高污染行业" (Cole,2004),从而使环境规制水平相对较低的国家最终变为了"污染天堂"[④]。

(二) 实证方法与结论

大多数对"污染天堂假说"的实证验证主要采取了以下两种方法。
(1) 利用环境政策的强度数据,检验环境政策是否影响贸易/FDI 流

---

① 陈媛媛:《东道国腐败、FDI 与环境污染》,载《世界经济研究》2016 年第 10 期,第 125 - 134 页。

② 江心英、赵爽:《双重环境规制视角下 FDI 是否抑制了碳排放——基于动态系统 GMM 估计和门槛模型的实证研究》,载《国际贸易问题》2019 年第 3 期,第 115 - 130 页。

③ Walter I W, Ugelow J. "Environmental Policies in Developing Countries". *Ambio*, 1979, 8 (2/3):102 - 109.

④ Grossman G M, Krueger A B. "Environmental Impacts of a North American Free Trade Agreement". National Bureau of Economic Research, 1991.

向。例如，July（1992）通过解释环境规制水平是影响污染产业转移的重要因素，指出污染密集型产业的转移方向是从总体环境成本内部化水平高的地区向内部化成本低的地区转移，最终低环境要求的地区变成全球污染产业的"集中地"。[①] 污染天堂假说实现的三个渠道主要包括：①环境保护会增加污染企业的生产成本；②严格的环境规制会导致污染型产业转移至低环境规制地区；③某些环境政策直接对生产地点和生产要素进行限制性规定，迫使跨国公司重新审慎考虑其区位选择。

（2）通过建立 FDI 区位选择模型，检验环境规制变量在跨国公司 ODI 区位选择中的作用。例如，Neequaye 和 Oladi 基于污染天堂假说构建研究模型，将 ODI 的区位选择作为被解释变量，用来解释东道国环境规制、对外开放度、外汇储备、投资结构等变量对 ODI 区位选择的影响。[②]

而该假说实证检验的结论主要有两种：一种认为"污染天堂"确实存在（Copeland & Taylor，1994；Cole，2011）；另一种则论证了"污染光晕效应"的存在（Eskeland & Harrison，2003；Nadia & Merih，2016）。有关中国 ODI 区位分布的研究日益受到关注（Buckley et al.，2007），相关的研究主要是基于中国 ODI 的流量或存量数据考察 ODI 区位分布的决定机制。[③] 在实证研究方面，对区位选择的研究多基于投资引力模型而展开。[④] 该模型从国际贸易引力模型发展而来，经过多年的拓展，越来越重视制度环境（包括环境规制）、治理体系、基础社会、双边关系等多个环境变量的引入[⑤]，被广泛用于国际投资规模及投资区位选择的研究。[⑥] 很多实证研究检验环境规制对 ODI 区位选择的影响，是将环境政策作为内生变量，以消除偏差性（Brenton et al.，1999；Eichengreen & Tong，2005）。

---

① July D. "Trade and the Environment: A Survey of the Literature". World Bank Discussion Paper, 1992.

② Neequaye N A, Oladi R. "Environment, Growth, and FDI Revisited". *International Review of Economics & Finance*, 2015, 39（9）：47 - 56.

③ 余壮雄、付利：《中国企业对外投资的区位选择：制度障碍与先行贸易》，载《国际贸易问题》2017 年第 11 期，第 115 - 126 页。

④ Tinbergen J. *Shaping the World Economy: Suggestions for an International Economic Policy*. New York: The 20th Century Fund, 1962.

⑤ Chang S C. "The Determinants and Motivations of China's Outward Foreign Direct Investment: A Spatial Gravity Model Approach". *Global Economic Review*, 2014, 43（3）：244 - 268.

⑥ Kahouli B, Maktouf S. "The Determinants of FDI and the Impact of the Economic Crisis on the Implementation of RTAs: A Static and Dynamic Gravity Model". *International Business Review*, 2015, 24（3）：518 - 529.

有关污染天堂假说的实证验证存在着以下挑战：①忽略了行业异质性。Erdogan（2014）通过研究发现，大多数实证研究并未支撑该学说，但在某些特定的行业（如污染性行业和自然资源寻求型企业），污染天堂效应是存在的。Dean 等的研究发现，来源于 OECD 成员国的外资由于绿色产业占比较高，环境规制的抑制效应不明显，而来源于我国台湾等地的外资由于污染企业占比较高，环境规制的抑制效应显著。[①] ②一些重要变量（如环境规制或环境规制成本）的内涵界定与度量标准并不清晰。Smarzynska 和 Wei（2001）指出，在分析过程中忽视制度的影响效应可能会导致"污染天堂效应"不成立。[②] ③发展中国家数据的可获得性差。基于数据的可获得性，目前研究大多使用宏观数据，微观层面的研究较少，这显然会产生迥然不同的结果。Bassem（2001）的研究表明，当环境成本占企业总成本比例较低时，可能造成污染天堂效应不显著。[③]

三、污染光晕假说

"污染光晕假说"（Pollution Halo Effect）最早由 Gentry（1998）提出，并经由 Grey 和 Brank（2002）、Eskeland 和 Harrison（2003）等论证，成为相对完善的理论。该理论认为，FDI 通过技术示范效应和产业链连锁效应带动东道国环境质量的改善，即不仅对东道国经济发展起到促进作用，也会带动东道国改善环境质量，从而产生"污染光晕效应"。"污染光晕效应"对东道国环境质量的改善主要通过两个途径来实现：一是技术示范效应，即跨国企业带来的先进环境保护理念和绿色技术，对东道国起到了良好的示范作用。当然，跨国企业在生产技术上的外溢效应也可以通过节省资源与要素的投入而减少污染排放，进而改善东道国的环境质量。二是产业链连锁效应，即东道国国内与跨国公司密切合作的上下游企业，为了达到跨国企业环境标准或发达市场较高的绿色技术要求，而不断改造生产技术、提高环境保护技术水平，最终推动了东道国环境质量的

①　Dean J M, Lovely M E, Wang H. "Are Foreign Investors Attracted to Weak Environmental Regulations? Evaluating the Evidence from China". *Journal of Development Economics*, 2009, 90（1）：1 – 13.

②　Smarzynska B K, Wei S J. "Pollution Havens and Foreign Direct Investment：Dirty Secret or Popular Myth?". NBER Working Paper, 2001（8）：45 – 50.

③　Bassem K, Anis O, Anissa C. "Environmental Regulations, Trade, and Foreign Direct from Gravity Equations". Department of Research, Ipag Business School, 2014（189）：14 – 20.

改善。

实证方面，很多研究验证了这一假说。Birdsall 和 Wheeler（1993）以拉丁美洲国家引进 FDI 为例的实证研究、Chumanan 和 Kodama（2000）以照相机和电视机企业等高科技行业的跨国投资为例的研究、Eskeland 和 Harrison（2002）以污染密集型外资企业 FDI 为例的研究，都论证了这一效应的存在。很多以在华外商直接投资为例的研究也验证了这一效应的存在。李斌、陈驻华（2011）的研究发现，FDI 对我国环境具有改善作用。张波的研究结果表明，安徽省外商直接投资存在向污染行业转移的趋势，但外资的引入也带来了先进的环境污染控制技术，具有技术溢出效应。因此，从总体上来看，外商直接投资的环境效应为正。① Doytch 和 Uctum 在一定条件下分别验证了"污染光晕假说"和"环境库兹涅茨曲线"。② 他们认为 ODI 对东道国的环境效应可以分为三种情境：①基于产业差异的光晕效应：制造业行业 ODI 会增加东道国的污染水平，产生所谓的负光晕效应，服务业 ODI 则具有光晕效应；②基于收入差异的光晕效应：ODI 对低收入和中等收入东道国的环境质量具有恶化效应，而对高收入东道国的环境质量具有提升效应，支持了"污染光晕假说"；③ ODI 若流入较贫穷国家的农业和服务业，或较富裕国家的采矿业和制造业，则支持"环境库兹涅茨曲线"。

与"污染光晕假说"相似的另一理论为"波特假说"，其认为在东道国环境规制适度的前提下，可以促使跨国企业从事更多创新活动，从而达到提高企业生产力、获取国际竞争优势的效果。从 ODI 区位选择的角度来说，当东道国强制实施更为严格的环境规制时，跨国企业将面临更高的创新成本，但相对适度的环境规制有助于推动跨国企业的转型升级，并在国际市场中占据竞争优势，从而间接影响企业对外投资的区位选择。

综上，"污染光晕假说"和"波特假说"是基于发达国家的对外直接投资而得出的结论，认为发达国家 ODI 所承载的先进技术包括清洁生产技术和环境管理制度，推动了东道国实现更清洁的生产，进而提升了东道国的环境质量。

---

① 张波：《安徽省外商直接投资的环境效应分析》，安徽大学 2015 年硕士学位论文。

② Doytch N，Uctum M．"Globalization and the Environmental Impact of Sectoral FDI"．*Economic Systems*，2016，40（4）：582–594．

四、触底竞赛假说

另一种与"污染天堂假说"相似的理论为"触底竞赛假说"（Race to the Bottom Hypothesis，RBH），也称"竞次效应"或"环境竞次理论"，是"污染天堂假说"的极端情况。该理论与"污染天堂假说"的差别在于前者着眼于宏观的政府和国家，后者着眼于微观企业，但两者的基本结论有相似之处。[①]

全球贸易与投资自由化导致世界竞争更加激烈，为弱化竞争产生的负面影响，各国可能会竞相降低各自的环境规制标准以维持或增强区位吸引力，最终导致很多国家采用次优的环境要求，出现所谓的"触底竞赛假说"。Markusen 建立了一个包括两个国家、单个企业存在规模报酬递增并且市场结构为外生变量的非完全竞争模型。[②] 其研究表明，企业是选择在国内生产然后再出口的模式，还是选择到东道国直接投资的模式，取决于两国的环境规制差异。因此，为了留住本国企业或吸引外资企业，两国政府会竞相降低本国的环境规制，从而产生"环境竞次效应"。

该理论以"囚徒困境"博弈为基础，认为各国在确定本国的环境保护强度和环境标准时会产生类似于"公地悲剧"的结果，即各国都担心他国采取比本国更低的环境准入门槛而使本国的产业丧失竞争优势。为追逐国际竞争优势，各国倾向于采取非合作博弈，竞相采取次优的环境政策，最终结果就是所有国家和地区竞相采取更低的环境标准以吸引更多的 FDI 进入本国或地区，最终导致全球环境更加恶化。Barret（2008）指出，当环境政策规定的环境边际损害很低时，生态倾销也会出现。但这一效应的存在也遭到了质疑，因为事实证明，与过去的发展阶段相比，几乎所有国家和地区实施的环境规制标准都有了不同程度的提高。

---

① 李诗昀：《东道国环境规制对我国纺织产业 OFDI 区位选择的影响分析》，东华大学 2019 年硕士学位论文。

② Markusen J R."Competition in Regional Environment Policies When Locations are Endogenous". *Journal of Public Economics*，1995，52：117.

第三节　文献评述与研究范式界定

一、文献评述

综上，国内外学者对发达国家 ODI 的环境效应做了较为深入的探讨，形成了较成熟的研究范式。中国 ODI 环境效应问题日益受到关注，并呈现多维融合的趋势，但也存在明显不足：①研究视角不够多元。国内研究主要关注（外资）"引进来"对中国环境的影响，而有关企业"走出去"对东道国环境影响的研究较少。②研究范式较单一。现有研究要么基于 PHH 理论视角，对企业 ODI 行为的前置影响变量进行研究；要么运用 Copeland-Tailor 模型，对企业 ODI 行为的东道国影响效应进行研究，很少有基于双向效应展开研究的。③研究结果分歧较大。由于研究视角、研究对象、样本与数据选取等方面的差异，现有文献既有论证得出 ODI 与环境关系之间呈正相关的，也有论证得出负相关或不相关的。④传导机制有待厘清。鉴于现有研究结论存在较大分歧，有必要进一步厘清 ODI 与相关变量共同作用对环境质量的传导机制。这些变量包括：从 ODI 的母国层面来看，母国制度变量[①]（Buckley et al.，2007；Gani，2007；Luo et al.，2010）、对外投资动因[②]和路径偏好[③]等，不仅会影响 ODI 的流向，也会导致环境效应的异质性特征。此外，某些基于东道国层面的特征变量也可能导致 ODI 环境效应的异质性[④]（Blonigen，2005；王永钦等，2014，

[①] Buchanan B，Le Q，Rishi M．"Foreign Direct Investment and Institutional Quality：Some Empirical Evidence"．*International Review of Financial Analysis*，2012，21（C）：81 – 89．Aleksynska M，Havrylchyk O．"FDI from the South：the Role of Institutional Distance and Natural Resources"．*European Journal of Political Economy*，2013，29（3）：38 – 53．

[②] 周超、刘夏、辜转：《营商环境与中国对外直接投资——基于投资动机的视角》，载《国际贸易问题》2017 年第 10 期，第 143 – 152 页。田原、李建军：《中国对"一带一路"沿线国家 ODI 的区位选择——基于资源与制度视角的经验研究》，载《经济问题探索》2018 年第 1 期，第 79 – 88 页。

[③] 王恕立、向姣姣：《制度质量、投资动机与中国对外直接投资的区位选择》，载《财经研究》2015 年第 5 期，第 134 – 144 页。

[④] 蒋冠宏、蒋殿春：《中国对发展中国家的投资——东道国制度重要吗？》，载《管理世界》2012 年第 11 期，第 45 – 46 页。

袁其刚等，2018；王金波，2019）。不同经济发展水平的东道国，其 ODI 的结构效应可能存在异质性：在低收入国家，外资会污染环境；而在中等收入及以上的国家，外资不会影响环境。[①] 此外，东道国环境规制水平或技术水平不同，对环境污染所产生的异质性有待进一步实证检验。这无疑为本研究提供了可能空间。

鉴于此，本研究拟在三个方面寻求突破：①研究视角。拟从"外向国际化"视角关注中国企业"走出去"的环境效应。②研究范式。突破单向传导效应的限制，拟沿着"东道国环境变量—中国对外投资行为"和"中国对外投资行为—东道国生态环境质量"两条主线，对中国 ODI 环境效应的双向传导机制进行厘清。③研究内容。拟对基于母国层面（如投资动因和偏好）和东道国层面的特征变量（如环境规制、经济发展、技术水平）对环境效应的传导机制进行厘清。

二、研究范式的界定

（一）环境效应的出场

1. 出场语境：ODI 行为与环境变量的相互交织

如上所述，国内对 ODI 环境效应研究呈现方兴未艾、多维融合的趋势，但尚不充分，有关企业"走出去"对东道国环境影响的研究并不多（Kolstad & Wiig，2012；刘玉博、吴万宗，2017），而有关中国投资于"一带一路"沿线国家的环境效应的研究就更鲜见（苏红岩、李京梅，2017）。从研究范式来看，以"环境库兹涅茨曲线"为代表的研究表明，ODI 的进入会对东道国环境质量产生影响，这一影响是正是负并不确定，需要综合考虑各种效应之和；而以"污染天堂假说"为代表的学派认为，东道国环境规制水平的高低会通过影响跨国企业 ODI 生产成本的方式对 ODI 的区位选择产生影响。这两种代表性的观点说明，ODI 行为与环境变量之间的关系是双向的，即 ODI 行为会对东道国环境质量产生影响；东道国的环境规制变量同样也会对 ODI 行为产生影响。我们可以将这两种范式结合起来考虑中国 ODI 的环境效应。

---

① Hoffmann R, Lee C, Ramasamy B, et al. "FDI and Pollution: A Granger Causality Test Using Panel Data". *Journal of International Development*, 2005, 17 (3): 311 –317.

2. 出场方式：寻求复杂国际形势下中国对外开放与国际规则重构间的再平衡

在全球经济增长乏力、保护主义日益抬头的国际形势下，中国企业国际化的内生动力与对外投资的风险阻力将长期并存。新冠肺炎疫情的全球冲击更是加大了各国经济的下行压力，导致国际营商环境的进一步恶化，新的"绿色贸易/投资壁垒"有可能重新登场。在此背景下，中国顺势提出高质量共建"一带一路"倡议，并致力于与联合国 2030 ASD 的融合，寻求在复杂的国际情势下中国对外开放与国际规则重构间的再平衡。

本研究以"一带一路"沿线国家为例，统计结果表明，中国对外直接投资呈现"双高"特征，即 70%以上的 ODI 存量高度集中于前十大东道国，约 50%的 ODI 流量分布在能源、化工等环境敏感型行业。以"中国 ODI 区位分布高度集中于某些特定国家"的行为特征为现实起点来观察，中国 ODI 行为与环境变量之间的关系是双向的，即中国 ODI 行为会对东道国的环境质量产生影响；东道国的环境规制变量同样也会对中国 ODI 的行为产生影响，从而提出了"环境效应"双向传导的研究范式。

（二）研究范式界定

本研究跳出单向思维的研究模式，沿着"东道国环境变量—中国对外投资行为"和"中国对外投资行为—东道国生态环境质量"的逻辑思路，对中国 ODI 环境效应的双向传导效应进行研究，创新了 ODI 环境效应研究范式。其中，有关东道国环境规制作用于中国 ODI 行为的传导效应研究主要基于污染天堂假说的研究框架；而对中国 ODI 作用于东道国环境质量的传导机制的论证主要基于环境库兹涅茨曲线。

1. 范式一：东道国环境规制作用于中国 ODI 行为的效应传导

Copeland 和 Taylor（1994）在研究南北国家贸易和环境质量关系时提出，欠发达国家相对宽松的环境规制在贸易自由化背景下成为一种比较优势，吸引发达国家污染密集型产业的流入，欠发达国家从而沦为"污染天堂"。此后，PHH 被广泛用来检验环境规制对 ODI 区位选择的影响（Taylor，2005）。大多数对 PHH 的实证验证结论未形成一致观点，有大量研究验证了 PHH（Copeland & Taylor，1994；Xing et al.，2002）等，也有大量研究未支撑 PHH（Nadia et al.，2016）。

国内的研究大多以中国环境规制对外商直接投资区位选择的影响为主；其研究结论有支持 PHH 的（史青，2013；任力等，2015）；也有否定 PHH 的（姚志毅，2009；贺文华，2010）；还有研究表明外商投资反而促进了中国环境质量（张学刚，2010）。近年来，出现了基于 PHH 视角对中国 ODI 区位选择的研究（Buckley et al.，2007），大多在投资引力模型中引入环境规制变量，验证东道国环境规制对中国 ODI 区位选择的影响，但未形成一致的结论。

本研究参考了张友棠和杨柳[①]、刘玉博和吴万宗[②]等国内学者的投资引力模型构建思路，主要验证东道国环境规制是否影响了中国在"一带一路"的 ODI 区位选择，还有哪些其他变量会影响中国 ODI 的区位选择。本研究将 ODI 存量作为被解释变量区位选择的代理变量，选取的核心解释变量是东道国环境规制水平（EPI 为其代理变量），将其他可能影响中国 ODI 区位选择的变量设定为控制变量，包括东道国的对外开放程度、经济发展水平、基础设施水平、自然资源禀赋、市场规模及两国之间的地理距离，据此构建理论模型。

2. 范式二：中国 ODI 作用于东道国环境质量的效应传导

相关研究框架最先由 Grossman 和 Krueger（1991）提出，将国际贸易对东道国环境的传导机制分解为规模效应、技术效应和结构效应三个构面，成为环境效应的经典模型（盛斌、吕越，2012）。国内的研究范式主要基于"三效应"的分析框架（徐春华，2015；张磊等，2018）；或在"三效应"的基础上加入"环境规制"等构面进行补充拓展（原毅军，2015）。学者们从不同角度对 ODI 作用于东道国环境质量的影响效应进行了研究，认为 ODI 对东道国环境质量的影响受很多因素的影响，包括：① ODI 流入的行业类型，如流向了制造业，则会增加该国污染排放；而 ODI 所采用的生产技术是清洁型、节能型、环境友好型（Grossman & Krueger，1991），则有利于改善东道国的环境质量。②东道国环境规制水平。东道国环境规制水平对 ODI 的污染排放产生影响主要体现在两方面：一是直接效应，即通过提高其在某一国的生产成本而影响污染排放，如 Xing & Kolstad（2002）研究表明，严苛的环境管制/规制会提高企业的生产成本，从而减少污染排放；二是间接效应，即通过 FDI 的流向（宽松的环境管制会吸引污染产业 FDI 的流入），从而影响该国的污染排放（Cole，2004），产生"污染天堂效应"。

---

① 张友棠、杨柳：《"一带一路"国家税收竞争力与中国对外直接投资》，载《国际贸易问题》2018 年第 3 期，第 85 - 99 页。

② 刘玉博、吴万宗：《中国 ODI 与东道国环境质量：影响机制与实证检验》，载《财贸经济》2017 年第 1 期，第 99 - 114 页。

相关实证研究较充分，但结论分歧甚大，既有学者认为 ODI 对环境质量起到恶化作用（Kim et al.，2011；Omri et al.，2014）；也有学者认为 ODI 会促进东道国环境质量的改善，具有"污染光晕效应"（Birdsall et al.，1993；Eskeland et al.，2003）。国内研究基本以外商直接投资对中国环境的影响为主（包群等，2010），仅有少数文献对中国 ODI 的东道国环境效应进行了研究（刘玉博等，2017；刘乃全等，2017；邱强等，2018）。就研究结果来看，有研究发现外资对中国环境质量具有显著的改善效应（郑强等，2017）；也有研究发现外资加剧了中国的环境污染（曾慧，2016；许和连等，2012）。

基于此，在考虑中国 ODI 的环境效应时，我们基于环境库兹涅茨曲线的理论视角，重点考察中国 ODI 的流入对东道国污染排放水平的影响；选取中国 ODI 存量为核心解释变量，用来测度 ODI 环境效应的总效用。此外，关于其他三种效应的测度与变量的选取：①规模效应，指 ODI 通过增加东道国经济规模与收入水平，最终会对污染水平和环保理念产生影响，选取东道国 GDP 水平作为规模效应的代理变量；②结构效应，指 ODI 流入引起东道国产业结构和经济结构变化，从而对其环境质量产生的影响，用第二产业占 GDP 总量比重（IND）作为结构效应的替代变量（第二产业为高碳排放产业）；③技术效应，是指由于 ODI 所带来的先进技术以及技术的外溢效应而产生的正效应，用高科技产品出口占制成品出口的比例（TEC）作为技术效应的替代变量，据此构建理论模型。

基于双向传导效应的视角对中国 ODI 的环境效应进行研究，不仅可以从理论上解释中国 ODI 高度集中于某些特定区域的区位选择行为，验证中国 ODI 是否存在"污染天堂效应"；从实践层面也有助于识别那些较高风险的东道国，有助于全面把握建设"一带一路"绿色共同体的背景下中国 ODI 环境议题。

第三章　共建"一带一路"背景下中国 ODI 的现实考量

第一节　从内向国际化到外向国际化的进程

一、内向国际化与外向国际化

从广义上说，国际化是一个双向过程，包括外向国际化和内向国际化两个阶段。[①]

所谓内向国际化，是指以"引进来"的方式使得国内市场国际化，为企业不断学习和积累国际经营知识与经验创造机会，以逐步实现企业的国际化，最主要的模式为引进外商直接投资（inward foreign direct investment, IDI）。内向国际化主要体现在国内市场的开放程度、市场准入情况、外资企业享受国民待遇情况和外资企业市场份额等方面。从组织模式来看，内向国际化有进口、购买技术专利、"三来一补"、国内合资合营、成为外国公司的子公司或分公司等模式。

所谓外向国际化，是指以企业"走出去"的方式直接参与国际竞争与国际经济循环[②]，其最主要的形式是对外直接投资。外向国际化衡量了本国企业跨国发展的程度，其度量指标包括本国企业的境外营业性机构数量、海外资产总额、利润及对东道国行业利润的贡献度等。从组织模式来看，按照国际化程度从低向高的顺序，外向国际化有直接或间接出口、技术转让、国外各种合同安排、国外合资合营、海外子公司和分公司等模式。就国际化程度而言，对外直接投资是企业国际化的最高阶段，是指企

---

① 鲁桐：《企业国际化阶段、测量方法及案例研究》，载《世界经济》2000 年第 3 期，第 9 – 18 页。

② 谢泗薪、薛求知：《中国企业全球学习战略的脉络与机理——基于国际化双向路径的视角》，载《复旦学报（社会科学版）》2004 年第 3 期，第 86 – 93 页。

业到国外投资、设立生产经营机构，向境外延伸研发、生产和营销的能力。通过对外直接投资，可在更多的国家和地区合理配置资源。大多数学者都认可，一个企业能否成为国际化企业的主要判断标准，是看它是否具有对外直接投资的能力。

就大多数行业的国际化历程来看，大多经历了"内向国际化在先，外向国际化在后"的演化路径。

二、中国企业的国际化进程

由于特殊的制度环境，中国企业的国际化过程先后经历了以下几个阶段。①

第一阶段：改革开放初期，中国开始打开国门，谨慎地允许部分国有企业尝试国际化运作。此阶段的国际化组织形式主要是进出口贸易，尚处于国际化初级阶段。

第二阶段：政府鼓励、允许更多的企业进行国际化运作，并吸引外资进入，以提升国内企业资本、知识等的储量。此阶段的组织形式已包括内向型 FDI。

第三阶段：邓小平南方谈话将推动企业国际化并入国家经济发展战略，对外开放的步伐进一步扩大。

第四阶段："走出去"战略的提出与实施，鼓励中资企业对外直接投资。此阶段的中国企业开始尝试外向型 FDI 模式，步入国际化的最高阶段，开启了全面对外开放的新时代。

在此情境下，中国企业的国际化发展经历了一个内向国际化在先、外向国际化在后的过程，即先通过进口、购买技术专利、特许经营、吸引外资进行国内合资合作等方式将国外的资金、技术、管理知识"引进来"，让国内企业获得一些有关国际化运营的经验；然后再通过代理商出口、销售代表处出口、建立海外营销中心、海外研发中心或是海外直接投资等形式实现外向国际化（Young，1996）。本研究主要关注中国企业外向国际化中的对外直接投资。

---

① 杨丽华：《生产性服务企业国际化的动因、区位选择与进入模式》，湖南人民出版社2013 年版。

第二节 对外直接投资的规模特征

一、在全球的 ODI 规模

《中国对外直接投资统计公报》数据（见表 3.1）表明，自 2003 年起，中国 ODI 规模整体呈上升态势。就流量而言，2003 年，中国 ODI 仅为 28.5 亿美元，排名为全球第 21 位。2015 年，中国 ODI 实现历史性突破，达 1456.7 亿美元，投资流量首次位列全球第二，成为资本净输出国。[1] 2016 年，中国 ODI 流量达到 1961.5 亿美元的峰值，成为仅次于美国的全球第二大对外投资国。2016 年底，中国政府加强了对企业对外直接投资真实性、合规性的监管，导致 2017 年中国 ODI 流量同比下降19.3%，但依然保持 1582.9 亿美元的规模。受中美贸易摩擦的影响，2018 年，中国 ODI 流量下降为 1430.4 亿美元，同比下降 9.6%；2019 年为 1369.1 亿美元，同比下降 4.3%。在全球跨境投资萎靡不振的背景下，2018 年、2019 年中国 ODI 流量依然保持蝉联全球第二的位置，占全球市场份额为 10.4%。

表 3.1 2002—2019 年中国对外直接投资一览

年份	流量			存量	
	金额（亿美元）	同比（%）	全球位次	金额（亿美元）	全球位次
2002	27.0	—	26	299.0	25
2003	28.5	5.6	21	332.0	25
2004	55.0	93.0	20	448.0	27
2005	122.6	122.9	17	572.0	24
2006	211.6	43.8	13	906.3	23
2007	265.1	25.3	17	1179.1	22

---

[1] 王晓颖：《东道国自然资源禀赋、制度禀赋与中国对 ASEAN 直接投资》，载《世界经济研究》2018 年第 8 期，第 123 – 134 页、第 137 页。

续上表

年份	流量			存量	
	金额（亿美元）	同比（%）	全球位次	金额（亿美元）	全球位次
2008	559.1	110.9	12	1839.7	18
2009	565.3	1.1	5	2457.5	16
2010	688.1	21.7	5	3172.1	17
2011	746.5	8.5	6	4247.8	13
2012	878.0	17.6	3	5319.4	13
2013	1078.4	22.8	3	6604.8	11
2014	1231.2	14.2	3	8826.4	8
2015	1456.7	18.3	2	10978.4	8
2016	1961.5	34.7	2	13573.9	6
2017	1582.9	-19.3	3	18090.4	2
2018	1430.4	-9.6	2	19822.7	3
2019	1369.1	-4.3	2	21988.8	3

数据来源：国家商务部、国家统计局、国家外汇管理局 2002—2019 年《中国对外直接投资统计公报》。

就存量规模而言，中国 ODI 从 2003 年仅为 332 亿美元的规模增加到了 2017 年底的 18090.4 亿美元，占全球的份额也从全球第 25 位提升到第 2 位的位置，成为世界对外直接投资大国之一。在全球 FDI 规模自 2016 年以来连续 5 年持续下降的态势下，2018 年、2019 年中国 ODI 存量规模在全球比重依然保持 6.4% 的水平。中国是发展中经济体内规模最大的外国直接投资目的地和来源地。[1] 截至 2019 年末，中国 ODI 存量达 21988.8 亿美元，仅次于美国与荷兰，排名第三。

---

[1] 张爽：《从"理性投资"到"高质量发展"的中国对外投资合作》，载《国际经济合作》2020 年第 1 期，第 91–103 页。

二、在"一带一路"沿线国家的 ODI 规模

（一）"一带一路"沿线国家的界定

根据《2019 年度中国对外直接投资统计公报》披露的数据，"一带一路"沿线共覆盖 63 个国家（简称"BRCs"）①，分布区域如表 3.2 所示。

表 3.2　"一带一路"沿线国家一览

地区	国　别
东盟（10 国）	新加坡、马来西亚、印度尼西亚、缅甸、泰国、老挝、柬埔寨、越南、文莱、菲律宾
西亚（16 国）	伊朗、伊拉克、土耳其、叙利亚、约旦、黎巴嫩、以色列、巴勒斯坦、沙特阿拉伯、也门、阿曼、阿拉伯联合酋长国、卡塔尔、科威特、巴林、塞浦路斯
南亚（8 国）	印度、巴基斯坦、孟加拉国、阿富汗、斯里兰卡、马尔代夫、尼泊尔、不丹
中东亚（6 国）	哈萨克斯坦、乌兹别克斯坦、土库曼斯坦、塔吉克斯坦、吉尔吉斯斯坦、蒙古
原独联体（7 国）	俄罗斯、乌克兰、白俄罗斯、格鲁吉亚、阿塞拜疆、亚美尼亚、摩尔多瓦
中东欧（16 国）	波兰、立陶宛、爱沙尼亚、拉脱维亚、捷克、斯洛伐克、匈牙利、斯洛文尼亚、克罗地亚、波黑、黑山、塞尔维亚、阿尔巴尼亚、罗马尼亚、保加利亚、马其顿

本书对"一带一路"沿线国家的界定以《2019 年度中国对外直接投资统计公报》为准，基于数据的可获得性，后续实证研究从这 63 个东道国中选取样本国进行计量分析。

---

① 2015 年国家发布的《推动共建丝绸之路经济带和 21 世纪海上丝绸之路的愿景与行动》中"一带一路"沿线共覆盖 65 个国家与地区，但希腊和西奈半岛没有被统计在《2019 年度中国对外直接投资统计公报》中。

（二）ODI 规模

自 2013 年"一带一路"倡议提出以来，中国积极推进与沿线国家签署双边投资协定并通过政策优惠等措施激励中国企业"走出去"，双边贸易与投资规模稳步增长。《中国"一带一路"贸易投资发展报告 2020》显示，2013—2019 年中国与"一带一路"国家货物贸易进出口总额从 1.04 万亿美元增至 1.34 万亿美元，累计总额超过了 7.8 万亿美元；截至 2019 年末，中国已在沿线 63 个国家设立境外企业近 1.1 万家，对沿线国家直接投资超过了 1100 亿美元。① 截至 2020 年 5 月，中国已与 138 个国家和 30 个国际组织签署 200 份共建"一带一路"合作文件，"六廊六路多国多港"互联互通架构基本形成②，为中国企业开展对外经济合作提供了有力保障。

1. 流量规模

从流量来看，2007—2019 年中国对"一带一路"沿线国家 ODI 规模虽有所波动，但整体仍呈上升态势。如表 3.3 所示，2017 年，中国对沿线国家的对外投资流量达到 201.7 亿美元，占中国 ODI 流量的 12.74%，比 2016 年提升 4.92 个百分点。2018 年，中国企业对"一带一路"沿线 63 个国家投资 178.9 亿美元，尽管同比下降 11.30%，同期全部对外直接投资流量依然稳定在 12.51% 的水平。2019 年，在遭受中美贸易摩擦和新冠肺炎疫情的外生冲击下，中国对外直接投资开始趋缓，但 2019 年中国对"一带一路"沿线国家实现直接投资 186.9 亿美元，同比增长 4.47%，占同期中国对外直接投资流量的 13.65%，远高于当年 8.16% 的存量占比。③ 2020 年，中国企业对"一带一路"沿线 58 个国家非金融类直接投资 177.9 亿美元，同比增长 18.3%，占同期总额的 16.2%，较 2019 年提升 2.6 个百分点。④ CGIT 的统计数据更是表明，2013—2019 年，中国在"一带一路"对外投资累计流量达 10110.3 亿美元，2019 年占比更是高达 50%⑤，凸显出"一带一路"倡议在中国改革开放中的地位和沿线国家在我国 ODI 区位选择中的重要性。

---

① 国家商务部、国家统计局、国家外汇管理局：《2020 年底中国对外直接投资统计公报》。

② 中华人民共和国商务部：《中国对外投资合作发展报告 2020》，第 99 页。

③ 《2019 年度中国对外直接投资统计公报》。

④ 中华人民共和国商务部：《2020 年中国对外投资合作情况》，mofcom. gov. cn. 2021 - 02 - 10。

⑤ Scissors D. "China's Global Investment in 2019：Going Out Goes Small". https://www. aei. org/china - global - investment - tracker/.

表 3.3　2007—2019 年中国对外直接投资规模

年份	存量			流量		
	BRCs（亿美元）	全球（亿美元）	占比（%）	BRCs（亿美元）	全球（亿美元）	占比（%）
2007	96.1	1179.1	8.15	30.5	265.1	11.51
2008	148.5	1839.7	8.07	42.6	559.1	7.62
2009	173.5	2457.5	7.06	42.1	565.3	7.45
2010	290.2	3172.1	9.15	73.1	688.1	10.62
2011	413.2	4247.8	9.73	92.1	746.5	12.34
2012	568.4	5319.4	10.69	123.4	878.0	14.05
2013	722.8	6604.8	10.94	126.3	1078.4	11.71
2014	924.6	8826.4	10.48	136.6	1231.2	11.09
2015	1156.8	10978.4	10.54	189.3	1456.7	13.00
2016	1294.1	13573.9	9.53	153.4	1961.5	7.82
2017	1544.0	18090.4	8.53	201.7	1582.9	12.74
2018	1727.7	19822.7	8.72	178.9	1430.1	12.51
2019	1794.7	21988.8	8.16	186.9	1369.1	13.65

数据来源：国家统计局发布的《2019 年度中国对外直接投资统计公报》。

注：BRCs 是指"一带一路"沿线国家；占比是指占同期中国 ODI 规模的比例。

2．存量规模

商务部发布的数据表明，2013—2019 年，中国对沿线国家累计直接投资 1173.1 亿美元。到 2019 年末，中国对"一带一路"沿线国家的投资存量为 1794.7 亿美元，占中国同期总对外投资存量的 8.16%，比 2013 年 722.8 亿美元的存量规模增长了近 1.5 倍，年均增长率达 18.5%，与 2007 年相比存量规模增长了 17.7 倍（见图 3.1）。即使受到类似 2008 年全球金融危机、2018 年中美贸易摩擦、2020 年新冠肺炎疫情暴发等外部冲击，中国对"一带一路"的投资仍保持稳定的增长规模。预计未来一段时间，中国对"一带一路"沿线国家的投资合作将继续保持增长态势。

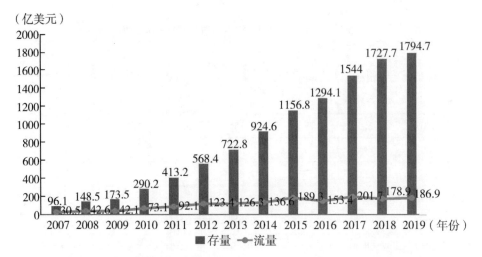

图 3.1 2007—2019 年中国对"一带一路"沿线国家 ODI 存量与流量

数据来源：根据 2007—2019 年的《中国对外直接投资统计公报》整理。

3. 规模占比

就中国在"一带一路"沿线国家的投资规模占中国 ODI 的比重来看，如图 3.2 所示，除了个别年份，流量比重（均值为 11.2%）比存量占比高（均值为 9.2%）。就年度变化趋势来看，ODI 流量受外生变量的影响更大，导致各年份流量占比的波动较大，但从趋势线来看，整体呈上升态势。而 ODI 存量占比的趋势图呈倒"U"形态势，即在 2012—2015 年处于高峰时期，一直稳定在 10.5%～10.9%，但近年来有下降趋势。这说明尽管自"一带一路"倡议提出以来，中国对沿线国家 ODI 规模呈稳定增长趋势，但在中国 ODI 的比重并未呈现稳定增长态势，流量占比受外生变量影响大，中国在沿线国家 ODI 的可持续发展仍是值得关注的问题。

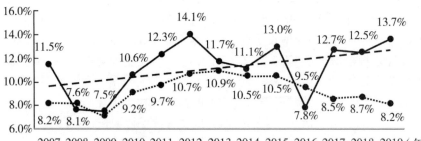

图 3.2 2007—2019 年中国对"一带一路"沿线国家 ODI 比重

(三)"一带一路"海外工程项目

如果考虑非股权投资的海外工程项目,"一带一路"沿线国家在中国企业"走出去"战略中所占的份额会更高。① 到 2019 年末,中国在 143 个成员国的海外工程投资项目总规模超过 4500 亿美元,主要集中在亚非拉发展中国家,以铁路、公路等基础建设和能源行业为主。自 2013 年"一带一路"倡议提出以来,一半以上的中国海外工程承包集中在"一带一路"区域②,且新签合同额年均增长 11.8%,完成营业额年均增长 6.4%③。商务部国际贸易经济合作研究院发布的《中国"一带一路"贸易投资发展报告 2013—2018》指出,2019 年中国在 62 个 BRCs 新签海外工程项目合同额 1548.9 亿美元,同比增长 23.1%,完成营业额为 979.8 亿美元,分别占同期中国海外工程新签合同额和完成营业额的 59.5% 和 56.7%。2020 年 1—10 月中国在 BRCs 新签承包工程合同额 1414.6 亿美元,完成营业额 911.2 亿美元,分别占同期对外承包工程新签合同额和完成营业额的 55.4% 和 58.4%。④

CGIT 的统计资料显示,2014—2019 年,中国海外工程项目的 90% 都集中在"一带一路"区域,其体量比中国在这一区域的 ODI 规模要大 60%。⑤ 中国在"一带一路"沿线国家的海外工程项目主要集中在巴基斯坦、沙特阿拉伯、印度尼西亚等国,如表 3.4 所示,中国海外工程量的前十大东道国的工程量占中国在全球的海外工程总量之比高达 34%。

表 3.4　中国海外工程的前十大东道国（2005—2019 年）

（单位：亿美元）

排名	东道国	工程金额	排名	东道国	工程金额
1	巴基斯坦	415	6	马来西亚	258
2	沙特阿拉伯	353	7	阿尔及利亚	237
3	尼日利亚	326	8	埃塞俄比亚	231

---

① 工程承包是"一带一路"倡议的核心,因为不涉及产权交易,所以没被统计为 ODI。自 2013 年秋以来,76 个"一带一路"沿线国家的工程建设占了中国海外工程的 60% 以上,这一速度一直保持到了 2018 年（数据来源：商务部解读《对外投资合作发展报告 2017》）。

② Scissors D. "China's Global Investment in 2019：Going Out Goes Small". https：//www.aei. org/china – global – investment – tracker/.

③《2018 年 1—12 月我国对"一带一路"沿线国家投资合作情况》。

④ 中华人民共和国商务部：《中国对外投资合作发展报告 2020》。

⑤ Scissors D. "China's Global Investment in 2019：Going Out Goes Small". https：//www.aei. org/china – global – investment – tracker/.

续上表

排名	东道国	工程金额	排名	东道国	工程金额
4	印度尼西亚	290	9	伊朗	222
5	阿拉伯联合酋长国	269	10	孟加拉国	214

数据来源：根据 China Global Investment Tracker 2020（The American Enterprise Institute and The Heritage Foundation，http://www. aei. org/china-global-investment-tracker）数据库资料统计而得。

第三节　对外直接投资的区位分布特征

一、在全球的 ODI 区位分布

1. 流量分布

《中国对外投资合作发展报告 2020》的统计数据表明，2019 年，中国 ODI 的 88.6% 流入了亚洲和欧洲区域，其中 80.9% 流向了亚洲，流量高达 1108.4 亿美元，比 2018 年增长了 5.1%；流向欧洲的 ODI 虽占比仅有 7.7%，但同比增长了 59.6%，达到 105.2 亿美元。[①] 而流向美洲、非洲和大洋洲的中国 ODI 在 2019 年均呈下降态势，尤其是美洲区域的下降幅度较大，其中流向拉丁美洲的 ODI 仅为 63.9 亿美元，同比下降 56.3%；流向北美的为 43.7 亿美元，同比下降 49.9%。流向非洲的 ODI 也同比下降 49.9%，仅为 27.1 亿美元。对大洋洲的 ODI 也同比下降了 6.3%，仅为 20.8 亿美元。流量规模因受政治、经济等外生变量的影响更大，每年的波动都比较大。就近两年中国 ODI 流量的波动情况来看，受中美关系紧张局势的影响，中国在欧洲的 ODI 增长率最高，而在北美的 ODI 同比下降了近 50%，在大洋洲也有所下降。非洲和拉丁美洲因为经济形势不好，近年来 ODI 规模下降明显。

2. 存量规模

①亚洲是中国投资规模最大的区域。由表 3.5 可知，2019 年中国在亚洲区域的 ODI 存量高达 14602.2 亿美元，占当年中国 ODI 总额比重高达 66.4%。因为地理和文化距离相近、市场规模较大、双边关系紧密，

---

① 中华人民共和国商务部：《中国对外投资合作发展报告 2020》。

该区域吸引了大量中国 ODI 的流入，尤其是香港地区，吸引的 ODI 存量在亚洲区域中占比高达 87.3%。②在经济水平较高、社会发展较好的欧洲和北美洲，2019 年末中国 ODI 存量规模分别为 1143.8 和 1002.3 亿美元，占比分别仅为 5.2% 和 4.6%，且主要分布在美国、荷兰、英国、德国、加拿大、卢森堡等发达国家。这可能与双边地理、文化距离较远，与中国的正式制度差异较大等因素有关，再加上近年来西方国家逆全球化思潮抬头，对中国企业设置了较多的投资壁垒，对中国企业的投资产生了阻碍作用。③在非洲和大洋洲地区，2019 年中国 ODI 存量都仅为 440 亿美元左右，占比为 2.0%，与排名第一的亚洲相差甚远。

3. 时序演变特征

就 ODI 区位分布的变化特征来看，如图 3.3 所示，亚洲区域一直是中国 ODI 分布最为集中的区域，占中国 ODI 总量的比重平均高达 68.7%，但就变化趋势来看，在亚洲区域中国 ODI 的比重呈现缓慢下降态势，说明中国 ODI 区位选择开始逐渐多元化。就欧洲和北美地区 ODI 比重的时序演变来看，以 2012 年为分水岭，都经历了先升后降的趋势，即 2012 年 ODI 比重达到峰值后开始了逐年下降的趋势；与此对应的是中国在亚洲 ODI 存量占比在 2018 年以来出现了回升趋势，这与西方发达国家对中国企业投资设置较多壁垒有关。

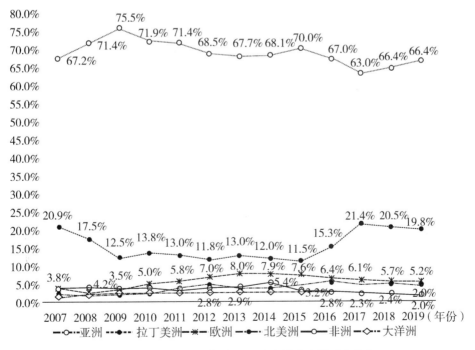

图 3.3 2007—2019 年中国 ODI 存量分布的时序演化

资料来源：根据 2007—2019 年《中国对外直接投资统计公报》归纳整理。

表3.5 2007—2019年中国ODI存量分布

年份	亚洲		拉丁美洲		欧洲		北美洲		非洲		大洋洲		全球总计
	总额(亿美元)	占比(%)	总额(亿美元)	占比(%)	总额(亿美元)	占比(%)	总额(亿美元)	占比(%)	总额(亿美元)	占比(%)	总额(亿美元)	占比(%)	(亿美元)
2007	792.2	67.2	247.0	20.9	44.6	3.8	32.4	2.7	44.6	3.8	18.3	1.6	1179.1
2008	1313.2	71.4	322.4	17.5	51.3	2.8	36.6	2.0	78.0	4.2	38.2	2.1	1839.7
2009	1855.4	75.5	306.0	12.5	86.8	3.5	51.8	2.1	93.30	3.8	64.2	2.6	2457.5
2010	2281.4	71.9	438.8	13.8	157.1	5.0	78.3	2.5	130.4	4.1	86.1	2.7	3172.1
2011	3034.3	71.4	551.7	13.0	244.5	5.8	162.5	3.8	134.7	3.2	120.1	2.8	4247.8
2012	3644.1	68.5	628.1	11.8	369.8	7.0	255	4.8	217.3	4.1	151.1	2.8	5319.4
2013	4474.1	67.7	860.9	13.0	531.6	8.0	261.9	4.0	286.1	4.3	190.2	2.9	6604.8
2014	6009.7	68.1	1061.1	12.0	694.0	7.9	323.5	3.7	479.5	5.4	258.6	2.9	8826.4
2015	7689.0	70.0	1263.2	11.5	836.8	7.6	521.8	4.8	346.9	3.2	320.9	2.9	10978.4
2016	9094.5	67.0	2071.5	15.3	872.0	6.4	754.7	5.6	398.8	2.9	382.4	2.8	13573.9
2017	11393.2	63.0	3868.9	21.4	1108.6	6.1	869.1	4.8	433.0	2.4	417.6	2.3	18090.4
2018	12761.3	64.4	4067.7	20.5	1128.0	5.7	963.5	4.9	461.0	2.3	441.1	2.2	19822.7
2019	14602.2	66.4	4360.5	19.8	1143.8	5.2	1002.3	4.6	443.9	2.0	436.1	2.0	21988.8

资料来源：由2007—2019年《中国对外直接投资统计公报》归纳整理。

综上,因地理距离、资源禀赋、经济、政治、制度环境方面的差异,中国在全球的 ODI 分布差异甚大。

二、在"一带一路"沿线国家的 ODI 区位分布

(一)整体概况

依据《中国对外直接投资统计公报》的统计口径,"一带一路"沿线国家可分为东盟、西亚、南亚、中东亚、原独联体、中东欧 6 个区域。由于沿线国家市场规模、经济水平、科技水平各异,双边制度环境也有显著差异,中国 ODI 的区位分布差异甚大(如图 3.4 所示),中国在东盟 10 国的投资规模最大,2019 年投资存量和流量分别高达 1099.72 亿美元和 130.07 亿美元,占中国在"一带一路"ODI 存量和流量的比重分别为 56.7% 和 67%。这可能与东盟区域具有相近的地理和文化距离、较大的市场规模以及良好的双边关系等区位优势有关,因而吸引了大量中国 ODI 流入。而在原独联体国家,2019 年,中国 ODI 流量为 -0.86 亿美元,存量也仅为 143.09 亿美元(占中国在"一带一路"ODI 存量之比为 7.4%),与排名第一的东盟 10 国相差甚远。这一方面与中国近年来对俄罗斯等国能源投资减少有关,另一方面也与俄罗斯、乌克兰等国近年来经济增长下降、市场需求减小等经济因素有关,此外,还因为受双边投资合作不顺等政策因素的影响。在经济水平较高、社会发展较好的中东欧 16

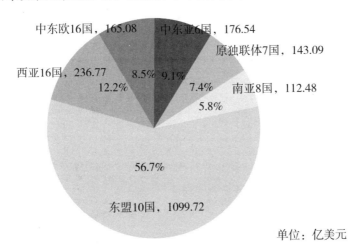

单位:亿美元

图 3.4　2019 年末中国对"一带一路"各区域的 ODI 存量分布占比

国，中国 ODI 存量规模仅为 165.08 亿美元，占比仅为 8.5%，这可能与双边地理、文化、制度距离较远等制约因素有关。综上，由于沿线国家资源禀赋、市场规模、经济水平、科技水平、制度环境差异甚大，中国对沿线国家 ODI 的区位分布严重失衡。

（二）区域分布特征

1. 概况

如表 3.6 所示，无论是以流量还是存量规模衡量，中国—中南半岛经济走廊（简称"中南半岛经济走廊"或"中南半岛区域"）几乎占据了中国在"一带一路"对外投资的半壁江山。其存量规模占比在 2010 年创下 50.88% 的高峰后开始缓慢下降，到 2015 年达到 44.6% 的极值，自 2016 年起触底反弹呈现上升态势，到 2019 年底，存量占比回升到 49.29%。中国对中南半岛的 ODI 流量占比也经历了相似的变化，2010 年的流量占比高达 56.88%，到 2015 年降到 44.16% 的极值后也开始了上升趋势，2018 年更是创下 76.04% 的新高，2019 年也维持了 52.64% 的较高占比。

排在第二的为新亚欧大陆桥经济走廊。中国在该区域的对外投资流量、存量占比均达到了 1/3 左右（见表 3.6）。虽然各年的流量占比出现了较大波动，极值分别是 2015 年的 53.51% 和 2018 年的 5.39%，但存量占比自 2010 年来呈现稳定上升态势，由 2010 年的 22.27% 上升到 2019 年的 30.89%，2015 年更是创下了 35.56% 的历史新高。

表 3.6　2010 年以来中国在"一带一路"投资的区位分布

| 年份 | 中国—中亚—西亚经济走廊 | | | | 中国—中南半岛经济走廊 | | | |
	存量（亿美元）	存量占比（%）	流量（亿美元）	流量占比（%）	存量（亿美元）	存量占比（%）	流量（亿美元）	流量占比（%）
2010	69.4	24.59	16.8	21.70	143.5	50.88	44.0	56.88
2011	98.2	22.14	20.9	15.48	214.6	48.39	59.1	43.83
2012	152.7	25.40	48.4	35.08	282.4	46.97	61.0	44.24
2013	181.0	23.01	32.5	25.61	356.7	45.36	72.7	57.22
2014	219.1	21.03	27.0	17.92	476.3	45.72	78.1	51.84
2015	228.9	16.27	-0.6	-0.19	627.2	44.60	146.0	44.16

续上表

年份	中国—中亚—西亚经济走廊				中国—中南半岛经济走廊			
	存量（亿美元）	存量占比（%）	流量（亿美元）	流量占比（%）	存量（亿美元）	存量占比（%）	流量（亿美元）	流量占比（%）
2016	289.2	18.54	26.5	13.05	715.5	45.86	102.8	50.54
2017	327.3	17.14	28.4	9.25	890.1	46.6	141.2	45.98
2018	378.3	17.90	25.3	14.05	1028.6	48.67	136.9	76.04
2019	382.5	17.16	33.7	13.62	1098.9	49.29	130.2	52.64
合计	2326.6	18.7	258.9	13.65	5833.8	46.9	972.0	51.26

年份	新亚欧大陆桥经济走廊				孟中印缅经济走廊			
	存量（亿美元）	存量占比（%）	流量（亿美元）	流量占比（%）	存量（亿美元）	存量占比（%）	流量（亿美元）	流量占比（%）
2010	62.8	22.27	15.7	20.33	63.6	2.26	0.8	1.08
2011	121.5	27.40	52.0	38.60	9.2	2.08	2.8	2.08
2012	151.2	25.15	25.2	18.25	15.0	2.49	3.3	2.42
2013	218.9	27.84	18.8	14.80	29.8	3.08	3.0	2.36
2014	305.7	29.35	40.8	27.10	40.7	3.91	4.7	3.14
2015	500.0	35.56	177.0	53.51	50.3	3.57	8.3	2.52
2016	511.9	32.81	73.5	36.13	43.4	2.78	0.6	0.29
2017	632.0	33.10	133.8	43.57	60.3	3.16	3.7	1.20
2018	642.9	30.42	9.7	5.39	63.8	3.02	8.1	4.50
2019	688.6	30.89	71.3	28.83	59.5	2.67	12.1	4.89
合计	3835.5	30.9	617.8	32.58	435.6	3.5	47.4	2.50

资料来源：根据商务部2010—2019年《中国对外直接投资统计公报》数据统计。

说明：①存量占比是指四大经济走廊占"一带一路"投资总额的比例。②合计这一栏，仅统计流量、流量占比这几列的数据，流量合计是指这四大经济走廊2010—2019年间流量加总，合计栏的流量占比是指四大经济走廊2010—2019年流量加总分别占2010—2019年间"一带一路"区域投资总流量的比例。

中国—中亚—西亚经济走廊（简称"中亚—西亚经济走廊"或"中亚—西亚区域"）的ODI规模占比位居第三，流量、存量占比均值分别为

13.7% 和 18.7%。整体而言，中国在该区域的 ODI 存量和流量占比均呈现下降态势。尤其是流量占比的波动幅度大，2012 年曾刷新了 35.08% 的历史峰值，2015 年也出现过 - 0.19% 的极值。孟中印缅经济走廊排在最后，其流量、存量占比均较低，均值分别为 2.5% 和 3.5%。由于缅甸已统计在中南半岛区域，故从该区域剔除。

就时序演变特征来看，中亚西亚和新亚欧大陆桥（包括俄罗斯及独联体国家）在 2010 年市场份额很相近，但就变化趋势来看，中东欧地区吸引中国投资的起点较低，但所占比重增长迅速，导致新亚欧大陆桥所占的份额呈现缓慢上升态势，而中亚—西亚经济走廊无论流量还是存量占比均呈现下降态势，但其在吸引中国直接投资方面仍处于较重要的位置。孟中印缅经济走廊所占份额最低，但近几年 ODI 比重有缓慢上升趋势。

2. 中南半岛

中南半岛是在整个"一带一路"的投资占比最高的区域，也是中国 ODI 投资发展态势最为稳定的一个区域。中南半岛区域包括东盟 10 国，新形势下中国—东盟共同体建设成为高质量共建"一带一路"的重点。在 2020 年 11 月第 17 届中国—东盟博览会和中国—东盟商务与投资峰会上，习近平总书记正式提出建设更为紧密的"中国—东盟命运共同体"的倡议。[①] 在逆全球化等复杂国际背景下，东盟在我国构建全方位开放发展新格局中的地位更显重要，统计数据也支撑了这一点。如表 3.7 所示，2015 年中国对该地区直接投资流量首次突破百亿美元达到 146.4 亿美元，2016 年因受政治风险影响，ODI 流量降为 102.8 亿美元，2017 年又迅速恢复到接近 2015 年的水平，此后 3 年 ODI 流量一直稳定在 130 亿～140 亿美元的规模。在国际经济下行背景下，2018 年、2019 年存量规模均突破 1000 亿美元大关，增长率分别为 3.79%、4.12%，增长势头强。在疫情冲击背景下，2020 年上半年，中国对东盟投资同比增长 53.1%，占同期对"一带一路"沿线国家投资的 76.7%。[②] 2020 年 1—10 月，中国—东盟贸易额逆势增长 7%，双方互为第一大贸易伙伴。[③] 东盟国家具有低廉的劳动力成本、丰富的矿产能源以及广阔的市场，是中国企业转移外

---

① 习近平：《在第十七届中国—东盟博览会和中国—东盟商务与投资峰会开幕式上的致辞》，载《人民日报》2020 年 11 月 28 日。

② 林凌峰：《中国—东盟经贸合作的"南宁渠道"拓宽探讨》，载《商业经济研究》2020 年第 23 期，第 149 - 151 页。

③ 鹿心社、蓝天立：《共享一带一路建设新机遇　构建中国东盟命运共同体》，载《人民日报》2020 年 11 月 25 日第 19 版。

溢、优化产业布局的好地方。然而就投资主体来看,中小企业投资占比近80%,中小企业规模小、抗风险能力弱。① 不少东盟国家在展现较大发展空间的同时,也暴露了自然资源开发难度大、生态环境脆弱、政策频繁变动的环境风险。②

表 3.7　2011—2019 中国对中南半岛区域 ODI

年份	东盟		全球		东盟 ODI 占比	
	流量 (亿美元)	存量 (亿美元)	流量 (亿美元)	存量 (亿美元)	流量占比 (%)	存量占比 (%)
2011	59.1	214.6	746.5	4247.8	7.91	5.05
2012	61.0	282.4	878.0	5319.4	6.95	5.31
2013	72.7	356.7	1087.4	6604.8	6.68	5.40
2014	78.1	476.3	1231.6	6604.8	6.34	7.21
2015	146.4	627.2	1456.7	8826.4	10.03	7.11
2016	102.8	715.5	1961.5	10978.4	5.24	6.52
2017	141.2	890.1	1582.9	13573.9	8.92	6.56
2018	136.9	1028.6	1430.4	18090.4	9.57	5.69
2019	130.2	1098.9	1369.1	21988.8	9.51	5.00
均值	103.1	632.3	1304.9	10692.7	7.90	5.90

资料来源:根据商务部 2011—2019 年《中国对外直接投资统计公报》数据统计。

(三) 国别分布特征

1. 中南半岛区域

就中国对中南半岛 ODI 流量的国别分布来看,2011 年到 2019 年,中国对新加坡投资占东盟 10 国的比重一直居高不下,分别为 49.40%、43.85%、41.36%、43.33%、51.00%、46.74%、50.07%、48.70% 和47.90%;同期投向印度尼西亚的 ODI 占比分别为 7.86%、10.79%、

① 蔡立辉、梁钢华:《"一带一路"与广东地缘经济功能重塑》,载《暨南学报 (哲学社会科学版)》2019 年第 6 期,第 97-106 页。
② 姜秀敏、陈坚:《论海洋伙伴关系视野下三条蓝色经济通道建设》,载《中国海洋大学学报 (社会科学版)》2019 年第 3 期,第 38-45 页。

213.05%、114.26%、12.96%、13.34%、11.84%、12.46%、13.77%，而对其他东盟国家的投资较少。这导致中国在该区域投资存量的区位分布失衡。

如表 3.8 所示，至 2019 年底，中国对东盟 ODI 总存量为 1098.9 亿美元。从国别分布来看，在中国对东盟各国 ODI 存量占比中，新加坡以526.4 亿美元的 ODI 存量规模占比高达 47.91%，高居榜首；印度尼西亚则以 151.3 亿美元的存量规模排第二，占比为 13.77%。泰国占 6.54%，存量为 71.9 亿美元；马来西亚 7.21%，存量为 79.2 亿美元；老挝占7.51%，存量为 82.5 亿美元；越南占 6.43%，存量为 70.7 亿美元；柬埔寨占 5.88%，存量为 64.6 亿美元；缅甸占 3.76%，存量为 41.3 亿美元；菲律宾、文莱分别占 0.6% 和 0.39%，存量分别为 6.6 亿美元和 4.3 亿美元。

表 3.8 2019 年末中国对中南半岛经济走廊 ODI 存量的国别分布

国家	存量（亿美元）	占比（%）	投资主要行业
马来西亚	79.2	7.21	交通、能源、不动产、金属
印度尼西亚	151.3	13.77	能源、金属、交通、不动产
新加坡	526.4	47.91	物流、能源、交通
老挝	82.5	7.51	能源、交通、不动产、农业
越南	70.7	6.43	能源、金属、交通、化学、不动产
菲律宾	6.6	0.60	能源、科技、旅游、不动产、交通
柬埔寨	64.6	5.88	能源、不动产、交通、农业、娱乐
泰国	71.9	6.54	交通、能源、科技
缅甸	41.3	3.76	能源、金属、不动产
文莱	4.3	0.39	能源、交通
合计	1098.9	100.00	—

数据来源：《中国对外直接投资统计公报》。"投资主要行业"来源于 CGIT。

2．新亚欧大陆桥区域

中国对新亚欧大陆桥区域的直接投资主要流向了荷兰、德国、俄罗斯、瑞士、法国、意大利等国家，这六国吸引的中国直接投资存量占中国在该地区直接投资总额的比重为 94.49%（见表 3.9）。该地区的中国 ODI

国别分布严重失衡，其他国家的投资潜力巨大。

表 3.9　2019 年末中国对新亚欧大陆桥经济走廊 ODI 存量的国别分布

国家	存量（亿美元）	占比（%）	投资主要行业
荷兰	238.5	34.64	科技、农业、金融、不动产
德国	142.3	20.67	科技、交通、不动产、能源、金融
俄罗斯	128.0	18.59	能源、金属、不动产、农业、交通、木材
瑞士	56.6	8.22	农业、能源、物流、娱乐、旅游、其他
法国	59.5	8.64	能源、旅游、交通、农业、其他
意大利	25.7	3.73	交通、能源、科技、金融、不动产
希腊	2.3	0.33	交通、能源、科技、物流
乌克兰	1.6	0.23	能源、交通、不动产、金融、农业
匈牙利	4.3	0.62	交通、化学、科技、不动产
塞尔维亚	1.6	0.23	能源、交通、金属、科技
白俄罗斯	6.5	0.94	能源、交通、农业、木材、不动产
波黑	0.2	0.03	能源、交通
罗马尼亚	4.3	0.62	能源
捷克	2.9	0.42	金融、不动产、能源
波兰	5.6	0.81	能源、交通、公共事业、其他
格鲁吉亚	6.7	0.97	不动产、能源、交通、旅游、金融
斯洛文尼亚	1.9	0.28	娱乐
合计	688.5	100.00	—

数据来源：《中国对外直接投资统计公报》。"投资主要行业"来源于 CGIT。

3. 中国—中亚—西亚经济走廊区域

如表 3.10 所示，中国对中亚—西亚区域的直接投资主要流向了阿拉伯联合酋长国、哈萨克斯坦、以色列、乌兹别克斯坦、伊朗、沙特阿拉伯、塔吉克斯坦、土耳其等国家。中国在这八国的 ODI 存量占该地区直接投资总额的比重高达 81.87%，区位分布集中度也相当高。

表 3.10　2019 年末中国对中国—中亚—西亚经济走廊 ODI 存量的国别分布

国家	存量（亿美元）	占比（%）	投资主要行业
阿拉伯联合酋长国	76.4	19.96	能源不动产、旅游、交通
哈萨克斯坦	72.5	18.94	能源、金属、化学制品、交通
以色列	37.8	9.88	娱乐、农业交通、金融
乌兹别克斯坦	32.5	8.49	能源、金属、交通、化学制品
伊朗	30.6	8.00	能源、金属、交通、公共事业
沙特阿拉伯	25.3	6.61	能源、金属（铝矿）、不动产、交通、化学、物流
塔吉克斯坦	19.5	5.10	能源、交通、不动产
土耳其	18.7	4.89	能源、交通、不动产、金融
吉尔吉斯斯坦	15.5	4.05	能源、交通
伊拉克	13.8	3.61	能源、不动产、公共事业
埃及	10.9	2.85	能源、交通、不动产、金属、工业
科威特	8.3	2.17	能源不动产、其他、交通
也门	5.4	1.41	不动产、能源、交通
卡塔尔	4.6	1.20	公共事业不动产、交通、能源
阿富汗	4.2	1.10	金属、能源、交通
约旦	3.1	0.81	能源、工业、教育、交通、化学
土库曼斯坦	2.3	0.60	能源（天然气）
阿曼	1.2	0.31	能源、工业、农业、公共事业、不动产
叙利亚	0.1	0.03	能源、不动产
合计	382.7	100.00	—

数据来源：《中国对外直接投资统计公报》。"投资主要行业"来源于 CGIT，其中黎巴嫩、巴勒斯坦、巴林和塞浦路斯因数据缺失或投资额小，被剔除在样本国之外。

4. 孟中印缅经济走廊区域

中国对孟中印缅的直接投资主要流向了印度和孟加拉国两国，合计约占 80.6% 的份额，而在斯里兰卡和尼泊尔的投资存量占比在 9% 左右（见

表 3.11）。

表 3.11　2019 年末中国对孟中印缅经济走廊 ODI 存量的国别分布

国家	存量（亿美元）	占比（%）	投资主要行业
印度	36.1	59.87	能源、金属、交通、娱乐、不动产、旅游、技术
孟加拉国	12.5	20.73	交通、能源、农业、技术、公共事业
斯里兰卡	5.5	9.12	能源、交通、技术、农业、不动产、公共事业、旅游、物流
尼泊尔	5.4	8.96	能源、农业、交通、不动产
马尔代夫	0.8	1.33	交通、不动产
合计	60.3	100.00	—

数据来源：《中国对外直接投资统计公报》。"投资主要行业"来源于 CGIT，其中不丹因数据缺失，缅甸因已包含在中南半岛样本中，被剔除在样本国之外。

5. 前二十大东道国

在"一带一路"50 个样本国的投资存量排名中，我国对前十大东道国的投资占比高达 70.37%，对前二十大东道国的投资占比更是高达 90.8%。在前十大东道国中，新加坡、荷兰、印度尼西亚位列前三名；中南半岛五国（新加坡、印度尼西亚、老挝、马来西亚、泰国）占了前十大东道国投资总额的 40.87%（见表 3.12）。由此可见，中国对"一带一路"沿线国家的投资主要集中于中南半岛七国、荷兰、德国、俄罗斯、中亚—西亚等少数国家或地区。这印证了彭羽、沈玉良（2017）根据 WTO 官方发布的 WTO-GVC（全球价值链）统计工作组测算结果而得出的研究结论，即与中国 GVC 联系最强的国家主要集中在东盟，包括马来西亚、菲律宾、越南、印度尼西亚、新加坡、泰国和柬埔寨。[1]

---

① 彭羽、沈玉良：《"一带一路"沿线自由贸易协定与中国 FTA 网络构建》，载《世界经济研究》2017 年第 8 期，第 26－37 页、第 135 页。

表 3.12 2019 年中国对"一带一路"沿线国家 ODI 存量前二十大东道国

排名	东道国	ODI 存量		排名	东道国	ODI 存量	
		总额（亿美元）	占比（%）			总额（亿美元）	占比（%）
1	新加坡	526.4	23.61	11	越南	70.7	3.17
2	荷兰	238.5	10.70	12	柬埔寨	64.6	2.90
3	印度尼西亚	151.3	6.79	13	法国	59.5	2.67
4	德国	142.3	6.38	14	瑞士	56.6	2.54
5	俄罗斯	128.0	5.74	15	缅甸	41.3	1.85
6	老挝	82.5	3.70	16	以色列	37.8	1.70
7	马来西亚	79.2	3.55	17	印度	36.1	1.62
8	阿拉伯联合酋长国	76.4	3.43	18	乌兹别克斯坦	32.5	1.46
9	哈萨克斯坦	72.5	3.25	19	伊朗	30.6	1.37
10	泰国	71.9	3.22	20	意大利	25.7	1.15
合计	前十大东道国	1569.0	70.37 *	合计	前二十大东道国	2024.4	90.8 **

资料来源：根据《中国对外直接投资统计公报》归纳整理。

注：* 是指前十大东道国 ODI 存量占"一带一路"50 个样本国存量之和的比例；** 是指前二十大东道国 ODI 存量占"一带一路"50 个样本国存量之和的比例。

第四节 对外直接投资的行业分布特征

由于商务部公布的《中国对外直接投资统计公报》并未对中国在各东道国的行业分布数据进行细分统计，而 CGIT 详细记录了中国在东道国各行业每一笔金额在 1 亿美元以上的数据，包括对外直接投资、海外工程投资项目及不良投资。本书中凡涉及某东道国细分行业 ODI 数据的，均来自 CGIT 数据库。样本的选取以国家发改革、外交部、商务部 2015 年联合发布的《推动共建丝绸之路和 21 世纪海上丝绸之路的愿景与行动》中对"一带一路"重点区域的划分为依据，选取"一带一路"四大国际经济合作走廊——"新亚欧大陆桥""中国—中亚—西亚""中国—中南半岛"和"孟中印缅"为研究对象,并基于 CGIT 数据的可获得性,选取50 个样本国。

为了探求东道国环境变量与中国 ODI 行为的关系,本书借鉴 Copeland 和 Taylor[①]、Alief Rezza[②] 等学者的做法,将资源密集型(主要包括农业、渔业、林业和采矿业等第一产业)和资本密集型行业(通常是第二产业中的制造业)定义为环境敏感型行业。如绪论部分所述,考虑到两大数据库对行业的分类方法不尽相同,本研究借鉴盛思鑫、曹文炼等的做法[③],对环境敏感型行业具体界定为:在《中国对外直接投资统计公报》的统计口径中,将农业、采矿业、制造业、房地产和建筑业、电力燃气业以及交通运输业界定为环境敏感型行业;基于《中国对外投资追踪数据》(2020)的统计口径,则将农业、化工、能源、金属、房地产、交通这六大行业界定为环境敏感型行业。

一、在全球的 ODI 行业分布

(一)ODI 行业分布全球概况

本书引用《中国对外投资追踪数据》(2020)的数据,对 2005—2019 年中国在海外的股权投资(ODI)与非股权投资(海外工程)项目的行业分布情况进行统计。从表 3.13 中可以看出,能源、金属、交通、房地产、农业、金融六大环境敏感型行业的对外投资占比高达 77.6%;其中能源和金属占比更是达到了 44.7%。

---

① Copeland 和 Taylor(2003)认为,以资本劳动比表示行业的资本密集度,一般来说,资本密集度越高的行业,污染密集度也越高。例如,冶金工业、石油工业、机械制造业、钢铁行业和电力行业等行业,技术装备多、投资量大、容纳劳动力较少,这类行业一般都会产生大量的污染,故而排放强度也会很大。

② Alief A. Rezza 等认为,资本密集度相对较高的行业,一般污染密集度也会越高。Alief A. Rezza. "A Meta-Analysis of FDI and Environmental Regulations". *Environment and Development Economics*,2014,20(2):1-24.

③ 盛思鑫、曹文炼:《中国对外直接投资情况的再评估》,载《宏观经济研究》2015 年第 4 期,第 29-37 页、第 131 页。

表 3.13　2005—2019 年中国对外投资与海外工程的行业分布

行业投资额	对外投资①		海外工程②	合计（①+②）	
	金额（亿美元）	占比（%）		金额（亿美元）	占比（%）
能源	3921	32.5	3354	7275	37.2
金属	1475	12.2	359	1834	9.4
交通	1299	10.8	2499	3798	19.4
房地产	1023	8.5	907	1930	9.9
农业	835	6.9	165	1000	5.1
金融	808	6.7	—	—	—
科技	612	5.1	166	778	4.0
娱乐	437	3.6	27	464	2.4
旅游业	428	3.6	87	515	2.6
物流	346	2.9	53	399	2.0
健康	224	1.9	34	258	1.3
化学	126	1.0	208	334	1.7
其他*	521	4.3	436	957	4.9
合计	12055	100.0	7487**	19542**	100.0

数据来源：American Enterprise Institute and Heritage Foundation, China Global Investment Tracker, January 2020, http://www.aei.org/chian-global-investment-tracker。

注：① * 其他在投资中排在第一的是消费品行业，在海外过程项目中排名第一的为公益事业。②因为金融行业海外工程项目数据不可得，所以合计中 ** 不包括金融行业。

　　如果将非股权投资的海外工程项目考虑进来，能源行业的规模不管在对外投资还是海外工程项目中均排名第一，合计占比近四成。其中以石油为主的能源开采在 ODI 占主导地位，而以水力发电和煤炭发电为主的电力行业在海外工程中占比居首位。海外工程的另一重点是交通行业，以铁路、公路等交通基础建设为主，在海外工程项目中占比高达 19.4%，交通行业的 ODI 则以汽车工厂为主。

　　综上，中国 ODI 无论是区位分布还是产业选择，都表现出环境敏感型特征。过于集中的区位分布和行业结构不仅限制了企业对外投资的潜力，也增加了投资风险，影响对外投资的绩效。

（二）ODI 行业分布时序演变特征

为了了解中国 ODI 行业分布的时序演变特征，本研究基于《中国对外直接投资统计公报》的统计口径，将 18 个行业划分为环境敏感型和非环境敏感型两大类，其中环境敏感型行业是指更容易受东道国环境规制水平影响的六大行业：农业、采矿业、制造业、房地产和建筑业、电力燃气业以及交通运输业（见表 3.14）。

1. ODI 流量在全行业的分布特征

表 3.14 是 2007—2019 年中国 ODI 流量的行业分布一览表。从环境敏感型行业所占比重的变化趋势来看，中国 ODI 结构的转型升级已初显成效，开始缓慢朝着价值投资型转换，环境敏感型行业 ODI 规模在中国 ODI 总额中所占的比例呈现逐渐下降的趋势（见表 3.14、图 3.5），从 2007 年的 45% 逐渐下降到 2019 年的 28.7%，这一趋势自 2013 年以来尤为明显。尤其是最近五年变化明显，电力燃气业的 ODI 流量趋于平缓，2017 年采矿业的对外投资流量更是比 2016 年大幅度降低了 82.8%。而非环境敏感型行业占比呈现持续上升的态势，以公共服务为主、受环境规制影响较小的第三产业，如商务服务业、批发零售业、信息传输业等的 ODI 流量呈稳定上升趋势。特别是商务服务业自 2007 年到 2016 年增长了 601.7 亿美元，批发零售业和房地产业也保持了稳定上升的趋势，而信息传输、软件和信息技术服务业在 2016 年更是同比增长 173.6%。我国企业 ODI 行业结构的转型升级由此可见一斑。

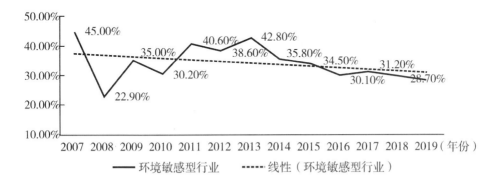

图 3.5　2007—2019 年中国对外直接投资行业分布演化趋势

资料来源：根据 2007—2019 年《中国对外直接投资统计公报》归纳整理。

注：① 非环境敏感型行业中仅列出占比较高的前四位，其余统归到"其他行业"中，具体包括：住宿和餐饮业、科技服务业、水利/环境和公共设施管理业、居民服务/修理和其他服务业、教育、卫生和社会工作、文化/体育和娱乐业、公共管理/社会保障和社会组织。

表3.14 2007—2019年中国对外直接投资流量行业分布

年份	环境敏感型行业							非环境敏感型行业						合计(亿美元)
	农业(亿美元)	交通运输业(亿美元)	电力燃气业(亿美元)	制造业(亿美元)	采矿业(亿美元)	房地产和建筑业(亿美元)	合计占比(%)	商务服务业(亿美元)	批发零售业(亿美元)	金融业(亿美元)	信息传输业(亿美元)	TOP4占比(%)	其他行业①(亿美元)	
2007	2.72	40.70	1.50	21.30	40.60	12.40	45.0	56.10	66.00	16.70	0.30	95.4	9.46	265.06
2008	1.72	26.60	13.10	17.70	58.20	10.70	22.9	217.20	65.10	140.50	3.00	98.8	6.97	559.07
2009	3.43	20.70	4.70	22.40	133.40	13.00	35.0	204.70	61.40	87.30	2.80	96.9	14.89	565.29
2010	5.34	56.60	10.10	46.60	57.10	32.40	30.2	302.80	67.30	86.30	5.10	96.2	23.81	688.11
2011	7.98	25.60	18.80	70.40	144.50	36.18	40.6	256.00	103.20	60.70	7.80	96.5	23.36	746.54
2012	14.61	29.90	19.40	86.70	135.40	52.65	38.6	267.40	130.50	100.70	12.40	94.7	42.99	878.04
2013	18.13	33.10	6.80	72.00	248.10	83.14	42.8	270.60	162.50	151.10	14.00	96.9	37.10	1078.44
2014	20.35	41.70	17.60	95.80	165.50	99.96	35.8	368.30	182.90	159.20	31.70	93.9	68.54	1231.20
2015	25.72	27.30	21.30	199.90	112.50	115.25	34.5	362.60	192.20	242.50	68.20	90.7	114.92	1456.67
2016	32.87	16.80	35.40	290.50	19.30	196.42	30.1	657.80	208.90	149.20	186.70	87.8	200.47	1961.49
2017	25.08	54.70	23.40	295.10	-37.0	133.23	31.2	542.70	263.10	187.85	44.30	95.4	75.50	1582.88
2018	25.63	51.61	47.02	191.08	46.28	66.84	30.0	507.78	122.38	217.17	56.32	90.2	98.26	1430.37
2019	24.40	38.80	38.70	202.40	51.30	72.00	28.7	418.80	194.70	199.50	54.80	88.9	107.90	1369.10

资料来源:根据2007—2019年《中国对外直接投资统计公报》归纳整理。

注:① 非环境敏感型行业中仅列出占比较高的前四位,其余统计归到"其他行业"中,具体包括:住宿和餐饮业、科技服务业、水利环境和公共设施管理业、居民服务/修理和其他服务业、教育、卫生和社会工作、文化/体育和娱乐业、公共管理/社会保障和社会组织。

2. ODI 流量在环境敏感型行业的分布特征

就六大环境敏感型行业的相对变化来看，如图 3.6 所示，在占比较高的前三大行业中，采矿业的下降是最为明显的，自 2013 年其 ODI 流量达到 248.1 亿美元的峰值以来，出现了持续下降的趋势，2017 年流量剧降，创下了 -37 亿美元的新低，最近两年虽有所回升，但依然处于历史地位；其次为房地产和建筑业，其 ODI 流量由 2016 年 196.42 亿美元的峰值下降为 2018 年的 66.84 亿美元，出现了连续三年显著下降的趋势；而制造业增长态势很明显，剔除掉 2018 年因中美贸易摩擦所带来的外生冲击所导致制造业 ODI 的大幅下降以外，其他年份基本是正增长，2019 年也迅速修复了下降态势，开始缓慢复苏。

图 3.6 六大敏感型行业流量变化

交通运输业、电力燃气业和农业这三大行业的投资流量规模相对较低，其变化趋势也更平稳。交通运输业的 ODI 以汽车工厂为主，呈现出稳定但略有波动的态势，基本上每 3～4 年有一个峰值到低谷期的周期波动。通过观测近 13 年的数据，可以看出这个低谷平台呈现缓慢抬升的趋势。电力燃气业和农业的 ODI 流量都呈现平稳增长的趋势，尤其是电力燃气业自 2013 年以来增长趋势尤为明显，与采矿业一样，是仅有的两个不受 2018 年中美贸易摩擦冲击而逆势增长的行业。

3. ODI 存量的行业分布特征

就 ODI 存量的行业分布特征来看，如表 3.15 所示，中国跨国企业逐渐不再将对外直接投资的重心放在以环境敏感型行业为主的第二产业，如投资规模占比曾经位居环境敏感型行业榜首的采矿业，ODI 存量占比也由 2007 年的 12.73% 下降到 2018 年的 8.75%；2007 年 ODI 投资占比高居 10.23% 的交通运输业，已急剧下降到 2018 年的 3.35%；电力燃气业的 ODI 存量占比也基本趋于平缓。这说明中国 ODI 重心已开始逐渐转向受环境规制影响较小的第三产业，如商务服务业、金融业、批发零售业、信息传输业等行业。

表 3.15　中国 ODI 存量行业分布的时序演化

行业		2007 年		2012 年		2017 年		2018 年	
		金额 (亿美元)	占比 (%)	金额 (亿美元)	占比 (%)	金额 (亿美元)	占比 (%)	金额 (亿美元)	占比 (%)
环境敏感型行业	农业	12.06	1.02	49.64	0.93	165.62	0.92	187.73	0.95
	交通运输业	120.60	10.23	292.30	5.49	547.68	3.03	665.00	3.35
	电力燃气业	5.95	0.50	89.90	1.69	249.91	1.38	336.95	1.70
	制造业	95.40	8.09	341.40	6.42	1403.00	7.76	1823.06	9.20
	采矿业	150.10	12.73	747.80	14.06	1576.70	8.72	1734.81	8.75
	房地产和建筑业	61.40	5.21	224.40	4.22	914.59	5.06	989.73	4.99
	合计金额及占比	445.51	37.78	1745.44	32.81	4857.50	26.87	5737.28	28.94
非环境敏感型行业	商务服务业	305.20	25.88	1756.98	33.03	6157.73	34.04	6754.65	34.08
	批发零售业	202.30	17.16	682.12	12.82	2264.27	12.52	2326.93	11.74
	金融业	167.20	14.18	964.53	18.13	2027.93	11.21	2178.95	10.99
	信息传输业	19.00	1.61	48.20	0.91	2188.97	12.10	1935.75	9.77
	科技服务业	15.21	1.29	67.93	1.28	216.84	1.20	442.46	2.23
	住宿和餐饮业	1.21	0.10	7.63	0.14	35.13	0.19	44.04	0.22
	水利/环境和公共设施	9.21	0.78	0.71	0.01	23.90	0.13	31.31	0.16
	居民服务/修理和其他服务业	12.99	1.10	35.81	0.67	190.17	1.05	167.15	0.84

续上表

行业		2007 年		2012 年		2017 年		2018 年	
		金额 （亿美元）	占比 （%）	金额 （亿美元）	占比 （%）	金额 （亿美元）	占比 （%）	金额 （亿美元）	占比 （%）
非环境敏感型行业	教育	0.17	0.01	1.65	0.03	32.86	0.18	47.61	0.24
	卫生和社会工作	0.04	0.00	0.47	0.01	13.89	0.08	29.97	0.15
	文化/体育和娱乐业	0.92	0.08	7.94	0.15	81.15	0.45	126.56	0.64
	合计金额及占比	733.45	62.22	3573.97	67.19	13232.80	73.13	14085.38	71.06
合计金额及占比		1179.10	100.00	5319.41	100.00	18090.40	100.00	19822.66	100.00

资料来源：根据 2007—2019 年《中国对外直接投资统计公报》归纳整理。

注：公共管理/社会保障和社会组织的数据暂无。

如表 3.15 所示，服务业比重不断上升，尤其是租赁和商业服务、金融业对外直接投资存量占比呈几何增长态势。商务服务业自 2007 年到 2018 年增长了 6449.45 亿美元，占比从 2007 年的 25.88% 上升到 2018 年的 34.08%，位居非环境敏感行业之首。尽管自 2012 年以来存量占比相比 2007 年有所下降，但批发零售业和金融业一直稳居非环境敏感型行业第二、第三的位置，剔除掉近两年的外生冲击变量，基本处于稳定态势。信息传输（含软件和信息技术服务业）的 ODI 存量占比呈现稳定增长态势：2016 年同比增长 173.6%；2017 年更是增加到 12.1%，比 2007 年上升了将近 10%。

二、在"一带一路"沿线国家的 ODI 行业分布

（一）ODI 流量的行业分布

就中国对"一带一路"沿线 ODI 流量的行业分布来看，如表 3.16 所示，2019 年环境敏感型行业 ODI 主要集中在制造业、建筑业、电力能源业三大行业，合计为 103.7 亿美元，占同期中国 ODI 总额的比重高达 55.5%。其中制造业 ODI 比重排名第一，以 67.9 亿美元的流量规模在全行业 ODI 总额中占比 36.3%，比 2018 年增长了 15.5%，保持稳定增长态势。建筑业则以 22.4 亿美元的 ODI 规模排名第二。这与中国作为制造业

大国的比较优势有关，其 ODI 优势行业主要集中在钢铁、有色、建材、铁路、电力、通信工程等环境敏感型行业；也与中国高质量共建"一带一路"背景下"继续把互联互通作为重点、聚焦基础设施的互联互通"等定位有关。中国与沿线国家在港口、铁路、公路、电力、航空、通信等领域的密切合作，提高了建筑业在中国 ODI 的比重。这不仅有利于发挥中国建筑业的比较优势，也有助于提升沿线国家的基础设施建设水平，提高交易成本，释放贸易和投资潜力。这使得中国 ODI 具有一定的"资源寻求型"特征。

在非环境敏感行业中，批发和零售业 ODI 以 25.1 亿美元的规模占比13.4%，位居第一；其次是金融业和科技服务业，分别以 15.9 亿美元和13.5 亿美元的 ODI 规模占比 8.5% 和 7.2%。

表 3.16 2019 年中国对"一带一路"ODI 流量行业分布

行业	制造业	批发和零售业	建筑业	金融业	电力能源业	科技服务业	其他	合计
流量（亿美元）	67.9	25.1	22.4	15.9	13.4	13.5	158.2	186.9
占比（%）	36.3	13.4	12.0	8.5	7.2	7.2	28.7	100.0

数据来源：根据《2019 年度中国对外直接投资统计公报》数据整理而得。

注：电力能源业是指电力/热力/燃气及水的生产和供应业；交通业是指交通运输/仓储和邮政业。

（二）ODI 存量的行业分布

1. 中南半岛区域

如表 3.17 所示，截至 2019 年末，中南半岛区域的环境敏感型行业 ODI 主要集中在制造业、电力能源业、建筑业、采矿业、农业、交通业等行业，存量规模合计为 608.6 亿美元，占比高达 55.3%。其中制造业排名第一，以 265.99 亿美元的存量规模占中国对东盟 ODI 存量的 24.2%，主要分布在印度尼西亚、越南、马来西亚、泰国、新加坡、柬埔寨、老挝等国；其次是电力/热力/燃气及水的生产和供应业，以 94.99 亿美元的ODI 规模占中国对东盟 ODI 的 8.6%，主要流向了印度尼西亚、新加坡、柬埔寨、老挝、缅甸等国。以能源业 ODI 占比为例，如表 3.18 所示，菲律宾、老挝、越南、印度尼西亚等国在 2005—2017 年间的比例在 56.8%~83.1% 之间；中国在缅甸和文莱的投资占比不高，能源行业投资占比却分别高达 56.3% 和 82.7%。非环境敏感型行业中，租赁和商务服务业、批发和零售业所占比重最高，分别以 188.52 亿美元和 178.11 亿美元的 ODI 存量规模，在东盟地区位列第二（占比 17.2%）、第三位（占比 16.2%），主要分布在新加坡、印度尼西亚等国。

表 3.17　2019 年末中国在中南半岛区域的投资存量行业分布

排名	行业	ODI 规模（亿美元）	占比（%）	主要东道国
1	制造业	265.99	24.2	印度尼西亚、越南、马来西亚、泰国、新加坡、柬埔寨、老挝
2	租赁和商务服务业	188.52	17.2	印度尼西亚、新加坡、老挝
3	批发和零售业	178.11	16.2	印度尼西亚、马来西亚、泰国、新加坡
4	电力能源*	94.99	8.6	印度尼西亚、新加坡、柬埔寨、老挝、缅甸
5	建筑业	79.08	7.2	印度尼西亚、马来西亚、新加坡、柬埔寨
6	采矿业	77.04	7.0	印度尼西亚、新加坡、缅甸
7	金融业	68.85	6.3	印度尼西亚、马来西亚、泰国、新加坡
8	农业	53.61	4.9	印度尼西亚、新加坡、柬埔寨、老挝
9	交通业*	37.89	3.4	新加坡、老挝
10	房地产业	16.08	1.5	印度尼西亚、新加坡、老挝
11	科技服务业	12.22	1.1	新加坡
12	其他行业	26.37	2.4	
合计	—	1098.75	100.0	

数据来源：根据《2019 年度中国对外直接投资统计公报》数据整理而得。

注：* 电力能源业是指电力/热力/燃气及水的生产和供应业；交通业是指交通运输/仓储和邮政业。

2. 中亚—西亚区域

该区域在"一带一路"投资存量中占比不到 20%，但 ODI 的行业集中度很高。2005—2017 年，中国在该区域投资的 71.6% 集中在能源、金属、化工、交通等环境敏感型行业，如表 3.18 所示，其中 59.6% 的投资投向了能源行业，主要分布在哈萨克斯坦、沙特阿拉伯、伊朗等 7 国；尤其是在伊拉克和哈萨克斯坦，其 89.5% 和 75.1% 的投资集中在能源行业。① 沙特阿拉伯、阿拉伯联合酋长国等海湾国家作为"一带一路"辐射亚欧非经济板块中的核心区域，已成为中国最大石油进口源地、世界第二大承包工程劳务及工程建设市场。②

表 3.18　2005—2017 年中国在中亚—西亚与中南半岛国家的投资

（单位：亿美元）

中亚—西亚国家	ODI		能源行业		中南半岛国家	ODI		能源行业	
	投资额	占比(%)①	投资额	占比(%)②		投资额	占比(%)①	投资额	占比(%)②
哈萨克斯坦	303.4	13.6	227.8	75.1	马来西亚	421.9	20.7	122.9	29.1
沙特阿拉伯	301.8	13.5	118	39.1	印度尼西亚	392.8	19.2	223.3	56.8
伊朗	242.9	10.9	118.3	48.7	新加坡	368.6	18.1	55.9	15.2
埃及	221.9	10.0	129.7	58.5	老挝	225.7	11.1	152.5	67.6
阿拉伯联合酋长国	204.4	9.2	110.4	54.0	越南	224.5	11.0	139.5	62.1
伊拉克	187.2	8.4	167.5	89.5	菲律宾	111.8	5.5	92.9	83.1
土耳其	136.0	6.1	80.7	59.3	柬埔寨	105.5	5.17	53.4	50.6
合计	1597.6	71.6	952.4	59.6	合计	1850.8	90.6	840.4	45.4

数据来源：根据 CGIT 数据整理所得，该数据库剔除了单笔交易金额在 1 万美元以下的项目。

注：占比①是指各国投资占中亚—西亚整个区域的比例；占比②是指能源行业投资占该国总投资的比例。

---

① 杨丽华、薛莹、董晨晨：《"一带一路"背景下中国 ODI 的行为特征及环境风险表征》，载《长沙理工大学学报（社会科学版）》2019 年第 4 期，第 52 - 62 页。

② 柳莉、王泽胜：《"一带一路"建设在海湾地区进展与挑战》，载《国际问题研究》2017 年第 2 期，第 42 - 57 页。

3. 欧盟区域

与中南半岛区域一样,制造业 ODI 市场份额在欧盟区域排名第一。如表 3.19 所示,截至 2019 年末,制造业以 308.27 亿美元的 ODI 存量规模遥遥领先,占中国对欧盟 ODI 存量的 32.8%,主要分布在瑞典、德国、荷兰、英国、卢森堡、法国、意大利等国。与中南半岛区域不一样的是,现代服务业和采矿业 ODI 无论规模还是比重都远高于中南半岛区域,其中现代服务业(金融业、租赁和商务服务业、批发和零售业、信息业、科技服务业)以 393.57 亿美元的 ODI 存量占比高达 41.8%,主要分布在德国、英国、卢森堡、荷兰等发达国家。采矿业以 148.07 亿美元的 ODI 存量规模占比 15.8%,主要分布在荷兰、英国、卢森堡等国家。中国 ODI 在发达国家和发展中国家的行业分布差异由此可见一斑。

表 3.19 2019 年末中国在欧盟区域的 ODI 存量行业分布

排名	行业	ODI 规模 (亿美元)	占比(%)	主要东道国
1	制造业	308.27	32.8	瑞典、德国、荷兰、英国、卢森堡、法国、意大利
2	金融业	164.8	17.5	德国、英国、卢森堡、法国
3	采矿业	148.07	15.8	荷兰、英国、卢森堡、塞浦路斯
4	租赁和商务服务业	112.87	12.0	荷兰、英国、卢森堡、塞浦路斯、德国、法国
5	批发和零售业	53.00	5.6	德国、荷兰、英国、卢森堡、法国、意大利、比利时
6	电力能源业 *	21.73	2.3	卢森堡、西班牙、德国、意大利
7	信息业	32.36	3.4	荷兰、德国、英国
8	科技服务业	30.54	3.3	瑞典、德国、英国、卢森堡、意大利、西班牙
9	交通业 *	17.64	1.9	英国、德国、希腊
10	房地产业	12.67	1.3	英国、德国、波兰
11	其他	38.56	4.1	—
合计	—	940.91	100.0	—

数据来源:根据《2019 年度中国对外直接投资统计公报》数据整理而得。

注:*电力能源业是指电力/热力/燃气及水的生产和供应业;交通业是指交通运输/仓储和邮政业。

4．俄罗斯

截至 2019 年末，俄罗斯以 128.04 亿美元的 ODI 存量规模，占中国对欧洲 ODI 存量的 11.2%；就国别分布来看，在"一带一路"沿线国家位居前三位，仅次于新加坡（存量规模 526.4 亿美元）和印度尼西亚（存量规模 151.3 亿美元）。从 ODI 行业分布情况来看，采矿业、农业、制造业这三大环境敏感型行业 ODI 存量占比高达 77.2%，尤其是采矿业和农业的 ODI 存量占比分别高达 42.4% 和 22.1%（见表 3.20），说明中国 ODI 具有比较明显的资源寻求特征。

表 3.20　2019 年末中国在俄罗斯的 ODI 存量行业分布

ODI 行业	采矿业	农业	制造业	租赁和商务服务业	金融	批发和零售业	房地产业	科技服务业	其他	合计
规模（亿美元）	54.35	28.32	16.21	8.72	5.86	3.67	3.13	3.59	4.19	128.04
占比（%）	42.4	22.1	12.7	6.8	4.6	2.9	2.5	2.8	3.2	100.0

数据来源：根据《2019 年度中国对外直接投资统计公报》数据整理而得。

过于集中的区位分布和行业结构限制了 ODI 的潜力且增加了投资风险。为应对这些风险，需在投资前进行全面的风险识别，在投资过程中进行及时的风险管理。

第五节　共建"一带一路"背景下对环境议题的关注

在 2015 年 9 月召开的联合国可持续发展峰会上，193 个会员国一致通过了《改变我们的世界：2030 年可持续发展议程》（*Transforming Our World：The 2030 Agenda for Sustainable Development*），确立了 17 个"可持续发展目标"（SDGs），包括 169 个子目标，涵盖社会、经济和环境三个维度的发展问题[1]，推动全球在 2030 年实现三个史无前例的战略目标

---

[1]　黄梅波、陈冰林：《促贸援助与 SDGs：中国的角色与定位》，载《国际贸易》2016 年第 2 期，第 24－28 页。

——消除极端贫穷、战胜不平等和不公正以及遏制气候变化。联合国 2030 ASD 为各国未来 15 年的对外经贸活动设置了新规则，这标志着可持续发展、环境善治等理念在全球范围的不断强化。

面对外部环境变化，中央提出了要坚定不移扩大对外开放、稳定产业链供应链、以开放促改革促发展的战略。"一带一路"倡议的进一步推动、一系列重大经贸谈判的完成，为中国企业"走出去"提供了国际制度支持。① 在全球经济增长乏力、中美经贸关系日益紧张的外部环境下，"一带一路"沿线国家将成为中国对外直接投资的主要战场。在此背景下，更应重视中国在"一带一路"的投资机会。由于"一带一路"沿线国家和地区大多为发展中国家或新兴经济体，其在工业化、城镇化进程中备受环境污染、生态退化等问题困扰，面临多重生态环境问题。近年来，在这些国家，民众对加快经济转型、实现可持续发展的呼声日益强烈。然而大多数沿线国家生态治理能力偏低，难以单独应对生态环境面临的严峻挑战。

在绿色发展、环境善治等理念不断推行的国际背景下，共建绿色"一带一路"也是"一带一路"顶层设计中的重要内容，生态环境问题始终是中国在"一带一路"合作中关注的重点问题。中国政府在提出"一带一路"倡议之初，就非常重视绿色发展理念②，始终将环境保护、可持续发展等各国关注的热点议题纳入其中，先后提出了建设"绿色丝绸之路"、打造人类命运共同体、高质量共建"一带一路"等倡议，并先后多次通过官方文件强调生态合作的重要意义，绿色共同体建设成为高质量共建"一带一路"的应有之义。

以上设计安排构成了高质量共建"一带一路"的基本方向和遵循。"绿色丝绸之路"和高质量共建"一带一路"不仅是实现全球可持续发展的必然要求，也是中国绿色发展理念的海外实践和主动作为；既是对联合国 2030 ASD 的积极回应，也是对"一带一路"沿线国家环境保护与治理诉求的反映与回应，是"一带一路"建设向高质量发展转变的关键领域。③

---

① 佟家栋、盛斌、蒋殿春等：《新冠肺炎疫情冲击下的全球经济与对中国的挑战》，载《国际经济评论》2020 年第 3 期，第 4 页、第 9－28 页。

② 胡德胜、欧俊：《中企直接投资于"一带一路"其他国家的环境责任问题》，载《西安交通大学学报（社会科学版）》2016 年第 4 期，第 45－51 页。

③ 刘卫东：《共建绿色丝路是"一带一路"建设必然选择》，载《中国经济时报》2019 年 4 月 26 日第 007 版。

第六节 研究结论

就大多数行业的国际化历程来看，中国企业大多经历了"内向国际化在先，外向国际化在后"的演化路径，而 ODI 模式是国际化的最高阶段。自 2003 年以来，中国 ODI 规模整体呈上升态势。在全球 FDI 规模自 2016 年来连续五年下降的情境下，中国 ODI 流量和流量规模自 2015 年起基本稳居全球第二或第三的位置。随着"一带一路"倡议的不断推进，对"一带一路"沿线国家的 ODI 在我国对外投资中的地位不断提升。中国在"一带一路"沿线国家的 ODI 流量和存量占比均值分别为 11.2% 和 9.2%。就发展趋势来看，ODI 流量占比整体上呈上升态势，但由于受外生变量的影响大，各年波动较明显；而 ODI 存量占比自 2016 年开始有下降趋势，说明中国在"一带一路"沿线国家 ODI 的可持续发展仍是值得关注的问题。

（1）从中国在全球的投资区位和产业分布可以看出，截至 2019 年末，中国 ODI 呈现"双高"特征，即中国 ODI 存量的 66.5% 集中在亚洲区域，而在非洲和大洋洲地区存量占比均仅为 2.0%；能源行业的规模不管在对外投资还是海外工程项目中均排名第一，合计占比近四成。

（2）中国在"一带一路"沿线的 ODI 区位分布高度集中。中南半岛无论是在流量还是存量方面几乎占据了中国在"一带一路"对外投资的半壁江山；其次是新亚欧大陆桥，中国对其的对外投资流量和存量也达到了 1/3 左右。就国别分布而言，前十大东道国的（50 个样本国）投资比重高达 71.6%。

（3）中国在"一带一路"沿线的 ODI 产业选择具有明显的环境敏感性特征。ODI 优势行业主要集中在钢铁、有色金属、建材、铁路、电力、通信工程等环境敏感型行业。如对于中亚—西亚地区，2005—2017 年中国在该区域的投资有 71.6% 集中在能源、金属、化工、交通等环境污染度较高的行业，其中 59.6% 的投资投向了能源行业。能源也是中国在中南半岛的主要投资行业。

过于集中的 ODI 区位分布和行业结构不仅限制了中国对外直接投资的潜力，也增加了投资风险，对投资绩效产生了负面影响。

第四章　共建 "一带一路"
背景下中国 ODI 动因研究

如第三章所述，中国对 "一带一路" 沿线国家的投资高度集中于某些特定区域，这既是基于市场寻求和自然资源寻求等动因的主动选择，也是受制于社会、制度、政治等客观因素的博弈结果。[①] 非均衡的区位分布既增加了中国 ODI 的风险，也限制了投资的潜力。[②] 科学识别投资区位选择的影响变量，可以为共建 "一带一路" 背景下中国 ODI 区位选择与风险管理提供决策依据。

第一节　文献综述与研究假设的提出

"企业选择什么区位以及为何选择这一特定区位开展特定活动" 一直是对外投资区位研究的中心问题。影响 ODI 区位选择的因素很多，不同学派从不同视角进行了论述。

一、文献综述

（一）传统 "优势论" 的理论视角

古典和新古典的企业国际化理论都论证了动因是影响企业对外直接投资区位选择的重要因素，其中对市场、资源、成本等利益驱动因素的关注

---

① 刘青、陶攀、洪俊杰：《中国海外并购的动因研究——基于广延边际与集约边际的视角》，载《经济研究》2017 年第 1 期，第 28－43 页。

② 邸玉娜、由林青：《中国对一带一路国家的投资动因、距离因素与区位选择》，载《中国软科学》2018 年第 2 期，第 168－176 页。

成为解释 ODI 区位选择的最重要理论视角。[①] 经典的区位优势理论指出，东道国所特有的不可移动的要素禀赋优势是吸引 FDI 的有利因素（Peng，2016）。传统理论则以国际生产折中理论（简称"OLI 范式"）为代表，认为企业国际化的动因是基于自身资源与能力基础（即所有权优势），在全球范围内整合资源以获得规模经济或范围经济效应（Robins et al.，2002），基于"优势论"视角对企业国际化动因进行解释，提出了"效率论"或"追随论"之说。贸易要素禀赋论证明了东道国在劳动力、技术、资源等要素禀赋方面所具有的比较优势会形成吸引外资流入的主要动因，如小岛清（Kojima，1978）把企业国际化的动因分为自然资源寻求型、市场寻求型和生产要素寻求型三类；Dunning（1994）则将这些动因归纳为"市场寻求型"（foreign-market-seeking FDI）、"自然资源获取型"（resource-seeking FDI）和"效率获取型"（cost reduction / efficiency-seeking FDI），形成了经典的"三动因说"；Anwar 则提出了"四动因说"，将企业国际化的动因归纳为"所有权优势寻求型"（ownership / asset-seeking FDI）、"资源寻求型"（resources-seeking FDI）、"规模经济获取型"（economies of scale-based FDI）以及"区位优势获取型"（geographic-distance-reducing FDI）四类。[②]

而动态国际化理论超越"优势论"的视角，将焦点放在企业内外资源的整合与平衡上（Rugman & Verbeke，2002），认为企业国际化的动因可能是获取短缺战略资源以弥补国内经营资源的不足，实现海外子公司与母公司之间的知识转移与整合[③]，因此提出了所谓的"战略资源获取说"或"战略资产寻求说"。20 世纪 90 年代以来，战略寻求日趋成为企业（尤其是某些寡头垄断型跨国企业）对外直接投资的主要动机。[④] Fahy（2002）、Mathew（2003）等论证了"战略资产寻求型"动因可以帮助跨国企业超越竞争激烈的国内市场，在全球范围内配置资源，在全球市场上对竞争者行为和消费者需求作出快速应对，从而获得竞争优势。Helpman

---

① 闫雪凌、林建浩：《领导人访问与中国对外直接投资》，载《世界经济》2019 年第 2 期，第 147 – 169 页。

② Anwar. "CFIUS, Chinese MNCs' Outward FDI, and Globalization of Business". *Journal of World Trade*, 2010（2）：419 – 466.

③ 曾真真：《范畴扩张、区位扩张与创新绩效：以高科技公司之并购活动为例》，载《管理与系统》2010 年第 3 期，第 449 – 466 页。

④ 徐敏奎：《贸易、投资与产品周期——希尔施模型对寡占反应和产品周期理论的解释》，载《山东经济》2004 年第 9 期，第 41 – 42 页。

等利用美国样本①，Head 和 Ries 利用日本样本②，分别研究了东道国生产力与 ODI 之间的关系，论证了战略资产寻求动因。在此背景下，Dunning（1996）也将"三动因说"拓展为"四动因说"，增加了"战略资产寻求型"（strategic-asset-seeking FDI）动因③，并最终成为新古典理论体系中企业 ODI 的经典"四动因假说"。④

传统理论基本上以发达国家跨国企业为研究对象，所提出的 ODI 动因都是基于其已经拥有的所有权优势在全球范围内寻求更高的资源配置效率。

（二）新兴市场企业国际化的理论视角

自 20 世纪 90 年代开始，越来越多的文献开始超越 OLI 理论的研究范式，关注战略资产寻求动因、制度变量对新兴市场跨国公司国际化行为的影响。⑤ 如 Moon 和 Roehl 的非平衡理论认为，即使企业存在资产相对非平衡状态（如缺乏技术优势、无法形成规模经济等）⑥，不具有所有权优势，也可以通过对外投资在国外市场学习新的技术或管理知识来提高自身竞争力。正是资源和要素在总量和结构方面的非均衡，推动了新兴市场企业的对外投资，特别是向发达国家的直接投资。这在某种程度暗示了新兴市场企业国际化的动机主要是弥补自身战略资源/资产的缺口。曾剑云、李石新基于非均衡理论，将根据自身特征获取当地技术知识等战略资源而提升企业竞争力的跨国经营称为竞争优势培育型 ODI。⑦ Deng 的研究也表明，新兴市场企业国际化经营的主要动机是获取发达国家的管理技能与高

① Helpman E, Melitz M J, Yeaple S R. "Export versus FDI with Heterogeneous Firms". *The American Economic Review*, 2004, 94（1）：300 – 316.

② Head K, Ries J. "Heterogeneity and the FDI versus Export Decision of Japanese Manufacturers". *Journal of the Japanese and International Economies*, 2003, 17（4）：448 – 467.

③ 刘乃郗、韩一军、刘邦凡：《国际直接投资理论前沿进展——基于企业行为的视角》，载《华南理工大学学报（社会科学版）》2018 年第 1 期，第 40 – 52 页。

④ Dunning J H. *International Production and the Multinational Enterprise*（RLE International Business）. Abingdon：Routledge, 2012.

⑤ Peng M W, Wang D Y L, Jiang Y. "An Institution-Based View of International Business Strategy：A Focus on Emerging Economies". *Journal of International Business Studies*, 2008, 39（5）：920 – 937.

⑥ Moon H C, Roehl T W. "Unconventional Foreign Direct Investment and the Imbalance Theory". *International Business Review*, 2001, 10（2）：197 – 215.

⑦ 曾剑云、李石新：《竞争优势培育型 FDI 理论研究述评》，载《经济学动态》2011 年第 11 期，第 124 – 129 页。

科技等战略性资源。① Buckley 等将 EMNCs 国际化的动因归纳为"贸易导向型""技术获取型"和"资源导向型"三种②，其中"技术获取型" ODI 的典型代表是 20 世纪 80 年代"亚洲四小龙"通过进入发达市场获取技术、提高国际竞争力的国际化方式。③

Luo 和 Tung 提出的"跳板论"（a springboard perspective）指出，EMNCs 会将国际化作为获取战略资产、弥补自身竞争劣势或规避母国制度限制的一个跳板④，以弥补其后来者劣势。它们或是通过激进的并购或绿地投资模式进军发达市场，以获取知识、技术与学习效应；或是为了规避母国严格的制度限制，通过反向投资途径获取母国或东道国政府提供的各种优惠待遇；或是希望绕开东道国严苛的贸易壁垒或母国的市场规模限制，以寻求新的市场机会；或是为了在新兴市场上利用其现有竞争优势，有效对抗其全球竞争对手。一般而言，EMNCs 国际化的短期动机以战略资产或制度寻求型为主，长期动机则以市场或效率寻求型为主。⑤

（三）中国企业 ODI 的动因

中国企业 ODI 的动因是多元化的，而且是动态变化的。⑥ 20 世纪 80 年代，中国 ODI 的主要动因是获取国际化经营的信息与知识、积累国际化经验（Ye，1992；Buckley et al.，2006）或寻求更优越的制度环境。因此，战略寻求或制度寻求视角有助于解释中国企业在不具有所有权优势的前提下反向进入发达经济体的 ODI 行为。对很多中国企业而言，在并不具有比较优势的情况下，其国际化可能是为了获取战略性的资源，具有战略资产寻求动因；也可能是为了规避其在国内市场上遭遇的竞争劣势，寻求制度资源（包括高效的政府治理、宽松的政策、公平的竞争等），具有

---

① Deng P. "Outward Investment by Chinese MNCs: Motivations and Implications". *Business Horizons*，2004，47: 8 – 16.

② Buckley P，Clegg L，Cross A，et al. "The Determinants of Chinese Outward Foreign Direct Investment". *Journal of International Business Studies*，2007（4）: 499 – 518.

③ 冉畅:《我国企业国际化路径研究——基于产业链条视角的分析》，西南财经大学 2009 年硕士学位论文。

④ Luo Y，Tung R L. "International Expansion of Emerging Market Enterprises: A Springboard Perspective". *Journal of International Business Studies*，2007，38（4）: 481 – 498.

⑤ 杨丽华:《生产性服务企业国际化的动因、区位选择与进入模式》，湖南人民出版社 2013 年版。

⑥ 王永钦、杜巨澜、王凯:《中国对外直接投资（ODI）区位选择的决定因素: 制度、税负和资源禀赋》，载《经济研究》2014 年第 12 期，第 126 – 142 页。

制度寻求的动因。① 如 Child 和 Rodrigues、Buckley 等研究发现②，中国企业国际化动因在于获取国外的专有技术（proprietary technology）、难以转移的战略资产（如品牌美誉度与当地分销网络）和管理技能等其他核心能力（Taylor，2002；Deng，2003；Zhang，2003），因此将不断进入那些人力资源和智力资本丰富的经济主体，尤其是发达国家，以增强其竞争力。

而 20 世纪 90 年代以来中国企业进行了各种跨国绿地投资和并购行为，其动因变得更为多元化。①有很多研究论证了区位优势理论的观点，认为东道国所特有的不可移动的要素禀赋优势（如自然资源、劳动力资源）是吸引外资进入的有利因素③，我国 ODI 具有资源寻求和效率寻求的动因。④ 王金波（2019）基于 2005—2016 年中国企业对外直接投资的面板数据所做的实证研究结果表明：中国在"一带一路"的 ODI 具有明显的市场寻求和自然资源或战略资源寻求动机，倾向于选择市场潜力高或自然资源丰富的国家或地区。⑤ 而在制度质量较差的东道国的投资又更倾向于选择要素成本低或税负水平低的国家，具有效率寻求动因。②通过业务活动的多元化以开发新市场、提高其国际竞争力，也是中国 ODI 的动因之一。Salidjanova（2011）的研究表明，获取原材料和能源的供给、获取品牌和技术秘诀（know-how）、避免国内市场的激烈竞争和国际贸易壁垒等是中国企业 ODI 的主要动因。⑥ 还有学者认为中国企业投资动机可分为市场寻求型、资源寻求型和技术寻求型三种（Wang & Wong，2007；Sanfilippo，2010）。肖文和周君芝（2014）在研究中国 ODI 区位选择时也发

---

①　姚丽伟：《对外直接投资（FDI）抑或外包（Outsourcing）——中国企业国际化模式选择研究》，河北大学 2010 年硕士学位论文。

②　Child J，Rodrigues S B. "The Internationalization of Chinese Firms：A Case for Theoretical Extension". *Management and Organization Review*，2005，1（3）：381 - 410. Buckley P J，Clegg L J，Cross A R，et al. "The Determinants of Chinese Outward Foreign Direct Investment". *Journal of International Business Studies*，2007，38：499 - 518.

③　[美] 彭维刚：《全球商务（第三版）》，易靖韬译，中国人民大学出版社 2016 年版。

④　Buckley P J，Clegg L J，Cross A R，et al. "The Determinants of Chinese Outward Foreign Direct Investment". *Journal of International Business Studies*，2007，38：499 - 518. Zhang X X，Daly K. "The Determinants of China's Outward Foreign Direct Investment". *Emerging Markets Review*，2011，12（4）：389 - 398.

⑤　王金波：《制度距离、文化差异与中国企业对外直接投资的区位选择》，载《亚太经济》2019 年第 2 期，第 83 - 90 页。

⑥　Salidjanova N. "Going Out：An Overview of China's Outward Foreign Direct Investment". US-China Economic and Security Review Commission，2011.

现中国对自然资源、廉价劳动力和战略资产丰富的国家表现出特殊偏好。③中国企业 ODI 动因具有区域异质性特征。基于东道国自身的区位优势差异，我国对发达国家 ODI 主要目的是寻求市场和技术，对发展中国家 ODI 主要是寻求资源和市场①，如 Cheung 等（2012）、Ramasamy 等②、沈军和包小玲（2013）、赵蓓文（2015）的研究发现，中国企业对非洲的投资动机主要是市场寻求型和资源寻求型。

（四）中国在"一带一路"沿线国家的 ODI 动因

大量研究也论证了中国在"一带一路"ODI 动因的多元化特征，但得出的结论不尽相同。

（1）"资源寻求"和"市场寻求"是广为认可的动因，如 Buckley 等（2010）、王永钦等（2014）发现通过内部化方式保证稳定的资源和能源供给是中国 ODI 的重要动因之一。蒋冠宏和蒋殿春（2012）发现，随着中国从以产品输出为主逐渐向以资本输出带动产能输出为主转型，对东道国市场潜力的关注成为中国 ODI 的重要动因。刘清杰、刘倩、任德孝对"一带一路"沿线国家的研究表明，中国对外直接投资主要表现为出口平台型特征，受到周边国家市场潜力的显著正向影响，强化了中国、东道国及周边国家的投资与贸易关系，带动了区域经济一体化。③ 但也有研究发现中国 ODI 并不具有市场导向动因，如张友棠、杨柳的研究表明，中国的 ODI 规模与东道国劳动力丰裕程度和自然资源禀赋的回归系数为正，而市场规模的回归系数为负，说明中国的投资并非市场导向型。④

（2）自 2013 年"一带一路"倡议提出以来，效率寻求也成为中国 ODI 的动因之一。张岩和王丽发现，中国对东盟国家的 ODI 具有降低生产成本和规避贸易壁垒的（效率寻求）动因。⑤ 蒋为等发现，中国企业对外直接投资的区位选择依赖于出口网络结构，趋向于选择经济临近、社群内

① 吉生保、李书慧、马淑娟：《中国对"一带一路"国家 OFDI 的多维距离影响研究》，载《世界经济研究》2018 年第 1 期，第 98 – 111 页。

② Ramasamy B, Yeung M, Laforet S. "China's Outward Foreign Direct Investment：Location Choice and Firm Ownership". *Journal of World Business*, 2012, 47（1）：17 – 25.

③ 刘清杰、刘倩、任德孝：《中国对"一带一路"沿线国家投资倾向于出口平台型吗?》，载《财贸经济》2019 年第 6 期，第 101 – 116 页。

④ 张友棠、杨柳：《"一带一路"国家税收竞争力与中国对外直接投资》，载《国际贸易问题》2018 年第 3 期，第 85 – 99 页。

⑤ 张岩、王丽：《中国对东盟国家直接投资的决定因素研究》，载《经济问题探索》2013 年第 7 期，第 163 – 171 页。

地理临近地区作为东道国。① 田巍和余淼杰发现,人民币贬值在促进出口的同时,也促进了对外直接投资。这是因为有相当数量的中国企业属于贸易服务型,在人民币贬值时会增加对外投资。② 彭冬冬、林红发现,2013年以后效率寻求型与技术导向型 ODI 增长迅速。③

　　(3) 有研究验证了中国 ODI 的"四动因说"。例如,张岩和王丽的研究发现,东盟国家市场规模、资源禀赋、消费能力、基础设施状况和劳动力成本等因素显著影响着中国对东盟的直接投资,并且中国对东盟国家的直接投资存在降低生产成本和规避贸易壁垒的动机。④ 邸玉娜、由林青⑤、彭冬冬、林红等的研究都验证了中国在"一带一路"的 ODI 动因具有市场寻求、效率寻求、资源寻求、战略资产寻求等多元化特征。而有研究认为中国 ODI 并不具有战略资产寻求动因。Buckley 等 (2009) 研究表明,中国对外直接投资的决定因素包括主权国家的政治风险、文化相似性和自然资源禀赋。尹美群、盛磊、吴博发现,中国 ODI 更倾向投入那些自然资源和劳动力资源丰富而技术要素禀赋较低的国家,并不具有技术 (战略) 寻求特征。⑥ 王金波 (2019) 发现,中国 ODI 倾向于选择市场潜力高或自然资源丰富的国家或地区,具有明显的市场寻求和自然资源寻求动因;而在制度质量较差的东道国,更倾向于选择要素成本低或税负水平低的国家,具有效率寻求动因,但并不具有战略寻求动因。⑦ 王晓颖发现,中国对东盟 ODI 具有资源寻求、市场寻求和效率寻求三大动因,但并没有论证战略寻求型的动因。⑧

---

① 蒋为、李行云、宋易珈:《中国企业对外直接投资快速扩张的新解释》,载《中国工业经济》2019 年第 3 期,第 62 – 80 页。

② 田巍、余淼杰:《人民币汇率与中国企业对外直接投资:贸易服务型投资视角》,载《国际经济评论》2019 年第 5 期。

③ 彭冬冬、林红:《不同投资动因下东道国制度质量与中国对外直接投资——基于"一带一路"沿线国家数据的实证研究》,载《亚太经济》2018 年第 2 期,第 95 – 102 页、第 151 页。

④ 张岩、王丽:《中国对东盟国家直接投资的决定因素研究》,载《经济问题探索》2013 年第 7 期,第 163 – 171 页。

⑤ 邸玉娜、由林青:《中国对"一带一路"国家的投资动因、距离因素与区位选择》,载《中国软科学》2018 年第 2 期,第 168 – 176 页。

⑥ 尹美群、盛磊、吴博:《"一带一路"东道国要素禀赋、制度环境对中国对外经贸合作方式及区位选择的影响》,载《世界经济研究》2019 年第 1 期,第 81 – 92 页、第 136 – 137 页。

⑦ 王金波:《制度距离、文化差异与中国企业对外直接投资的区位选择》,载《亚太经济》2019 年第 2 期,第 83 – 90 页。

⑧ 王晓颖:《东道国自然资源禀赋、制度禀赋与中国对 ASEAN 直接投资》,载《世界经济研究》2018 年第 8 期,第 123 – 134 页。

(五) 文献评述

综上所述，发达国家企业国际化大多是在已经拥有一定的所有权优势的情境下将所有权优势最大化，其国际化的主要动因是通过资产运用来获得规模经济或范围经济；而来自新兴市场的跨国公司，其国际化大多是在本身并不具有所有权优势的前提下进行的，主要致力于所有权优势的获得、资产的开发与寻求，以及实现其全球竞争的战略。在经济转型背景下，有关中国 ODI 动因的研究日渐成为学术界的关注焦点，大多数中国企业不仅缺乏先进技术、管理技能和海外经营经验，还面临着国内外市场的千变万化和激烈竞争[①]，同样有多重动机。学者们从不同的研究视角、采取不同的样本数据、运用不同的研究方法对该主题进行了较深入的研究，但得出的结论相差甚大，有关中国在"一带一路" ODI 动因及区位选择的研究，仍是一个富有意义和挑战的领域。

二、动因层面的研究假设

在经济转型背景下，大多数中国企业不仅具有战略资产和自然资源寻求动因，还面临着国内外市场的激烈竞争和不断变化，同样具有市场寻求和效率寻求动因。基于东道国自身的区位优势差异，我国在不同区域的投资动因或许不尽相同。

(一) 市场寻求动因

市场学派认为，东道国市场规模及增长潜力是影响 ODI 区位选择的主要决定因素 (Buckley et al., 2007)。经典的对外直接投资理论也认为东道国的市场规模和市场容量意味着市场需求较为旺盛，有助于规模经济效应的实现和生产成本乃至交易成本的降低，因此会吸引较多的对外直接投资。现有研究也表明，不管是发达国家还是发展中国家的 ODI，东道国广阔的市场规模和市场潜力都是其对外投资的主要动因之一。一般情况下，东道国 GDP 总量越大，它的市场机会就越多。因此，很多学者，如 Hsieh et al (2010) 和 Goodnow (1985)，都选取东道国 GDP 增长率或人均 GDP 指标来代表企业对外投资的市场寻求动因。

---

① 薛佳奇、刘益：《转型经济下中国企业的创新文化对国际化的影响研究》，载《科技进步与对策》2009 年第 2 期，第 62 – 65 页。

为了缓和国内市场因日趋饱和而产生的激烈竞争、开发新市场，很多中国企业不得不考虑到市场规模较大的海外市场进行投资活动，以谋求新的发展机会。Taylor（2002）、Deng[①]（2004）的研究都指出，主动性市场寻求动机日益成为中国跨国企业的国际化动机，Erdal 和 Tatoglu[②]（2002）、Zhang[③]（2003）、高宇（2012）、刘爱兰等[④]（2017）等研究表明，东道国市场资源是影响中国 ODI 区位分布的决定性因素之一，其目的在于扩大市场规模和投资份额、转移过剩产能或生产力。这将导致中国企业更加青睐市场规模庞大或发展水平高的东道国。[⑤] 卢煜烊、陈咨明（2010）研究发现，市场导向（东道国顾客与市场）、技术导向（接近东道国优秀人才及技术）与政府投资诱因（税收优惠、基础设施与融资优惠）是促使中国台湾研发企业国际化的三大动因。[⑥] 董艳（2011）研究表明中国对外投资更倾向于进入经济与市场规模更大的东道国。[⑦] 闫大颖（2013）的研究论证了东道国宏观经济环境对中国 FDI 流入有较大的正向作用。王海军和宋宝林（2013）论证了东道国的市场规模（绝对 + 相对）与中国 ODI 的区位选择显著正相关。[⑧] 黄宪等（2018）基于中国在 98 个样本国 2003—2015 年的 ODI 面板数据，发现中国投资动因由资源寻求型开始向市场寻求型转变。[⑨] 王培志、潘辛毅、张舒悦（2018）发现，在中国企业 ODI 的区位选择中，对市场容量和市场规模较大的东道国具有明

① Deng P. "Outward Investment by Chinese MNCs: Motivations and Implications". *Business Horizons*, 2004, 47: 8 – 16.

② Erdal F, Tatoglu E. "Location Determinants of Foreign Investment in an Emerging Market Economy: Evidence from Turkey". *Multinational Business Review*, 2002, 10（1）: 21 – 28.

③ Zhang Y. *China's Emerging Global Businesses: Political Economy and Institutional Investigation*. Basingstoke: Palgrave Macmillan, 2003.

④ 刘爱兰、王智烜、黄梅波：《资源掠夺还是多因素驱动？——非正规经济视角下中国对非直接投资的动因研究》，载《世界经济研究》2017 年第 1 期，第 70 – 84 页、第 136 页。

⑤ 杨丽华：《基于学习效应的中资银行国际化行为研究》，经济科学出版社 2015 年版。

⑥ 卢煜烊、陈咨明：《开发中国家研发国际化之路径：以台湾信息电子业为例》，载《管理与系统》2010 年第 2 期，第 207 – 227 页。

⑦ 董艳、张大永、蔡栋梁：《走进非洲——中国对非洲投资决定因素的实证研究》，载《经济学（季刊）》2011 年第 2 期，第 675 – 690 页。

⑧ 王海军、宋宝琳：《市场寻求抑或资源寻求？——来自中国 ODI 的动因研究》，载《财经论丛》2013 年第 4 期，第 16 – 21 页。

⑨ 黄宪、张羽：《转型背景下中国 ODI 结构演化分析——基于企业投资动机和东道国需求结构的双重视角》，载《国际贸易问题》2018 年第 1 期，第 123 – 134 页。

显的偏好。①

"一带一路"沿线国家总计达60多个，各国间经济发展水平差异大，2016年人均GDP最高与最低的国家之间收入水平相差68倍②，这也导致中国ODI区位分布相差甚大。基于此，本研究提出假设 H_1。

H_1：中国ODI与东道国市场规模呈正相关关系，具有市场寻求动因。

（二）效率寻求动因

效率寻求型ODI是指跨国企业通过跨国投资在全球范围内整合和优化资源配置以实现成本最小化而进行的对外投资。这里的成本既包括生产成本与管理成本，也包括威廉姆森所指的一切交易成本。力求成本最小化，是跨国公司进行区位选择时的重要标准。历史上，电子产业、服装产业等劳动密集型产业的几次国际产业大转移均属"效率寻求"型，其区位选择更偏好劳动力成本更低的东道国或区域。伴随着中国改革开放的不断推进、贸易壁垒的不断放宽，中国人口规模大、劳动力成本低的优势吸引了大批低端制造业外资企业的进入，效率寻求曾是外资进入中国市场的最重要动因。

而以2008年美国次贷危机为分水岭，随着中国经济新常态的出现以及"人口红利"的逐渐消失，劳动力成本不断上升，与众多发展中国家相比，中国劳动力比较成本优势将逐渐消失③，这不仅导致劳动密集型产业的外资不断外移，也迫使中国开展"效率寻求型"ODI。越南、柬埔寨、尼泊尔、孟加拉国等东南亚国家劳动力资源丰富，劳动力成本更低，吸引了包括中国在内的劳动密集型产业向该区域的转移④，已成为中国制造业外迁和投资的重要目的地。⑤

① 王培志、潘辛毅、张舒悦：《制度因素、双边投资协定与中国对外直接投资区位选择——基于"一带一路"沿线国家面板数据》，载《经济与管理评论》2018年第1期，第5-17页。

② 孙亚男、杨名彦、崔蓉等：《"一带一路"沿线国家全要素生产率的俱乐部收敛及其动态演进：兼论"六大经济走廊"框架在缩小国家间经济差距中的作用》，载《世界经济研究》2018年第8期，第99-111页、第137页。

③ 周宇：《中国是否仍然拥有低劳动力成本优势?》，载《世界经济研究》2014年第10期，第3-8页、第33页、第87页。

④ 贾凯慧：《"一带一路"背景下企业跨国并购的绩效分析——工商银行并购国际银行的案例研究》，载中国管理现代化研究会、复旦管理学奖励基金会《第十二届（2017）中国管理学年会论文集》，2017年5月。

⑤ 邸玉娜、由林青：《中国对一带一路国家的投资动因、距离因素与区位选择》，载《中国软科学》2018年第2期，第168-176页。

　　学者们的研究也论证了这一点。任晓燕和杨水利（2016）论证了中国 ODI 区位选择具有显著的效率寻求型动因。[①] 李建军和孙慧（2017）指出近年来中国劳动密集型制造产业开始向劳动力成本更低的东道国转移，具有显著的效率寻求动因[②]；此阶段中国产业转移以纺织、电子等边际产业为主，寻求廉价劳动力资源是其 ODI 的主要动机，因此"一带一路"沿线国家充裕的劳动力资源已经成为吸引中国 ODI 流入的主要因素之一。[③] 姜小鱼等（2018）发现中国对海外耕地的投资动因以效率寻求和市场寻求型为主。[④] 基于此，本研究提出 H_2。

　　H_2：中国 ODI 与东道国劳动力成本呈负相关关系，具有效率寻求动因。

（三）资源寻求动因

　　东道国所特有的要素禀赋是吸引 FDI 流入的有利因素（Peng，2016）。很多文献都论证了获取自然资源是推动跨国资本流动的主要动因之一。为了满足本国居民日益增长的能源消费需求，新兴经济体会在国外进行投资，以获取本国短缺原材料和能源的供应，具有资源寻求的动因（Dunning，2003）。Aleksynska 和 Havrylchyk 利用新兴经济体的数据证明了 FDI 倾向于流向自然资源丰富的东道国。[⑤] 中国的人均资源匮乏，很多资源处于过度消耗状态，资源寻求型 ODI 已成为我国能源进口的重要替代。[⑥] 中国进行 ODI 的动机之一是寻求东道国的自然资源。[⑦] 作为"世界工厂"，中国对石油、天然气、铁矿石乃至木材等自然资源有着巨大需求，而"中国制造"长期以来处于劳动密集型的全球价值链低端环节，

————————

　　① 任晓燕、杨水利：《对外直接投资区位选择影响因素的实证研究——基于投资动机视角》，载《预测》2016 年第 3 期，第 32 – 37 页。

　　② 李建军、孙慧：《全球价值链分工、制度质量与中国 ODI 的区位选择偏好——基于"一带一路"沿线主要国家的研究》，载《经济问题探索》2017 年第 5 期，第 114 – 126 页。

　　③ 田原、李建军：《中国对"一带一路"沿线国家 ODI 的区位选择——基于资源与制度视角的经验研究》，载《经济问题探索》2018 年第 1 期，第 79 – 88 页。

　　④ 姜小鱼、陈秧分、王丽娟：《中国海外耕地投资的区位特征及其影响因素——基于2000—2016 年土地矩阵网络数据》，载《中国农业资源与区划》2018 年第 9 期，第 46 – 53 页。

　　⑤ Aleksynska M，Havrylchyk O. "FDI from the South：The Role of Institutional Distance and Natural Resources". *European Journal of Political Economy*，2012，29：38 – 53.

　　⑥ 魏占军、杨宏恩：《中国对外直接投资与能源进口——我国企业 ODI 动机假设的实证检验》，载《商业研究》2017 年第 11 期，第 82 – 87 页。

　　⑦ Ramasamy B，Yeung M，Laforet S. "China's Outward Foreign Direct Investment：Location Choice and Firm Ownership". *Journal of World Business*，2012，47（1）：17 – 25.

对自然资源的"路径依赖"在短期内难以形成实质性改变。Buckley 等[1]、李磊等[2]、阎大颖[3]、李阳等[4]、杜江等[5]、王立平等[6]的经验研究均证实了中国 ODI 具有明显的自然资源寻求型特征。陈岩[7]、Szikorova 和 Gran-cay[8]、张娟等（2012）的研究都论证了中国在非洲的 ODI 具有典型的资源寻求动因。

很多文献从"资源"视角研究中国对"一带一路"沿线国家 ODI 的区位选择问题，如郑蕾和刘志高[9]、倪沙等[10]、李建军、孙慧（2017）等研究均指出，"一带一路"沿线国家是全球重要的能源供给地和资源出口地，中国在该区域的投资具有明显的资源寻求型动因。[11]

中国在"一带一路"的投资实践也佐证了这一动因。如中南半岛区域具有丰富的生态资源、矿产资源和劳动力资源，已成为中国农业、采矿业和制造业投资的重要目的地。俄罗斯土地广袤、资源丰富，是重要的矿产和农业出口国，中国投资存量的 40% 和 18% 分布在采矿业和农业。2016 年，中国对"一带一路"沿线国家投资中能源投资占据一半以上[12]，

① Buckley P J，Clegg L J，Cross A R，et al. The Determinants of Chinese Outward Foreign Direct Unvestment". *Journal of International Business Studies*，2007，38（4）：499 –518.

② 李磊、郑昭阳：《议中国对外直接投资是否为资源寻求型》，载《国际贸易问题》2012 年第 2 期，第 146 –157 页。

③ 阎大颖：《中国企业对外直接投资的区位选择及其决定因素》，载《国际贸易问题》2013 年第 7 期，第 128 –135 页。

④ 李阳、臧新、薛漫天：《经济资源、文化制度与对外直接投资的区位选择——基于江苏省面板数据的实证研究》，载《国际贸易问题》2013 年第 4 期，第 148 –157 页。

⑤ 杜江、宋跃刚：《制度距离、要素禀赋与我国 ODI 区位选择偏好——基于动态面板数据模型的实证研究》，载《世界经济研究》2014 年第 12 期，第 47 –52 页。

⑥ 王立平、王昱、王永中：《中国对"一带一路"国家直接投资的稳健性动因分析——基于 EBA 模型实证研究》，载《金融理论与实践》2017 年第 10 期，第 40 –45 页。

⑦ 陈岩、马利灵、钟昌标：《中国对非洲投资决定因素：整合资源与制度视角的经验分析》，载《世界经济》2012 年第 10 期，第 91 –112 页。

⑧ Szikorova N，Grancay M. "Determinants of Chinese Outward Direct Investment in Africa". *Ekonomicky Casopis*，2014，62（3）：307 –325.

⑨ 郑蕾、刘志高：《中国对"一带一路"沿线直接投资空间格局》，载《地理科学进展》2015 年第 5 期，第 563 –570 页。

⑩ 倪沙、王永兴、景维民：《中国对"一带一路"沿线国家直接投资的引力分析》，载《现代财经（天津财经大学学报）》2016 年第 5 期，第 3 –14 页。

⑪ 邸玉娜、由林青：《中国对一带一路国家的投资动因、距离因素与区位选择》，载《中国软科学》2018 年第 2 期，第 168 –176 页。

⑫ 聂爱云、何小钢：《中国"一带一路"投资：进展、挑战与对策》，载《国际贸易》2018 年第 12 期，第 32 –37 页。

能源、交通基础设施等领域的投资增速最快。根据 CGIT 公布的 2005—2017 年的数据所做的统计结果表明，中国在中亚—西亚地区的投资存量在"一带一路"中占比不到 20%，但近 60% 的投资投向了能源行业，尤其是在伊拉克和哈萨克斯坦，有 89.5% 和 75.1% 的投资集中在能源行业。能源也是中国在中南半岛的主要投资行业，尤其是菲律宾、老挝、越南、印度尼西亚、缅甸和文莱等国，能源投资占比为 56%～83.1%。[①] 基于此，本研究认为东道国丰裕的自然资源禀赋有助于缓解国内资源匮乏的问题，成为吸引中国企业"走出去"的动因之一[②]，特提出 H_3。

H_3：中国 ODI 与东道国自然资源禀赋呈正相关关系，具有资源寻求动因。

（四）战略寻求动因

战略寻求型投资是为了获得东道国先进技术或知识的逆向溢出，获取先进的技术和管理技能等战略资产，而向产业价值链高端进行的投资。与发达国家 EMNCs 因具有所有权优势，其国际化动机以市场/资源/机会寻求型为主所不同的是，大多数 EMNCs 是在不具有所有权优势的情境下进入海外市场，其国际化具有多重动机[③]，且更关注知识与技术、制度红利等的可获得性。[④] 我国对发达国家的 ODI 更多的是基于获得技术与知识的逆向溢出效应[⑤]，学习东道国的领先技术和管理技能，通过学习转化与超越，获取全球竞争优势。Child 和 Rodrigues、Deng 的研究也验证了中国企业海外扩张极为重要的动因之一是获取制度优势、知识等战略性资产以弥补自身竞争劣势。[⑥] 何帆认为，传统的水平投资和垂直投资都不能较好地

①　杨丽华、薛莹、董晨晨：《"一带一路"背景下中国 ODI 的行为特征及环境风险表征》，载《长沙理工大学学报（社会科学版）》2019 年第 4 期，第 52－62 页。

②　任晓燕、杨水利：《对外直接投资区位选择影响因素的实证研究——基于投资动机视角》，载《预测》2016 年第 3 期，第 32－37 页。

③　杨丽华：《生产性服务企业国际化的动因、区位选择与进入模式》，湖南人民出版社 2013 年版。

④　杨丽华：《基于学习效应的中资银行国际化行为研究》，经济科学出版社 2015 年版。

⑤　吴先明、杜丽虹：《跨国公司对我国电信设备制造业技术创新能力的影响——一个实证研究》，载《经济管理》2008 年第 17 期，第 33－38 页。

⑥　Child J, Rodrigues S B. "The Internationalization of Chinese Firms". *Management and Organization Review*, 2005, 1（3）：381－410. Deng P. "Investing for Strategic Resources and Its Rationale: The Case of Outward FDI from Chinese Companies". *Bus Horiz*, 2007, 50：71－81. Deng P. "Why do Chinese Firms Tend to Acquire Strategic Assets in International Expansion?". *Journal of World Business*, 2009, 44：74－84.

概括中国当前对外投资的特征。中国的对外直接投资主要集中在国外资源能源、市场服务和先进制造业三个领域，这既不是为了规避出口成本上升的水平投资，也不是为了分散生产的垂直投资。中国不是将过去具有比较优势的产业转移到国外，而是直接投资到自己并不具有比较优势的领域，这一对外投资模式可称为"价值链扩张型"。[①] 祁春凌等的研究也论证了我国在发达国家投资的重要动因是战略寻求[②]，而市场寻求和资源寻求动因并不明显。[③] 欧美国家在高科技与服务行业具有优势，中国对欧美等发达地区的投资多集中于金融业和制造业（邸玉娜、由林青，2018），战略寻求动因由此可见一斑，且地方国有企业是战略寻求型 ODI 的主体[④]，战略寻求型投资也显著地促进了我国产业结构的升级。[⑤]

本研究样本国家中也包含了像意大利、新加坡、德国等科技水平较高的国家，中国的投资是否具有战略寻求型动因值得探讨。据此，本研究作出假设 H_4。

H_4：中国 ODI 与东道国技术水平呈正相关关系，具有战略寻求动因。

三、其他影响变量的研究假设

（一）东道国制度因素

在影响对外直接投资区位选择的众多因素中，制度因素一直是文献中最为常见的影响变量。[⑥] 现有研究大多以发达国家 ODI 为研究样本，大多

---

① 何帆：《中国对外投资的特征与风险》，载《国际经济评论》2013 年第 1 期，第 4 – 5 页、第 34 – 50 页。

② 祁春凌、黄晓玲、樊瑛：《技术寻求、对华技术出口限制与我国的对外直接投资动机》，载《国际贸易问题》2013 年第 4 期，第 115 – 122 页。

③ 蒋冠宏、蒋殿春：《中国对外投资的区位选择：基于投资引力模型的面板数据检验》，载《世界经济》2012 年第 9 期，第 21 – 40 页。

④ 陈强、刘海峰、徐驰：《中国对外直接投资对国内技术进步的影响——基于行业竞争环境的实证研究》，载《上海经济研究》2017 年第 2 期，第 49 – 56 页。

⑤ 喻闻敏：《不同类型对外直接投资对我国产业结构影响的实证研究》，载《特区经济》2014 年第 4 期，第 202 – 203 页。

⑥ 洪俊杰、黄薇、张蕙等：《中国企业走出去的理论解读》，载《国际经济评论》2012 年第 4 期，第 121 – 134 页。

论证了 ODI 更倾向选择那些制度质量高且制度差距小的东道国[1]，如 Lucas、Globerman 等研究发现，东道国良好的制度质量有助于形成有利的投资环境从而吸引外资进入[2]；Wei 提出包括美国在内的发达国家更倾向在腐败管控度较高的东道国投资。[3] 但也有学者如 Egger 和 Winner 发现东道国的腐败情况会吸引母国 ODI，有利于企业规避监管和行政限制。[4]

在以中国 ODI 为对象的研究中，学者们的研究结论并不统一，有研究发现某些中国企业的对外投资呈现出一定的"制度风险偏好"特征（Buckley，2007）[5]，但大量研究论证了东道国良好的制度环境对中国 ODI 具有显著的正向促进作用。例如，Zhang 等研究发现中国 ODI 区位选择偏好于制度质量较高的国家或地区；[6] 邓明基于 2000—2009 年我国对 70 多个样本国数据所做的研究结果表明制度质量以及资源禀赋对吸引中国 ODI 的进入具有正向影响；[7] 蒋冠宏和蒋殿春的研究也论证了制度质量与中国 ODI 规模正相关；[8] 陈岩等和王永钦等的研究表明，良好的政府治理水平促进了中国企业 ODI；[9] 谢孟军和郭艳茹发现中国 ODI 偏好进入法律更完

① Luo Y, Xue Q, Han B. "How Emerging Market Governments Promote Outward FDI: Experience from China". *Journal of World Business*, 2010, 45 (1): 68 – 79. Buchanan B, Le Q, Rishi M. "Foreign Direct Investment and Institutional Quality: Some Empirical Evidence". *International Review of Financial Analysis*, 2012, 21 (C): 81 – 89. Aleksynska M, Havrylchyk O. "FDI from the South: the Role of Institutional Distance and Natural Resources". *European Journal of Political Economy*, 2013, 29 (3): 38 – 53.

② Lucas R L. "Why Doesn't Capital Flow from Rich to Poor Countries?". *The American Economic Review*, 1990, 80 (2): 92 – 96. Globerman S, Shapiro D. "Governance Infrastructure and US Foreign Direct Investment". *Journal of International Business Studies*, 2003, 34 (1): 19 – 39.

③ Wei S J. "How Taxing is Corruption on International Investors?." *Review of Economic Journal*, 2005, 33 (4): 383 – 403.

④ Egger P, Winner H. "Evidence on Corruption as an Incentive for Foreign Direct Investment". *European Journal of Political Economy*, 2005, 21 (4): 932 – 952.

⑤ Wiig A, Kolstad I. "Multinational Corporations and Host Country Institutions: A Case Study of CSR Activities in Angola". *International Business Review*, 2010, 19 (2): 178 – 190. Hajzler C. "Resource-based FDI and Expropriation in Developing Economies". *Journal of International Economics*, 2014, 92 (1): 124 – 146.

⑥ Zhang J H, Zhou C H, Ebbers H. "Completion of Chinese Overseas Acquisitions: Institutional Perspectives and Evidence". *International Business Review*, 2011, 20 (2): 226 – 238.

⑦ 邓明：《制度距离、"示范效应"与中国 ODI 的区位分布》，载《国际贸易问题》2012 年第 2 期，第 123 – 135 页。

⑧ 蒋冠宏、蒋殿春：《中国对外投资的区位选择：基于投资引力模型的面板数据检验》，载《世界经济》2012 年第 9 期，第 21 – 40 页。

⑨ 陈岩、马利灵、钟昌标：《中国对非洲投资决定因素：整合资源与制度视角的经验分析》，载《世界经济》2012 年第 10 期，第 91 – 112 页。

善的东道国;① 柴忠东发现,新兴市场所独有的"制度缺陷"会促使企业有意识地在那些制度上更加高效、透明和激励机制更强的东道国投资,催生了"制度红利"寻求型 ODI;② 刘敏等基于 2003—2014 年我国在 100 多个国家的 ODI 数据所做的研究表明,东道国的经济和文化制度对我国 ODI 区位选择具有显著影响;③ 詹奥博的研究表明,我国对外投资偏好进入那些制度质量好且与我国制度差距较小的东道国;④ 彭冬冬、林红的研究表明,中国对外投资中效率寻求与资源寻求型的 ODI 更倾向进入政府效率高的东道国;⑤ 袁其刚等的研究也论证了东道国政府的治理水平会促进市场不确定性和信息不对称性的降低,增加经济的自由度和市场环境的宽容度,从而降低跨国企业的交易成本,有利于市场寻求型 ODI 企业前去投资;⑥ 田原和李建军的研究发现,"一带一路"沿线国家制度质量越高,东道国政府治理水平越强、市场经济制度和法律制度越完善,公共产品和公共服务提供能力越强,投资预期收益越稳定,越有利于促进中国 ODI 的流入;⑦ 王金波研究结果表明:中国 ODI 倾向于投向那些制度质量好、经济规模大、市场潜力高、要素成本低、资源禀赋丰富的国家或地区;⑧ 闫雪凌、林建浩的实证结果表明,制度水平在所有回归中的系数均显著为正,这说明中国 ODI 倾向于投资总体制度水平较高的国家,东道国良好的制度能够保障投资取得预期的回报,降低投资的不确定性,增加了中国投资者的信心。⑨

综上,东道国的相对制度优势是企业区位选择中考虑的主要因素。一

① 谢孟军、郭艳茹:《法律制度因素对中国对外直接投资区位选择影响研究——基于投资动机视角的面板数据实证检验》,载《国际经贸探索》2013 年第 6 期,第 107 - 116 页。

② 柴忠东:《新兴市场跨国企业竞争优势:企业特定还是母国因素》,载《亚太经济》2013 年第 6 期,第 92 - 97 页。

③ 刘敏、刘金山、李雨培:《母国投资动机、东道国制度与企业对外直接投资区位选择》,载《经济问题探索》2016 年第 8 期,第 100 - 112 页。

④ 詹奥博:《制度因素对中国三类动机 ODI 的影响研究》,浙江大学 2016 年硕士学位论文。

⑤ 彭冬冬、林红:《不同投资动因下东道国制度质量与中国对外直接投资——基于"一带一路"沿线国家数据的实证研究》,载《亚太经济》2018 年第 2 期,第 95 - 102 页、第 151 页。

⑥ 袁其刚、郜晨、闫世玲:《非洲政府治理水平与中国企业 OFDI 的区位选择》,载《世界经济研究》2018 年第 10 期,第 121 - 134 页、第 137 页。

⑦ 田原、李建军:《中国对"一带一路"沿线国家 ODI 的区位选择——基于资源与制度视角的经验研究》,载《经济问题探索》2018 年第 1 期,第 79 - 88 页。

⑧ 王金波:《制度距离、文化差异与中国企业对外直接投资的区位选择》,载《亚太经济》2019 年第 2 期,第 83 - 90 页。

⑨ 闫雪凌、林建浩:《领导人访问与中国对外直接投资》,载《世界经济》2019 年第 2 期,第 147 - 169 页。

国进行 ODI 时首先应该考虑适应东道国制度的问题。东道国制度质量低下会增加对外投资的寻找、谈判和执行成本，使得企业成本及所面临风险增加。因此，本研究作出假设 H_5。

H_5：中国 ODI 与东道国的制度质量正相关。

（二）东道国的其他变量

1. 基础设施

基础设施和贸易便利化等制度安排一直是影响国际投资流动的重要因素。[①] 赵春明和吕洋的实证结果显示，东盟国家通信基础设施水平的提高促进了中国对东盟的 ODI。[②] 王亮、吴浜源、龚新蜀等的研究证明了发达的交通运输网络和完善的互联网基础设施对中国与"一带一路"国家的贸易/投资潜力具有促进效应。[③] 袁其刚等研究表明，"一带一路"沿线国家的基础设施越完善，越有利于我国在该地区进行对外投资活动。此外，相比于交通方面的改善，东道国通信基础的提高有利于吸引对外投资。[④] 国内的通信设施越发达，东道国民众的交流更密切，对企业的营销以及推广都有积极的影响。同时，通信程度越高，越有利于跨国公司更好地融入当地。鉴于大部分实证研究结果认为基础设施发展水平与直接投资呈现显著的正相关，本研究作出假设 H_6。

H_6：中国 ODI 与东道国基础设施正相关。

2. 双边关系

学者们通过研究还发现，东道国的经济联系/一体化（Moshirian，2001，2004）是企业 ODI 区位选择中考虑的主要因素。Rezza 认为，对于市场寻求型或顾客追随型 ODI 来说，将双边贸易作为 ODI 区位选择的控

---

① 刘宏曼、王梦醒：《制度环境对中国与"一带一路"沿线国家农产品贸易效率的影响》，载《经济问题》2017 年第 7 期，第 78－84 页。

② 赵春明、吕洋：《中国对东盟直接投资影响因素的实证分析》，载《亚太经济》2011 年第 1 期，第 111－116 页。

③ 王亮、吴浜源：《丝绸之路经济带的贸易潜力——基于"自然贸易伙伴"假说和随机前沿引力模型的分析》，载《经济学家》2016 年第 4 期，第 33－41 页。龚新蜀、乔姗姗、胡志高：《丝绸之路经济带：贸易竞争性、互补性和贸易潜力——基于随机前沿引力模型》，载《经济问题探索》2016 年 10 期，第 145－154 页。

④ 袁其刚、郚晨、闫世玲：《非洲政府治理水平与中国企业 ODI 的区位选择》，载《世界经济研究》2018 年第 10 期，第 121－134 页、第 137 页。

制变量是很必要的。[1] "一带一路"沿线地区以发展中国家为主，整体制度环境较差，但中国在该区域的 ODI 规模持续增加，这一现象难以用新制度经济学进行解释。因此，有些学者提出应将双边关系变量纳入区位选择模型，认为双边关系作为联系母国与东道国的特殊制度安排，是影响母国 ODI 的重要因素（张倩、李芳芳、程宝栋，2019）[2]，对于市场寻求型或顾客追随型的 ODI 来说，将双边贸易关系作为 ODI 区位选择的控制变量是很必要的。[3] 屠年松、王浩的研究表明，两个经济体相对经济规模、相关政策因素同样也会作用于国际直接投资。[4] 双边投资协定（BIT）是由两国共同签署以倡导、推动和保护两国间贸易为目的的协定。BIT 通过签约国之间在贸易的准入、待遇、税费征收和矛盾处理等事项中达成约定，在法律层面上有效保护投资者产权，从而明显促进发展中国家外资流入。[5] 宗芳宇等发现 BIT 的签订能强化对签约国的制度保护[6]，从而弥补东道国本身制度环境的不足，发展中国家由于制度环境普遍较差，因此较之发达国家，BIT 对其吸引外资的促进作用更为明显。[7] 因此，本研究作出假设 H₇。

  H₇：中国 ODI 与投资双方国家是否签订 BIT 正相关。

---

① Rezza A A. "A Meta-Analysis of FDI and Environmental Regulations". *Environment and Development Economics*, 2014 (4).

② 王金波：《制度距离、文化差异与中国企业对外直接投资的区位选择》，载《亚太经济》2019 年第 2 期，第 83 – 90 页。

③ Rezza A A. "A Meta-Analysis of FDI and Environmental Regulations". *Environment and Development Economics*, 2014 (4).

④ 屠年松、王浩：《中国对东盟直接投资效率及影响因素实证分析》，载《国际商务（对外经济贸易大学学报）》2019 年第 1 期，第 84 – 96 页。

⑤ Neumayer E, Spess L. "Do Bilateral Investment Treaties Increase Foreign Direct Investment to Developing Countries?". *International Finance*, 2005, 33 (10): 1567 – 1585.

⑥ 宗芳宇、路江涌、武常岐：《双边投资协定、制度环境和企业对外直接投资区位选择》，载《经济研究》2012 年第 5 期，第 71 – 82 页。

⑦ 王培志、潘辛毅、张舒悦：《制度因素、双边投资协定与中国对外直接投资区位选择——基于"一带一路"沿线国家面板数据》，载《经济与管理评论》2018 年第 1 期，第 5 – 17 页。

第二节 模型设定与变量选取

一、模型设定

根据前文的研究假设，借鉴王培志、潘辛毅、张舒悦等学者的做法[①]，本研究基于动因视角构建中国在"一带一路"沿线 ODI 区位选择的理论模型（见式 4 – 1）。

$$ODI_{i,t} = \beta_0 ODI_{i,t-1} + \beta_1 GDP_{i,t} + \beta_2 \ln(WAGE_{i,t}) + \beta_3 NR_{i,t}$$
$$+ \beta_4 TEC_{i,t} + \partial \sum X_{i,t} \qquad\qquad （式 4 – 1）$$

式 4 – 1 中 *ODI* 表示中国 ODI 规模，为被解释变量；$ODI_{i,t-1}$ 为滞后一期的 *ODI*，加入该项使式 4 – 1 成为动态方程，不仅可以反映区位选择的动态特征，还可解决模型中的内生性问题。*GDP*、*WAGE*、*NR*、*TEC* 为动因层面的核心解释变量，分别表示市场寻求、效率寻求、资源寻求和战略寻求四大 ODI 动因；为了得到无偏的估计结果，本研究借鉴韩先锋等的做法[②]，选取 *X* 为控制变量，包括东道国制度因素、基础设施以及双边经贸关系等变量。$i = 1$，$\cdots$，58 表示中国在"一带一路"投资的 58 个东道国，$t = 2003$，$\cdots$，2017 表示年份。

二、变量的定义与测度

（一）被解释变量

考虑到中国对外直接投资尚处于初级阶段，对某些国家的流量可能不连续，且极易受某些特定事件的干扰而波动较大，将其作为因变量容易引

---

① 王培志、潘辛毅、张舒悦：《制度因素、双边投资协定与中国对外直接投资区位选择——基于"一带一路"沿线国家面板数据》，载《经济与管理评论》2018 年第 1 期，第 5 – 17 页。

② 韩先锋、惠宁、宋文飞：《OFDI 逆向创新溢出效应提升的新视角——基于环境规制的实证检验》，载《国际贸易问题》2018 年第 4 期，第 103 – 116 页。

起回归偏误或多重共线性问题[①]，本研究借鉴 Filatotchev 等、袁其刚等、王晓颖、屠年松等的做法[②]，选取 ODI 存量数据作为区位选择的代理变量。

（二）核心解释变量

1. 东道国市场规模

多数学者采用东道国 GDP 来衡量市场规模（如田原和李建军)[③]，认为市场规模越大，越能吸引市场寻求型 ODI 流入。[④] 因此，本研究选取东道国的实际 GDP（以 2003 年为基期）作为东道国市场规模的代理变量。

2. 东道国劳动力成本

一般而言，劳动力禀赋充裕的东道国，其劳动力成本也相对较低，更能吸引外来投资的进入。London 和 Ross 的研究也证明了企业在进行对外直接投资时更倾向于劳动力便宜的国家。[⑤] 本研究借鉴杨亚平和高玥[⑥]、彭冬冬和林红[⑦]等的做法，选取人均实际 GDP（以 2005 年为基期）作为劳动力成本的代理变量。

[①] 屠年松、王浩：《中国对东盟直接投资效率及影响因素实证分析》，载《国际商务（对外经济贸易大学学报)》2019 年第 1 期，第 84 - 96 页。

[②] Filatotchev I，Strange R，Piesse J，et al. "FDI by Firms from Newly Industrialized Economies in Emerging Markets；Corporate Governance，Entry Mode and Location". *Journal of International Business Studies*，2007，38：556 - 572. 袁其刚、郜晨、闫世玲：《非洲政府治理水平与中国企业 OFDI 的区位选择》，载《世界经济研究》2018 年第 10 期，第 121 - 134 页、第 137 页。王晓颖：《东道国自然资源禀赋、制度禀赋与中国对 ASEAN 直接投资》，载《世界经济研究》2018 年第 8 期，第 123 - 134 页、第 137 页。屠年松、王浩：《中国对东盟直接投资效率及影响因素实证分析》，载《国际商务（对外经济贸易大学学报)》2019 年第 1 期，第 84 - 96 页。

[③] 田原、李建军：《中国对"一带一路"沿线国家 ODI 的区位选择——基于资源与制度视角的经验研究》，载《经济问题探索》2018 年第 1 期，第 79 - 88 页。

[④] 岳咬兴、范涛：《制度环境与中国对亚洲直接投资区位分布》，载《财贸经济》2014 年第 6 期，第 69 - 78 页。

[⑤] London B，et al. "The Political Sociology of Foreign Direct Investment". *International Journal of Comparative Sociology*，1995，36（3）：198 - 218.

[⑥] 杨亚平、高玥：《"一带一路"沿线国家的投资选址——制度距离与海外华人网络的视角》，载《经济学动态》2017 年第 4 期，第 41 - 52 页。

[⑦] 彭冬冬、林红：《不同投资动因下东道国制度质量与中国对外直接投资——基于"一带一路"沿线国家数据的实证研究》，载《亚太经济》2018 年第 2 期，第 95 - 102 页、第 151 页。

3．东道国要素禀赋

本研究借鉴邸玉娜和由林青①、王晓颖②、彭冬冬、林红的做法，选取东道国燃料、金属、矿石等产品的出口额占东道国商品出口总额的比重作为东道国自然资源禀赋的代理变量；借鉴尹美群、盛磊、吴博（2019）的做法，选取东道国申请的专利、商标的数量作为东道国技术禀赋的代理变量。

（三）控制变量

1．制度变量（*INF*）

本研究重点考察东道国正式制度对中国 ODI 的影响，政治稳定性和腐败控制是常被论及的两大维度。③ 本研究参照 Buckley 等（2007）、尹美群等④、袁其刚等⑤、钱进等和王庭东⑥的做法，从政府稳定性（PS）和腐败控制（CC）两个维度，对东道国的政府制度和市场制度分别进行测度，数值越大，说明东道国的治理环境越好。数据来源于世界银行全球治理指标报告。

2．东道国基础设施（*INT*）

借鉴袁其刚、郜晨、闫世玲（2018）的做法，选用每百人中互联网用户数作为东道国基础设施水平的代理变量，数据来源于国际电信联盟世界电信/ICT 发展报告和数据库。

3．双边关系（*BIT*）

借鉴闫雪凌、林建浩⑦等的做法，引入虚拟变量 BIT 用来表示东道国是否与中国签订双边投资协定，若已签订协定，BIT 为 1；未签订，BIT 为 0。

---

① 邸玉娜、由林青：《中国对一带一路国家的投资动因、距离因素与区位选择》，载《中国软科学》2018 年第 2 期，第 168 – 176 页。

② 王晓颖：《东道国自然资源禀赋、制度禀赋与中国对 ASEAN 直接投资》，载《世界经济研究》2018 年第 8 期，第 123 – 134 页、第 137 页。

③ 王恕立、向姣姣：《制度质量、投资动机与中国对外直接投资的区位选择》，载《财经研究》2015 年第 5 期，第 134 – 144 页。

④ 尹美群、盛磊、吴博：《"一带一路"东道国要素禀赋、制度环境对中国对外经贸合作方式及区位选择的影响》，载《世界经济研究》2019 年第 1 期，第 81 – 92、136 – 137 页。

⑤ 袁其刚、郜晨、闫世玲：《非洲政府治理水平与中国企业 OFDI 的区位选择》，载《世界经济研究》2018 年第 10 期，第 121 – 134、第 137 页。

⑥ 钱进、王庭东：《"一带一路"倡议、东道国制度与中国的对外直接投资——基于动态面板数据 GMM 的经验考量》，载《国际贸易问题》2019 年第 3 期，第 101 – 114 页。

⑦ 闫雪凌、林建浩：《领导人访问与中国对外直接投资》，载《世界经济》2019 年第 2 期，第 147 – 169 页。

三、研究方法与样本选择

由于对外投资行为具有惯性且当期投资行为可能受上一期投资的影响，有必要考虑被解释变量滞后项的作用。本研究运用 Stata 15.0 软件进行动态面板回归分析。在对全样本分析时，借鉴张友棠等（2018）的做法，采用了动态面板差分 GMM 模型；在进行分样本验证时，因样本数据减少、差分 GMM 的适用性下降，选取固定效应回归分析法。

考虑到"一带一路"的定位与数据来源的可获取性，本研究将数据缺失较多的东道国剔除，最终选取了 58 个样本国在 2003—2017 年的面板数据，各变量数据来源见表 4.1。

表 4.1 回归模型变量描述与数据来源

变量名		代理变量	定义	数据来源	回归符号假设
被解释变量	区位选择	ODI	我国在东道国投资存量	历年中国对外直接投资统计公报	—
动因构面（核心解释变量）	市场寻求	市场规模 GDP	东道国的 GDP	世界银行 WDI 数据库	+
	资源寻求	资源禀赋 NR	东道国矿物、金属出口和燃料出口）占该国出口比例		+
动因构面（核心解释变量）	效率寻求	劳动力成本 $WAGE$	东道国人均 GDP	世界银行 WDI 数据库	−
	战略寻求	战略资产 TEC	东道国专利和商标申请数		+

续上表

变量名		代理变量	定义	数据来源	回归符号假设
东道国区位优势构面（控制变量）	制度优势	政治制度 PS	东道国政府稳定指标	全球治理指标指数	+
		市场制度 CC	东道国腐败控制指标		+
	投资环境	基础设施 INF	每千人国家互联网使用量	世界银行 WDI 数据库	+
	双边关系	双边投资协定的签署情况 BIT	已签署，$BIT=1$；否则 $BIT=0$。	中国"一带一路"网	+

四、变量描述性统计分析

本研究对除基础建设和 BIT 外的变量数据取自然对数，以消除模型的异方差问题。[①] 表 4.2 是采用 Stata 15.0 进行描述性统计分析的结果，被解释变量 ln ODI 最小值为 0，最大值为 16.36，说明投资规模取对数后仍有较大差异，证实了中国对"一带一路"沿线国家 ODI 的区位选择存在较大的国别差异。核心解释变量 ln GDP、ln $WAGE$、ln NR、ln TEC 的标准差均在 1.2 以上，极差波动范围也比较大，说明东道国经济规模和经济发展水平等区位优势存在较大的差异。总体而言，样本的离散程度是相对较高的，说明适合进行进一步的实证分析。

---

① 伍德里奇的《计量经济学导论，现代观点》里，第六章（第 176—177 页）有详细的论述；取对数意味着原被解释变量对解释变量的弹性，即百分比的变化而不是数值的变化；目前，对于什么时候取对数还没有固定的规则，但是有一些经验法则：a. 与市场价值相关的，例如，价格、销售额、工资等都可以取对数；b. 以年度量的变量，如受教育年限、工作经历等通常不取对数；c. 比例变量，如失业率、参与率等，两者均可；d. 变量取值必须是非负数，如果包含 0，则可以对 y 取对数 ln（1＋y）。取对数的一个缺陷就是难以预测原变量的值，因为对数模型中预测的是 lny，而不是 y。

表 4.2 变量的描述性统计

变量描述	变量	样本数量	平均值	标准差	最小值	最大值
对外投资存量	ln ODI	870	8.172697	3.312346	0	16.36191
国民生产总值	ln GDP	870	3.935665	1.598618	−0.6099867	7.862301
人均 GDP	ln $WAGE$	870	8.4684	1.306665	5.29194	11.39149
自然资源	ln NR	870	2.800362	1.265948	−1.582021	4.650854
战略科技	ln TEC	870	8.389804	1.521019	4.369448	12.54109
政府稳定	ln PS	870	1.845471	0.3235066	0	2.197225
腐败控制	ln CC	870	2.312128	0.3545221	0.6931472	2.772589
基础建设	INF	870	7.384012	8.720198	0.0000939	33.4091

第三节　实证检验

一、相关性分析

由表 4.3 可知,各相关系数中最高为 0.59,均低于 0.7,说明所有变量间不存在线性相关性。

表 4.3 变量相关系数矩阵

变量	ln FDI	ln GDP	ln $WAGE$	ln TEC	ln NR	ln PS	ln CC	INF	BIT
ln ODI	1	—	—	—	—	—	—	—	—
ln GDP	−0.0274	1	—	—	—	—	—	—	—
ln $WAGE$	0.0192	0.375	1	—	—	—	—	—	—
ln TEC	0.1187	0.3506	−0.096	1	—	—	—	—	—
ln NR	−0.0358	0.1611	0.2446	0.0275	1	—	—	—	—
ln PS	0.1463	0.4574	−0.046	0.1341	−0.2287	1	—	—	—
ln CC	0.0214	0.4813	−0.0385	0.1808	−0.1435	0.5541	1	—	—

续上表

变量	ln FDI	ln GDP	ln $WAGE$	ln TEC	ln NR	ln PS	ln CC	INF	BIT
INF	0.2391	0.2162	0.5917	-0.1225	-0.0908	0.15	0.2695	1	—
BIT	-0.104	0.192	0.201	0.0282	0.0799	0.2465	0.2097	0.2237	1

二、回归分析

首先采用差分 GMM 对 58 个样本国进行检验，回归结果如表 4.4 所示。从扰动项一阶和二阶序列相关检验回归可知，$AR(1)$ 的 p 值小于 0.05，表明存在一阶序列相关；$AR(2)$ 的 p 值均大于 0.1，说明不存在二阶序列相关，可以接受原假设扰动项 $\{e_0\}$ 无自相关；过度识别检验 Sargan 检验的结果表明，括号中的值均大于 0.1，表明可以在 5% 的显著性水平上接受"所有工具变量都有效"的原假设，模型所使用的工具变量 ln $ODI(-1)$ 有效，对式 4-1 可以进行差分 GMM 估计。

表 4.4　全样本差分 GMM 回归分析

变量	回归系数	变量	回归系数
ln $ODI(-1)$	0.3243 ** (0.1256)	IFN	0.1855 *** (0.0289)
ln GDP	6.0940 *** (1.9275)	BIT	0.8141 ** (0.3468)
ln $WAGE$	-4.4519 ** (1.8500)	$AR(1)$	-2.2093 ** [0.0272]
ln NR	0.2601 * (0.1775)	$AR(2)$	0.3882 [0.6979]
ln TEC	0.1591 (0.1603)	$Sargan$	46.8177 [0.1872]
ln PS	0.0749 (0.0997)	$F/Wald$	220.44 *** [0.0000]

续上表

变量	回归系数	变量	回归系数
ln CC	0.0588 (0.0823)	常数项	19.2110 ** (8.8224)

注：小括号内数据为标准误，方括号里面为 p 值；＊、＊＊、＊＊＊ 分别表示变量系数通过了 10%、5%、1% 的显著性检验；AR(1) 为一阶扰动项的 p 值，AR(2) 为二阶扰动项的 p 值，Sargan 小括号内代表过度检验的 p 值。

接下来进一步用多重共线性检验来验证解释变量之间是否存在线性关系。无多重共线性关系指的是任何一个解释变量都不能写成其他解释变量的线性组合。一般情况下，实证检验结果所得的方差膨胀因子 VIF 值越大，则可以说明多重共线性越明显。表 4.5 的检验结果表明，动因层面四个核心解释变量的 VIF 均值只有 1.25，都远小于 10，说明变量间不存在系统多重共线性问题，可以对模型参数进行估计。

表 4.5　解释变量的方差膨胀因子

变量	VIF	1/VIF
ln GDP	1.42	0.705897
ln WAGE	1.30	0.768319
ln TEC	1.22	0.816406
ln NR	1.07	0.934098
Mean VIF	1.25	——

(一) 全样本回归分析

采用差分 GMM 对 58 个样本国进行回归分析得到的全样本回归结果（见表 4.4）具体阐述如下。

1. 核心解释变量的回归结果

东道国市场规模（GDP）对 ODI 存量的回归系数为 6.09，自然资源禀赋（NR）的系数为 0.26，说明中国 ODI 具有典型的市场寻求动因和资源寻求动因。东道国劳动力成本（WAGE）的系数为 -4.45，验证了中国对"一带一路"沿线国家的 ODI 效率寻求动因明显。而东道国战略资产要素（*TEC*）的回归系数仅为 0.16，且统计上的显著性不强，说明战略寻求型动因不明显。本研究与王晓颖[①]的研究结论一致，即中国 ODI 具有资源寻求、市场寻求动机和效率寻求三大动因，但并不具有战略寻求型动因。在这四动因中，东道国市场规模和劳动力成本的回归系数最高，说明中国 ODI 的区位选择中市场寻求和效率寻求动因最明显。

2. 控制变量的回归结果

政府稳定（*PS*）与腐败控制（*CC*）的回归系数为正，但统计上的显著性都不强，这可能源于中国在"一带一路"区位选择中市场寻求、资源寻求等动因更明显，对冲了东道国制度质量的制约效应，如中亚—西亚经济走廊中部分中东国家的政府稳定性较差，但该区域自然资源丰富，吸引了大量的能源产业投资。同时，这也说明中国早期的对外投资对制度环境考虑并不多。

双边关系（*BIT*）和东道国基础设施（*INF*）的回归系数显著为正，说明中国 ODI 更倾向流入那些与中国签订了双边投资/经贸协定、基础设施较完善的东道国。

滞后一期的 ODI 变量的回归系数为 0.32，说明中国 ODI 的区位选择具有一定惯性，路径依赖效应较明显。

（二）分样本回归分析

依据"一带一路"的战略定位将 58 个样本国家分为五大区域分别进行检验。由于分样本数据减少且为平行面板数据，运用 Hausman 检验以确定是采用固定效应还是随机效应模型。检验结果表明，在给定显著性水平 1% 的情况下，Hausman 检验支持固定效应模型（见表 4.6），故选取变量滞后一期的固定效应进行估计。

如表 4.6 所示，将 58 个样本国划分为"4（大经济走廊）+1（原独联体区域）"样本组后[②]，这五大区域的东道国 GDP 回归系数都显著为正，工资水平（*WAGE*）显著为负，技术水平（*TEC*）回归都没有通过显著性检验；自然资源（*NR*）的回归系数除了新亚欧大陆和孟中印缅两大区域外，都显著为正；控制变量中，东道国腐败（*CC*）的回归都没有通

[①] 王晓颖：《东道国自然资源禀赋、制度禀赋与中国对 ASEAN 直接投资》，载《世界经济研究》2018 年第 8 期，第 123–134 页、第 137 页。

[②] 考虑到样本的相似性特征，本章的实证研究将原独联体国家从新亚欧大陆桥区域中独立分开进行分析。

过显著性检验，基础设施（*INF*）和双边关系（*BIT*）的回归系数都显著为正，由此可见各变量的显著性及系数符号与上文全样本估计结果基本一致。

表 4.6　五大经济走廊固定效应回归分析

变量	中南半岛	中亚—西亚	新亚欧大陆桥	原独联体	孟中印缅
ln *ODI*(−1)	0.0046*	0.3225**	0.5656***	0.6463*	0.7225**
	(0.0758)	(0.1182)	(0.0700)	(0.0612)	(0.1232)
ln *GDP*	5.3167*	2.4996***	2.7363*	0.1104*	2.9338*
	(5.6637)	(0.7817)	(3.7124)	(0.4596)	(2.9891)
ln *WAGE*	−3.8766**	−1.2069*	−2.3349**	−0.6941**	−2.2113*
	(6.0364)	(0.6770)	(3.6424)	(0.5092)	(3.0794)
ln *NR*	0.9211*	0.9681*	0.04138	0.3807**	−0.0749
	(0.3731)	(0.0788)	(0.1994)	(0.2029)	(0.0508)
ln *TEC*	0.5177	−0.0980	0.4664	0.1139	−0.4090
	(0.4796)	(0.3050)	(0.3664)	(0.4522)	(0.2353)
ln *PS*	3.7037*	2.2323	0.3005	−0.1244	5.6796**
	(1.7644)	(1.4064)	(0.9446)	(0.3402)	(1.8900)
ln *CC*	2.1883	−2.2234	1.6584	0.2135	−2.3506
	(1.8747)	(1.1037)	(1.6563)	(0.1648)	(1.6763)
INF	0.2535*	0.1299*	0.0522*	0.0872*	0.4691*
	(0.1152)	(0.0576)	(0.0238)	(0.0117)	(0.2168)
BIT	0.4445*	0.2939*	0.4982*	0.4311*	0.9280*
	(0.3064)	(0.3693)	(0.4801)	(0.3041)	(0.4089)
F/Wald	364.63***	70.42***	202.30***	87.33***	50.22***
	[0.0000]	[0.0000]	[0.0000]	[0.0000]	[0.0000]
LM 检验	81.54***	545.11***	3.39**	32.74***	32.74***
	[0.0000]	[0.0000]	[0.0328]	[0.0000]	[0.0000]
Hausman 检验	12.00**	47.26***	48.61***	55.74***	52.98***
	[0.0447]	[0.0000]	[0.0000]	[0.0000]	[0.0000]

续上表

变量	中南半岛	中亚—西亚	新亚欧大陆桥	原独联体	孟中印缅
R^2	0.6963	0.6377	0.7676	0.9193	0.8606
常数项	16.5255 (28.1681)	6.2043 (3.8836)	−16.1364 (22.2017)	−12.1167* (9.5386)	−82.6766 50.2676

注：小括号内数据为标准误，方括号里面为 p 值；*、**、*** 分别表示变量系数通过了 10%、5%、1% 的显著性检验；$AR(1)$ 为一阶扰动项的 p 值，$AR(2)$ 为二阶扰动项的 p 值，$Sargan$ 小括号内代表过度检验的 p 值。

1. 中南半岛经济走廊

该样本组在动因层面的回归系数是五个样本组中最高的。东道国 GDP 的回归系数为 5.3167、工资水平（$WAGE$）的回归系数为 −3.8766、自然资源（NR）的回归系数为 0.9211，这可能与中南半岛人口众多、地域辽阔、物产丰盛等禀赋特征有关。中南半岛不仅市场规模大，自然资源和劳动力资源也丰富，有利于降低制造成本，中国对该样本组的对外投资具有明显的市场寻求、效率寻求和资源寻求动因。本研究支撑了张岩和王丽（2013）的研究结论，即中国对东盟国家的 ODI 具有降低生产成本和规避贸易壁垒的（效率寻求）动因。[1]

东道国技术水平（TEC）的回归系数为负且不显著，说明中国在该地区的对外投资更多的是被当地的廉价劳动力和市场潜力所吸引，对该地区的科技实力并不敏感。东道国政治稳定性（PS）、基础设施（INF）与双边关系（BIT）的回归系数均显著为正，说明东道国所具有的政治稳定性优势和较好的基础设施水平，以及与中国良好的双边关系，成为吸引中国企业在该地区的投资的有利因素。

2. 中亚—西亚经济走廊

实证检验结果表明东道国 GDP 的回归系数显著为 2.4996、工资水平（$WAGE$）的回归系数为 −1.2069，自然资源（NR）的回归系数为 0.9681，且均通过了显著性检验，说明中国在该区域的对外投资具有市场寻求、效率寻求与资源寻求动因。中亚—西亚地区资源丰富，是全球主要的石油出口区域，且人均收入水平高、市场规模大、劳动力相对丰富，具有资源、

---

① 张岩、王丽：《中国对东盟国家直接投资的决定因素研究》，载《经济问题探索》2013 年第 7 期，第 163−171 页。

市场、劳动力等方面的比较优势，因而吸引了中国 ODI 的流入。而技术水平（*TEC*）的回归系数为负且没有通过显著性检验，说明中国在该地区的投资不具有技术寻求动因，这与该地区技术水平整体不高有关，中亚五国虽是丝绸之路经济带的主要国家，但技术较为落后。该结论支撑了尹美群、盛磊、吴博等的研究结论，即中国 ODI 更倾向投入那些自然资源和劳动力资源丰富而技术要素禀赋较低的国家，并不具有技术（战略）寻求特征。[①] 东道国基础设施（*INF*）与双边关系（*BIT*）与中国 ODI 显著正相关，说明该组样本国具有较好的基础设施，与中国签订有双边经贸协定，成为吸引中国企业在此投资的区位优势。

3. 新亚欧大陆桥经济走廊

新亚欧大陆桥连接了中国中心与部分欧洲国家中心，包括阿尔巴尼亚、爱沙尼亚、保加利亚、波黑、波兰、黑山、捷克、克罗地亚、拉脱维亚、立陶宛、罗马尼亚、马其顿、塞尔维亚、斯洛伐克、斯洛文尼亚、匈牙利等国。检验结果表明，就动因层面来看，东道国 GDP 的回归系数为2.7363，显著为正，工资水平的回归系数为 − 2.3349，显著为负，说明中国在该地区的投资具有明显的市场寻求和效率寻求动机；而自然资源和技术要素的回归系数为正，但均未通过显著性检验，说明中国对该地区投资不具有资源寻求和技术寻求动因。究其原因，与东道国市场规模较大、劳动力成本具有比较优势、自然资源较为匮乏、技术水平并不具有比较优势等因素有关。

4. 原独联体国家

原独联体国家包括俄罗斯、阿塞拜疆、白俄罗斯、俄罗斯联邦、格鲁吉亚、摩尔多瓦、乌克兰等国。结果表明，ln *GDP* 系数显著为正，ln *WAGE* 系数显著为负，ln *NR* 显著为正，说明中国 ODI 在该地区具有市场寻求型、效率寻求型与自然资源寻求型投资动因。原独联体国家中的格鲁吉亚、摩尔多瓦、乌克兰等国属于中低收入国家，劳动力成本较低，可以为中国企业减少劳动力成本。同时，俄罗斯作为新兴市场国家，市场规模较大。截至 2019 年底，中国对俄罗斯 ODI 存量占中国对欧洲 ODI 总额的11.2%，在"一带一路"沿线国家位居前三名，具有明显的市场寻求型动机。同时，俄罗斯、阿塞拜疆也是燃料出口大国，而格鲁吉亚是矿石出口大国，从中国对俄罗斯 ODI 的行业分布情况来看，采矿业 ODI 存量占

---

① 尹美群、盛磊、吴博：《"一带一路"东道国要素禀赋、制度环境对中国对外经贸合作方式及区位选择的影响》，载《世界经济研究》2019 年第 1 期，第 81 – 92 页、第 136 – 137 页。

比高达 42.4%，中国在此地区直接投资也有显著的资源寻求型动机。ln *TEC* 为正，但不显著，说明我国在此地区没有明显的战略寻求型动机。*INF* 与 *BIT* 显著正相关，说明东道国较好的基础设施建设以及签订双边经贸协定能够吸引中国企业在该地区投资。

5. 孟中印缅经济走廊

包括巴基斯坦、马尔代夫、孟加拉国、尼泊尔、斯里兰卡、印度等国，验证结果表明东道国 GDP 和工资水平的回归系数分别为 2.9338 和 −2.2113，且通过了显著性检验，说明中国对该地区的投资具有明显的市场寻求和效率寻求动因。这与该组样本国的区位比较优势有关：与中国地理距离近且同属于发展中国家，人口众多，市场规模较大，劳动力成本较低。而自然资源和技术要素的回归系数为负且没有通过显著性检验，这可能与该组东道国大都处于消除贫困、改善民生、大力发展工业化阶段，自身对能源的需求量较大，在技术方面并不具有比较优势等因素有关，中国在此地区的投资不具有显著的资源寻求和技术寻求的动因。

综上，就分样本回归结果来看，在动因层面中，所有样本组都具有的动因为市场寻求与效率寻求动因；均不具有的是技术寻求动因。其他影响变量中，东道国基础设施（*INF*）、双边关系（*BIT*）在各样本组中均与中国 ODI 区位选择正相关，论证了刘宏曼、王梦醒的观点，即基础设施和贸易便利化等制度安排一直是影响国际投资流动的重要因素[①]，也支撑了王亮等[②]、龚新蜀等[③]、袁其刚（2018）等研究结果，即中国在"一带一路"沿线国家的对外投资与东道国的基础设施完善程度显著正相关。腐败控制（*CC*）这一变量都没有通过统计上的显著性检验，政府稳定（*PS*）仅在中南半岛和孟中印缅样本组通过了显著性检验且回归系数分别为 3.70 和 5.68，在其他三组样本国中均没有通过显著性检验。

（三）稳健性检验

为了进一步验证上述结果的稳健性，本文依据收入水平将"一带一路"58 个样本国家分为高、中、低三个样本组，分别进行检验。如表 4.7

---

① 刘宏曼、王梦醒：《制度环境对中国与"一带一路"沿线国家农产品贸易效率的影响》，载《经济问题》2017 年第 7 期，第 78 − 84 页。

② 王亮、吴浜源：《丝绸之路经济带的贸易潜力——基于"自然贸易伙伴"假说和随机前沿引力模型的分析》，载《经济学家》2016 年第 4 期，第 31 − 41 页。

③ 龚新蜀、乔姗姗、胡志高：《丝绸之路经济带：贸易竞争性、互补性和贸易潜力——基于随机前沿引力模型》，载《经济问题探索》2016 年第 10 期，第 145 − 154 页。

所示，无论是低收入国家还是中等收入国家基本上都是市场寻求型与效率寻求型 ODI，与假设 H_1、假设 H_2 相同。低收入和中等收入国家除了具有较大的市场规模，往往也具有较高的人口红利，追求较低的劳动力成本是我国选择对外投资的主要原因。但是在人均 GDP 较高的高收入国家，劳动力成本较高，中国在此区域的投资主要是市场寻求型对外投资。

表 4.7　分样本的固定效应回归分析

变量	低收入国家	中等收入国家	高收入国家
$\ln ODFI(-1)$	0.4038678 * (0.140403)	0.2907298 (0312828)	0.2205669 ** (0.0999091)
$\ln GDP$	1.00631 * (3.603875)	2.461674 *** (9226987)	4.432559 ** (1.072876)
$\ln WAGE$	-0.6546009 * (4.871464)	-1.167091 * (1.027958)	-3.161716 (0.9298548)
$\ln NR$	0.006875 (0.0161662)	0.0055446 (0.0103404)	0.0013886 (0.018015)
$\ln TEC$	-1.351109 * (5718137)	-0.1382062 (0.2051717)	0.2027671 (0.2545981)
$\ln PS$	2.252717 * (8863882)	0.5251368 *** (0.1251128)	0.1862128 (2509159)
$\ln CC$	-1.640454 (0.9400861)	-0.143623 ** (0.596488)	-0.1723322 (0.1213836)
IFN	0.09462 (0.4007487)	0441545 *** (0.0157162)	0.0837057 ** (0.0423309)
BIT	4.501047 * 2.729176	0.1487691 (0.3490928)	1.092334 * (0.4332967)
LM 检验	23.30 *** [0.0000]	19.70 *** [0.0000]	167.41 *** [0.0000]
Hausman 检验	9.20 * [0.0564]	219.52 *** [0.0000]	96.07 *** [0.0000]

续上表

变量	低收入国家	中等收入国家	高收入国家
R^2	0.6631	0.6788	0.7164
$F/Wald$	43.71*** [0.000]	75.27*** [0.000]	717.24*** [0.000]
常数项	−15.35763** (12.310)	3.166157 (4.448001)	−74.26824** (19.21292)

注：括号里面是稳健标准差，方括号里面为 p 值；*、**、*** 分别表示变量系数通过了 10%、5%、1% 的显著性检验。

第四节　研究结论

新兴国家企业国际化动因具有多重性特征，不同的 ODI 动因会产生不同的效应。本章实证检验了中国对"一带一路"沿线投资的四大动因，全样本和分样本的回归结果都表明：市场规模的回归系数最高，市场寻求动因最明显。其次是效率寻求动因，回归系数大多在 −2.0 ~ −4.5 之间。本研究不仅印证了蒋冠宏和蒋殿春（2012）的观点，即随着中国从以产品输出为主逐渐向以资本输出带动产能输出为主转型，对东道国的市场潜力的关注成为中国 ODI 的重要动因。资源寻求动因的系数显著为正，但都在 1.0 以下，说明自然资源对中国 ODI 的吸引力并没有想象中的那么大。这验证了 Buckley 等（2010）、王永钦等（2014）的研究，即通过内部化方式保证稳定的资源和能源供给是中国 ODI 的重要动因之一。最后，东道国战略资产要素（*TEC*）的回归都没有通过显著性检验，说明中国在"一带一路"沿线国家的投资并不具有明显的战略寻求动因。这或许与样本国大多为发展中国家有关，它们并没有比中国更强的技术优势。未来伴随着越来越多的发达国家加入"一带一路"倡议，这一动因或许会逐渐显现出来。

就控制变量的影响来看，全样本和分样本的回归结果显示，制度变量（政府稳定与腐败控制）大多没有通过显著性检验，说明制度环境对中国 ODI 区位选择的影响并不明显，这可能源于市场寻求、效率寻求动因更明显，从而弱化了东道国制度质量的影响效应。双边关系和东道国基础设施的回归系数都显著为正，说明与中国签订了双边经贸协定、基础设施较完善的东道国，对中国 ODI 区位选择更有吸引力。

分样本的回归分析结果表明，中国对不同区域的对外投资动因存在差异。除市场寻求型与效率寻求型 ODI 外，中国在资源丰富的地区（原独联体、中亚—西亚以及中南半岛经济走廊）投资具有明显的资源寻求型动因。制度因素的影响在不同区域的表现也不尽相同，虽然政府稳定性在大多数区域对中国 ODI 区位选择的影响并不显著，但在中南半岛和孟中印缅这两大区域，政府稳定性的回归系数显著为正，分别为 3.7 和 5.7，说明东道国政府越稳定，越容易吸引中国在该地区投资。从中国—中亚—西亚经济走廊来看，即使部分国家的政府稳定性较差，但因为拥有十分重要的自然资源，所以同样吸引着众多 ODI 流入，自然资源的正向促进效应超过了制度变量的负向抑制效应。

上述异质性特征表明，在未来的研究中，对制度质量与投资动因交叉效应的考量，对进一步廓清中国 ODI 区位选择的作用机理是很有必要的。如袁其刚、郜晨、闫世玲发现，政府治理水平对市场寻求型和资源寻求型投资均产生抑制作用，而治理距离对资源寻求型投资有抑制作用，对市场寻求型投资有促进作用[①]，这也是本研究未来深入的方向。

启示：①在高风险区域的资源寻求型动因，意味着中国在该区域的 ODI 具有环境敏感性特征，可能面临着更大的环境风险。②对于不同收入国家的实证研究表明，随着东道国劳动力成本的上升，中国 ODI 逐渐不再存在效率寻求型动因。中国 ODI 并不具有战略寻求型特征，说明推动中国 ODI 的转型升级具有现实意义。在高收入国家进行投资活动时，中国企业应考虑对一些高附加值产业进行投资，要以获取东道国战略资产为目的，提高学习效应和技术外溢效应，推动国内产业升级转型。

---

① 袁其刚、郜晨、闫世玲：《非洲政府治理水平与中国企业 OFDI 的区位选择》，载《世界经济研究》2018 年第 10 期，第 121－134 页、第 137 页。

第五章 东道国环境规制对中国 ODI 区位选择的影响效应

"触底竞赛假说"提出，为应对经济全球化带来的激烈竞争，各国可能会竞相降低环境规制标准以增强区位吸引力（Markusen，1995），也有许多发展中国家曾主动出台宽松的环境政策以吸引更多外资流入。但随着ODI 所造成的生态环境问题逐渐增多，越来越多的东道国已清楚认识到环境与经济协调发展的重要性。联合国在 2015 年确立了 17 个"可持续发展目标"（SDGs），对生态环境和持续性发展给予了持续关注，为全球经济发展提供了新的准则。[①] 在绿色发展、环境善治等理念不断推行的国际背景下，不少国家的环境规制标准都有了不同程度的提高，日趋严格的环境规制必将对跨国企业的 ODI 区位选择造成影响。本章对中国 ODI 环境效应的传导路径之一——环境规制效应进行研究。

第一节 环境规制的概念界定及嬗变历程

一、概念界定

环境规制（environmental regulation）是为了保护环境，政府或者国际权威组织对可能产生污染或影响污染治理的各个环节制定的各种政策或措施。[②] 从表现维度来看，环境规制可以分为正式规制与非正式规制，前者是指政府制定的强制性环境政策；后者则指环保组织、一般社会公众和环

---

① 杨丽华、薛莹、董晨晨：《"一带一路"背景下中国 ODI 的行为特征及环境风险表征》，载《长沙理工大学学报（社会科学版）》2019 年第 4 期，第 52－62 页。

② 周长富、杜宇玮、彭安平：《环境规制是否影响了我国 FDI 的区位选择？——基于成本视角的实证研究》，载《世界经济研究》2016 年第 1 期，第 110－120 页。

境保护者等各利益群体，在政府引导下对环境权利、义务和责任的参与，以及与环境污染者的协商谈判。[①] 本书主要围绕正式环境规制展开研究。

学术界对环境规制的定义尚在完善中，对环境规制的测度方式也未统一。Bazillier, Hatte, Vauday 提出，环境规制测度可以基于以下两个视角。[②]

（1）法理型环境标准（de jure measurements）。大多是根据一国加入的国际环境条约数量或采取的环境责任战略数目来评估该国的环境规制水平，世界银行的人类发展指数（World Development Indicators）数据库即可提供此类数据。国内学者们所采用的某些测度指标，如现行有效的环境保护政策数量、工业企业应缴税率、环保机构情况以及企业环保人员数量等，也属于法理型环境标准的范畴。法理型环境标准的缺陷主要体现在两个方面：一是该标准也许并不是一个有效的指标，如运用环境条约数作为环境标准的代理指标时，隐含着一种强有力的假设，即一旦条约得到批准，它们将得到很好的执行，但现实中不尽如此。[③] 二是在测度方面，已实施的环境规制具有不可观测性，导致无法获取其连续性的数据，除设置离散型的虚拟变量外，难以进行有效的度量。

（2）事实型环境标准（de facto measurements）。该标准的目标不再是衡量环境规制的严格程度，而是对其影响及效果进行评估，其关注焦点在于环境规制对环境质量的影响。学者们大多选用污染治理成本（如企业污染排污费）或环境绩效指标作为其代理变量，认为某地区环境规制水平的高低最终体现在环境成本高低或环境绩效的好坏上。但由于数据获得的局限性，企业污染排污费的使用频率较低。而环境绩效指标，以耶鲁大学与哥伦比亚大学联合编制的环境绩效指数（environmental performance

① 原毅军、谢荣辉：《环境规制的产业结构调整效应研究——基于中国省际面板数据的实证检验》，载《中国工业经济》2014 年第 8 期，第 57–69 页。

② Bazillier R, Hatte S, Vauday J. "Environmental Responsibility and FDI: Do Firms Relocate Their Irresponsibilities Abroad". CEDN, 2013 (32).

③ Rezza A A. "A Meta-Analysis of FDI and Environmental Regulations". *Environment and Development Economics*, 2014 (4).

index，EPI)① 为代表，是该标准下常用的指标。

本书将环境规制的概念界定为一国以环境保护为目的而制定的环境标准、排污规定、治理费用投入等各种保护环境的政策与措施的总和。对环境规制的测度采用事实型环境标准，即借鉴 Bazillier 等、Neequaye 和 Ola-di（2015）等的做法，选取 EPI 作为环境规制的代理变量，该指数是由耶鲁大学环境法律与政策中心（Yale Center for Environmental Law & Policy，YCELP）与哥伦比亚大学国际地球科学信息网络中心（The Center for International Earth Science Information Network，CIESIN）联合编制、每两年联合发表一次的国家可持续性指标系统，其对各国环境政策的效果进行量化评估。EPI 建立的指标体系关注环境可持续性和各国的当前环境表现，通过一系列有关环境政策制定和表现环境污染与自然资源管理挑战的指标来收集数据，其选择的指标可以形成一套能反映当前社会环境挑战焦点问题的综合性指标体系。② EPI 评估的样本国家涵盖了全世界绝大多数国家，因此被认为是世界上最完整的环境绩效评估指标。

二、嬗变历程

（一）环境规制的发展历程

随着经济全球化的不断推进，20 世纪 30 年代至 60 年代，全球范围内的环境污染与生态破坏也日趋严重，引起了国际社会对环境问题的重视，国际环境规制也经历了从无到有并不断完善的演进过程，其发展历史大致可分为以下三个阶段。

1. 滥觞阶段（20 世纪 70 年代初期）

20 世纪 70 年代初期是国际环境规制发展的初始阶段，以美国 1970

---

① EPI 指数是在 2002—2005 年连续四年编制的"环境可持续指数"基础上发展而来的，目前已推出了八个版本的评价体系：2006EPI、2008EPI、2010EPI、2012EPI、2014EPI、2016EPI、2018EPI 和 2020EPI。由于全球对环境问题的关注点在不断变化，历次 EPI 评估体系均在不断创新与改进，包括引入新的数据集、更好的标准化、扩大国家及地区的覆盖面等，以提高指数的可操作性和实用性。EPI 评估方法学的变化意味着历史 EPI 评分不具有可比性，因为分数的差异很大限度上可能是因指标增减、权重赋值方法的改变等所导致的，而不一定是环境绩效的变动（郝春旭、邵超峰、董战峰等，2020）。目前仅有 2014 年和 2016 年 EPI 版本可以进行时间序列的回溯分数。

② 郝春旭、邵超峰、董战峰等：《2020 年全球环境绩效指数报告分析》，载《环境保护》2020 年第 16 期，第 68 - 72 页。

年正式通过《国家环境政策法》为标志，发达国家开始纷纷制定各种环境规制对企业的经济活动进行管制，以期实现经济和环境的可持续发展。1972 年，国际社会第一次共同召开联合国人类环境会议，宣布成立联合国环境规划署并发布了《人类环境宣言》，标志着国际社会在环境保护方面达成了共识。

2. 发展阶段（20 世纪 70 年代末至 90 年代初）

以联合国环境规划署为代表的国际组织，制定了一系列环境公约或议定书，统一协调和规划有关环境方面的全球事务，标志着环境规制的国际标准开始产生。1985 年，联合国环境规划署理事会制定了《保护臭氧层维也纳公约》；1987 年首次提出了"可持续发展"的相关理念；1989 年签订了《关于耗损臭氧层物质的蒙特利尔议定书》；1992 年通过了《二十一世纪议程》《地球宪章》《气候变化框架公约》和《生物多样性公约》，全面确立了缔约国的相关环境责任原则。

3. 深化阶段（20 世纪 90 年代中期到现在）

1994 年，联合国制定了《联合国防治荒漠化公约》。1997 年通过的《京都协议书》，作为《气候变化框架公约》的补充，目的在于用建立环境法律法规的方法来控制温室气体；2000 年启动了《联合国千年发展目标》。2002 年，可持续发展世界首脑会议通过了《约翰内斯堡执行计划》；2015 年通过了《联合国可持续发展目标》。至此，经济发展和环境保护的可持续发展已是各国共同努力的目标，环境规制走向了不断深化和完善的过程。

（二）环境规制的演变

就制度模式来看，环境规制分为命令控制型、市场激励型、自愿约束型三类[①]，相应地，环境规制的演变先后经历了以下三个主要阶段。

1. 命令控制型环境规制

该阶段的典型特征是由政府行政部门主导相关环境保护政策的制定。20 世纪 30 年代至 60 年代发生了震惊世界的"世界八大公害"事件，唤起了公众的环保意识，环境问题开始成为最重要的社会问题之一，各国政府尤其是发达国家的政府纷纷出台以环境保护为目的的一系列法律法规以及政策制度。

---

① 赵玉民、朱方明、贺立龙：《环境规制的界定、分类与演进研究》，载《中国人口·资源与环境》2009 年第 6 期，第 85－90 页。

2. 市场化的经济激励型环境规制

随着"命令控制型环境规制"不断推行，其弊端也开始显现，人们开始意识到有必要对环境规制工具进行创新。各国政府开始尝试利用市场化的机制设计一系列环境规制工具。1972 年，OECD 通过的"污染者付费原则"得到广泛认可，并在全球范围内推行开来，并且衍生出另一种类型工具——市场激励型。市场化的环境规制手段为企业提供经济激励政策，引导企业在获取经济效益最大化的同时降低企业污染排放水平。

3. 自愿规制型环境规制

它是由企业和行业协会主导的环境规制，以自愿参与的形式来践行环境保护原则，政府通常只起辅助作用。最典型的例子是赤道原则[①]，首次确立了国际投资项目中环境的最低标准。它虽然是自愿性原则，但由于受到广泛认可，目前已发展成国际惯例，被视为可持续项目投资的"黄金准则"，已经形成了一个实务上的准则，我国的兴业银行于 2008 年加入了赤道原则。"自愿规制型环境规制"不再局限于单一的规制工具，能很好地作为其他两种环境规制的补充，有助于实现经济和环境的协调发展。

不同类型环境规制工具的政策效果差异甚大，学者们的研究结果并未达成共识。有学者们认为，大多数情况下市场型工具的效果更好，如 Weitzman 和 Prices 提出，当企业治污成本高于其收益时，市场激励型工具效果比命令型更好[②]；Bamnol 发现，在促进企业技术创新、降低环境成本方面，市场型工具更有效[③]；彭星、李斌研究证实了市场型和自愿型工具对中国东部地区具有正向促进作用，而命令型工具对中西部地区具有负向抑制作用。[④] 也有学者认为多种工具结合起来使用效果更好，如 Stavins、胡建辉的研究发现，同时使用命令型和市场型两种工具的效果最好[⑤]；原

---

① 赤道原则是世界主要金融机构根据世界银行下属国际金融公司发布的《环境和社会可持续政策》（*Policy on Environmental and Social Sustainability*）指南制定的一套非官方自愿性原则，旨在用于确定、评估和管理项目融资过程中所涉及的环境和社会风险。

② Weitzman M L，Prices V S. "Quantities". *Review of Economic Studies*，1974，41（4）：477 – 491.

③ Baumol W J. *The Theory of Environmental Policy*. Cambridge University Press，1988：127 – 128.

④ 彭星、李斌：《不同类型环境规制下中国工业绿色转型问题研究》，载《财经研究》2016 年第 7 期，第 134 页、第 144 页。

⑤ Stavins R. "Lessons from the American Experiment with Market-Based Environmental Policies". Discussion Papers，2002（8）：23 – 30. 胡建辉：《高强度环境规制能促进产业结构升级吗？——基于环境规制分类视角的研究》，载《环境经济研究》2016 年第 2 期，第 76 – 92 页。

毅军等的研究发现，在同时使用多种工具时"强波特假说"会成立。[1]

综上，环境规制从最初以政府为主导的命令控制型单一规制，发展到现在多种环境规制共生共存、相互补充，其效果也不尽相同，在不同东道国呈现出一定的差异性和复杂性。

第二节 "一带一路"东道国环境规制的现实考量

一、对环境规制测度指标的选取

不同环境规制工具所对应的测度指标各不相同。如法理型环境标准表现为与环境规制相关的法律法规等政策性指标，而事实型环境标准表现为污染治理成本或投资支出等定量指标。本书主要基于事实型环境标准选取测度指标。就测度方法来看，常用的主要有单一指标法、替代指标法、赋值法以及综合指数法等，其中综合指数法是最权威、使用最多的方法。

借鉴 Rezza 的做法[2]，本书对学者们所使用的环境规制测度指标归纳整理如下。

（1）企业的污染治理支出（firms' pollution abatement spending）包括企业缴纳的环境税开支或购买特定环保设备所需的额外费用。国内学者张中元和赵国庆使用工业废水达标率、二氧化硫去除率衡量环境规制强度；张华和魏晓平则用二氧化硫去除率衡量环境规制大小[3]；杨军等用废水、废气治理费用之和与从业人员的比值表示正式环境规制强度[4]；国外学者 Chichilnisky 将减污成本或支出（PAOC）作为环境规制强度的测度指标[5]；

① 原毅军、谢荣辉：《环境规制与工业绿色生产率增长——对"强波特假说"的再检验》，载《中国软科学》2016 年第 7 期，第 144 页、第 154 页。

② Rezza A A. "A meta-analysis of FDI and Environmental Regulations". *Environment and Development Economics*, 2014 (4).

③ 张华、魏晓平：《绿色悖论抑或倒逼减排——环境规制对碳排放影响的双重效应》，载《中国人口·资源与环境》2014 年第 9 期，第 21 - 29 页。

④ 杨军、贺芷瑶、丛建辉：《环境规制、制造业 FDI 与门槛效应》，载《经济问题》2016 年第 11 期，第 24 - 28 页。

⑤ Chichilnisky C. "North-South Trade and the Global Environment". *American Economic Review*, 1994, 84: 851 - 874.

Ederington 和 Minier 用 PAOC（减污运营成本）占总成本之比[1]、Levinson 和 Taylor 用 PAOC 占产业附加值之比[2]、梅国平和龚海林用治理环境的成本占企业总成本之比[3]来测度环境规制强度。

（2）政府环保支出（government's environmental spending）包括政府减少污染或加强环境规制管理方面的支出。Lanoie 用污染治理成本与产业总产值之间的比值测度环境规制强度[4]；赵君丽、刘江薇用工业污染治理投资完成额占工业增加值比重、建设项目"三同时"环保投资占工业增加值比重、城市环境基础建设投资占工业增加值比重三大指标衡量政府在污染治理方面的投入。[5]

（3）污染强度（pollution intensity）。相关的经验研究发现，污染强度如废气（CO_2、NO_x、SO_x 等）、废水的排放水平，和环境规制具有负相关关系。[6] 国内学者如蒋伏心等将各行业的污染排放强度线性标准化，构建综合反映不同产业污染规制强度及其变化的指标体系。[7] 李勃昕等（2013）、韩先锋等（2018）采用实际 GDP 与能源消费总量的比值来表示环境规制强度，认为该指标可以较好地度量政府环境规制的真实影响效果，指标数值越大，环境规制越严格，说明单位 GDP 的绿色能力越强，节能减排效果也就越明显。余珮、彭歌用污染排放强度（单位：吨/万美元）的倒数，即用单位 GDP 的污染物排放量的倒数来衡量美国各州环境规制水平，污染排放强度越高，环境规制越弱，污染物包括 2008—2015 年美国各州排放的工业二氧化碳、二氧化硫数量。[8] 国外学者如 Cole 和

---

①　Ederington J，Minier J. "Is Environmental Policy a Secondary Trade Barrier？An Empirical Analysis". *Canadian Journal of Economics*，2003，36：137 – 154.

②　Levinson A，Taylor M S. "Unmasking the Pollution Haven Effect". *International Economic Review*．2008，49（1）：223 – 254.

③　梅国平、龚海林：《环境规制对产业结构变迁的影响机制研究》，载《经济经纬》2013 年第 2 期，第 72 – 76 页。

④　Lanoie P，Patry M，Lajeunesse R. "Environmental Regulation and Productivity：Testing the Porter Hypothesis". *Journal of Productivity Analysis*，2008，30（2）：121 – 128.

⑤　赵君丽、刘江薇：《双重环境规制对不同进入动机 FDI 的影响效应研究》，载《中国商论》2020 年第 6 期，第 220 – 224 页。

⑥　Copeland B R，Taylor M S. "Trade，Growth and the Environment". *Journal of Economic Literature*，2004，42（1）：7 – 71.

⑦　蒋伏心、王竹君、白俊红：《环境规制对技术创新影响的双重效应——基于江苏制造业动态面板数据的实证研究》，载《中国工业经济》2013 年第 7 期，第 44 – 55 页。

⑧　余珮、彭歌：《环境规制强度与中国对美国直接投资的区位选择》，载《当代财经》2019 年第 11 期，第 3 – 13 页。

Elliott 将污染物的排放密度作为环境规制的衡量指标。①

（4）各类环境指数（index），即将前面三类中的任两个单一指标组合在一起的综合指数法。List 和 Co（2000）创建的环境规制指数、耶鲁大学环境法律与政策中心等编制的环境绩效指数（EPI）就使用了综合指数法。傅京燕、李丽莎基于废水、废气和废渣三个构面，选取五个单项指标（废水排放达标率、二氧化硫去除率、烟尘去除率、粉尘去除率和固体废物综合利用率），采用等权加和平均法构建环境规制综合指数。② 赵君丽、刘江薇参照傅京燕等的做法，将污染治理或环保支出指标作为环境规制正向指标，将污染排放指标（废水、二氧化硫和烟粉尘排放强度）作为逆向指标，采用等权重加权线性综合法构建环境规制综合指数（ERS 综合指数）。③

（5）高管意见调查（executive opinion survey）。采用赋值法，最经典的为"全球竞争力报告"（the global competitiveness report）中的高管意见调查，采取 1～7 分制衡量环境法规的整体严格程度，1 分代表环境规制最宽松的国家。Wagner 和 Timmins（2009）、Spatareanu（2007）就使用了此代理变量。

在测度指标的选择方面，学者们大多选用污染治理成本或环境绩效指标用来度量环境规制，认为某地区环境规制水平的高低最终体现在环境成本高低或环境绩效的好坏上。④ 中国社会科学院采用二氧化碳排放量和森林覆盖率这两个指标，而中国科学院则使用资源环境综合绩效指数作为替代变量。一些学者则基于环境规制工具的种类将其分类，建立指标体系，再对其进行测算。⑤ 行政类的环境规制可以由治理环境污染的成本来衡量，市场型环境规制则由排污费表示⑥；Ren 等用环保投资额来衡量市场

① Cole M A，Elliott P J R. "Determining the Trade-Environment Composition Effect：the Role of Capital，Labor and Environmental Regulations". *Journal of Environmental Economics and Management*，2003，46：363 – 383.

② 傅京燕、李丽莎：《环境规制、要素禀赋与产业国际竞争力的实证研究——基于中国制造业的面板数据》，载《管理世界》2010 年第 10 期，第 87 – 98 页、第 187 页。

③ 赵君丽、刘江薇：《双重环境规制对不同进入动机 FDI 的影响效应研究》，载《中国商论》2020 年第 6 期，第 220 – 224 页。

④ 杨丽华、薛莹、董晨晨：《"一带一路"背景下中国 ODI 的行为特征及环境风险表征》，载《长沙理工大学学报（社会科学版）》2019 年第 4 期，第 52 – 62 页。

⑤ 何兴邦：《环境规制与中国经济增长质量——基于省际面板数据的实证分析》，载《当代经济科学》2018 年第 2 期，第 1 – 10 页。

⑥ 王恒：《不同环境规制政策对产业结构升级的影响——基于 1995—2013 年数据的实证分析》，载《南京大学学报》2016 年第 6 期，第 61 – 65 页。

激励型环境规制，而用工业废水排放量和二氧化硫达标率来表示命令控制型环境规制。[1]　在方法论的选择上，孙英杰、林春通过区位熵来衡量环境规制强度，从污染治理投资额和排污费综合衡量该变量，综合指数超过1，则意味该地区环境管制标准高。[2]　黄清煌等通过系数加权法运用废水达标率、废气去除率等指标衡量环境规制强度。[3]

二、东道国环境规制水平的测度

由于不同版本《全球环境绩效指数报告》的测算方法在不断更新，基于可比性原则，本书使用了 2018 年版的环境绩效指数，它包括了 2007 年到 2016 年的数据。基于数据的可获得性，本书分别统计了 2007—2016 年《全球环境绩效指数报告》中全球 180 个国家和 58 个"一带一路"样本国（BRCs）的 EPI 均值，如表 5.1 所示。总体而言，无论是全球均值还是"一带一路"沿线国家均值，自 2007 年以来均呈现出缓慢增长态势，说明各国越来越重视环境问题，通过设置相对严格的环境规制来减少工业化和全球化进程中的潜在环境污染风险，导致各国环境规制水平保持逐渐上升的趋势。

表 5.1　2007—2016 年东道国环境绩效指数

年份	2007	2008	2009	2010	2011	2012	2013	2014	2015	2016
全球均值	64.91	65.00	65.03	66.06	66.07	66.34	66.05	67.17	67.34	67.37
BRCs 均值	67.85	67.69	67.72	68.62	68.61	68.86	68.48	69.36	69.57	69.65

数据来源：根据 2007—2016 年《全球环境绩效指数报告》统计而得。

就"一带一路"58 个样本国的 EPI 均值来看，由 2007 年的 67.85 缓慢升至 2016 年的 69.21，且各年份的 EPI 均值都比全球均值高出 2～3 分，说明整体而言，"一带一路"沿线东道国的环境规制水平不仅保持稳

①　Ren S，Li X，Yuan B，et al. "The Effects of Three Types of Environmental Regulation on Eco-efficiency：Across-region Analysis in China". *Journal of Cleaner Production*，2016（8）：1 – 11.

②　孙英杰、林春：《试论环境规制与中国经济增长质量提升——基于环境库兹涅茨 倒 U 型曲线》，载《上海经济研究》2018 年第 3 期，第 84～94 页。

③　黄清煌、高明、吴玉：《环境规制工具对中国经济增长的影响——基于环境分权的门槛效应分析》，载《北京理工大学学报（社会科学版）》2017 年第 3 期，第 33 – 42 页。

定上升的趋势，而且比全球的平均环境规制水平更严苛。这意味着"一带一路"东道国对环境保护问题更为重视，未来的环境规制将日趋严苛，东道国通过设置相对严格的环境规制来减少跨国企业 ODI 对本国带来的潜在环境污染风险将成为一种趋势，这无疑给中国 ODI 带来潜在的环境风险。

三、东道国环境规制水平与中国 ODI 流向

如第三章第四节所述，中国 ODI 结构转型升级已初显成效，以环境敏感型行业为主的第二产业所占比重出现了下降的趋势。将全球环境规制水平与中国在敏感型行业的 ODI 流量结合起来看（如图 5.1 所示），除了 2008 年受到经济危机影响，中国环境敏感型行业 ODI 占比有所波动，随着全球环境规制水平的渐渐上升，中国环境敏感型行业 ODI 占比呈现逐渐下降趋势，与东道国环境规制水平呈现负相关关系，说明受到东道国环境规制的限制，中国环境敏感型行业 ODI 的投资占比呈现逐渐下降的趋势。

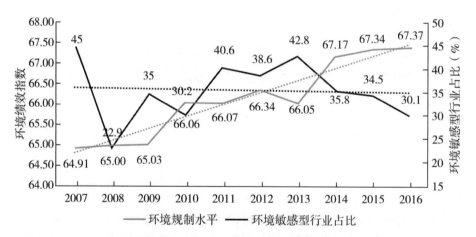

图 5.1 2007—2016 年全球环境规制均值与中国环境敏感型行业 ODI 占比
数据来源：根据耶鲁大学环境法律与政策中心等编制的 *Environmental Performance Index Report*、《中国对外直接投资统计公报》整理而得。

据此可以做出推论，东道国的环境规制水平影响了中国企业 ODI 的行业选择，推动了我国企业 ODI 行业结构的优化，ODI 从以环境敏感型行业为主逐步转型升级为以非环境敏感型行业为主。为了迎合东道国更高的

环境规制要求，中国企业要么主动转型升级来满足东道国更为严格的环境标准，要么选择环境规制更为宽松的东道国。环境规制的改变既推动了 ODI 行业结构的优化，也直接影响了中国企业 ODI 的区位选择，这在某种程度上验证了"污染天堂假说"的理论假设。

综上，从中国在全球以及"一带一路"区域的对外直接投资现状来看，东道国的环境规制严苛程度会对中国企业 ODI 区位选择与行业分布产生重大影响。关于环境规制的影响究竟有多大，还有哪些其他变量也会影响中国 ODI 区位选择，将在下节进行实证验证。

第三节　东道国环境规制作用于 ODI 区位选择的文献综述

区位选择是跨国企业所面临的最重要也是最复杂的决策之一，对区位选择的各种因素进行全面了解是至关重要的。环境规制作为东道国制度环境的组成要素，不仅会影响外资企业的生产成本，还有可能改变东道国原有的区位优势，进而影响跨国投资的流向①，跨国公司在制定区位选择战略时，会在东道国特定区位优势所带来的溢出效应与严格的环境规制强度所带来的遵规成本效应之间进行权衡。很多学派的研究都论证了东道国的环境规制是影响污染产业区位选择的一个重要因素。

一、环境规制效应的传导机制

在有关环境规制强度与对外直接投资区位选择关系的研究中，形成了以 Copeland 和 Taylor（1995）为代表的污染天堂假说、Dunning 的国际生产折中理论、Grossman 和 Krueger（1991）的环境库兹涅茨曲线等研究范式，为实证研究提供了理论框架。

（一）"污染天堂假说" 的视角

如前所述，"污染天堂假说"（PHH）是用来解释环境规制影响 ODI

---

① Taylor M S. "Unbundling the Pollution Haven Hypothesis". *Advances in Economic Analysis & Policy*, 2005, 3 (2)：1 – 28.

区位选择的最经典理论之一。PHH 认为，污染密集型产业更倾向于流向环境标准比较低的国家。在理论研究方面，已有大量学者对环境政策影响国际资本流动的作用机理进行了研究。[①] Long 和 Siebert 通过建立一般均衡的新古典经济模型发现，以征收排污税衡量的环境规制通过生产成本渠道影响企业的资本回报率，两个国家不同的环境规制标准使企业生产时面临的环境成本不同，因此，逐利的特性会促使企业投资从环境规制较严苛的国家流向环境规制水平更低的国家。[②] Copeland 和 Taylor 通过将样本国分为发展中国家和发达国家的方式使得"污染天堂假说"趋于成熟，论证了当发达国家环境规制水平相对较高时，会推动其污染密集型产业向环境规制相对较弱的发展中国家进行转移。[③] Copeland 和 Taylor（1995）扩展后的南北贸易模型显示，贸易自由化使得发达国家环境得以改善，发展中国家环境污染加剧，且加剧的程度要超过发达国家改善的程度，因此，国际贸易总体上会对环境产生负面影响。

"污染天堂假说"涉及诸多因素，其中的逻辑关联错综复杂，包括了完全竞争市场和非完全竞争市场两种类型模型。Bamnnol & Oates（1988）建立包括 N 个国家、可自由流动资本、不可流动的劳动及环境要素及一个非贸易品的完全竞争模型来分析一国政府征收环境税对国际资本流动的影响。研究表明，在完全竞争模型中，环境规制对于污染产业资本流动的抑制效果显著。Taylor 把对外直接投资的产业转移分为多个部分，重点阐释了环境规制水平的高低通过影响跨国企业 ODI 生产成本的方式对 ODI 区位选择的影响。[④]

其理论机理可以描述为，环境规制作为东道国矫正负外部效应的工具[⑤]，增加了外资企业的遵规成本（Gray & Shadbegian，2003）、导致其在污染物处理、治污设备和治污技术投入等方面投入增加，从而降低了该东道国对外资（尤其是污染密集型企业）的吸引力。此外，严格的环境规

① Rezza A A. "A Meta-analysis of FDI and Environmental Regulations". *Environment and Development Economics*, 2014 (4).

② Long N V, Siebert H. "Institutional Competition versus Ex-ante Harmonization: The Case of Environmental Policy". *Journal of Institutional and Theoretical Economics*, 1991, 147: 296 – 311.

③ Copeland B R, Taylor M S. "North-South Trade and the Environment". *Quarterly Journal of Economics*, 1994, 109 (3): 755 – 787.

④ Taylor M S. "Unbundling the Pollution Haven Hypothesis". *Advances in Economic Analysis & Policy*, 2005, 3 (2): 1 – 28.

⑤ 马允：《美国环境规制中的命令、激励与重构》，载《中国行政管理》2017 年第 4 期，第 137 – 143 页。

制不仅会增加企业的成本支出，还会挤占其他生产性或营利性投资，对企业的技术创新投资产生"挤出效应"，从而降低其生产效率和利润水平。[1] Taylor（2006）把"污染天堂"假说进一步细分为五类情形：一是国家的特征决定环境管制；二是环境管制影响生产成本；三是生产成本影响贸易或 ODI 的流动；四是这些流动又会影响污染、价格、收入等变量；五是污染、价格以及收入的结果反过来又对环境管制施加影响。因此，"污染天堂假说"认为东道国的环境规制强度会对 ODI 的流入产生抑制作用（Copeland & Taylor，1994；He，2006），而环境规制较宽松的东道国则成为污染密集型企业的投资天堂。作为最经典的理论范式，PHH 被广泛用来检验东道国环境规制对 ODI 区位选择的影响效应。

（二）"波特假说"的视角

Porter 和 Linde 提出了"波特假说"，从"遵循成本"和"创新补偿"两个视角对环境规制的作用效应进行了阐述，认为适当的环境规制会对 ODI 区位选择产生正向激励作用。[2]

"波特假说"的理论机理体现为：一方面，严格的环境规制会促进外资企业吸收东道国当地的清洁产品和清洁生产技术，从而改进其原有落后的污染治理技术，改善其资源利用效率低下的问题；另一方面，适当的环境规制可以促使企业进行更多的创新活动，有助于激发企业的创新补偿效应，激励企业提高技术水平和全要素生产率，促进企业竞争力的提高，由此抵消由环境规制带来的成本上升效应，产生所谓的"创新补偿效应"。[3] 此外，为了引导外资企业制定环境友好型投资策略，东道国政府在提高环境规制水平时，可能会采用可交易排污许可等有利于环境保护的补贴机制，在财政政策上给予企业一定的支持[4]，减缓或抵消环境约束给外资企业增加的运营成本，促进其技术进步，从环境补贴和技术溢出两方面提升外资企业的竞争优势。

---

[1]　Gray W B. "The Cost of Regulation：OSHA，EPA and the Productivity Slowdown". *American Economic Review*，1987，77（77）：998 – 1006.

[2]　Porter M E，Linde C. "Toward a New Conception of the Environment-Competitiveness Relationship". *Journal of Economic Perspectives*，1995，9（4）：97 – 118.

[3]　Christainsen G B，Haveman R H. "The Contribution of Environmental Regulations to the Slowdown in Productivity Growth". *Journal of Environmental Economics and Management*，1981，8（4）：381 – 390.

[4]　蒋伏心、王竹君、白俊红：《环境规制对技术创新影响的双重效应——基于江苏制造业动态面板数据的实证研究》，载《中国工业经济》2013 年第 7 期，第 44 – 55 页。

"波特假说"认为，合适的环境规制水平可以激发企业的技术创造性，促进企业卷入更多的创新活动，不仅可以部分甚至全部抵消企业的"遵循成本"从而产生"补偿"效应，而且可以提高企业生产效率及在市场上的盈利能力和产品质量，让企业在国际市场上获得竞争优势。[1] 从 ODI 区位选择的角度来说，当东道国将更为严格的环境规制强制实施时，跨国企业将面临技术创新所带来的额外成本支出，但是相对合适的环境规制可能会激发企业的创新行为，推动跨国企业的转型升级，维持甚至提高企业的国际竞争力，从而间接影响到企业对外投资的区位选择。因此，东道国的环境规制强度对 ODI 流入可能产生正向促进作用（余珮、彭歌，2019）。[2] Dijkstra 通过构建跨国企业与本国企业的双寡头模型，发现东道国环境规制的提升会影响企业生产成本，但是跨国公司相比本地企业受到的成本冲击更小，使跨国企业更具竞争优势，因此，东道国环境规制水平的提升有利于 ODI 流入。[3] 但"波特假说"的这种创新补偿效应能否实现，还受企业家信心、预期和风险回避等因素的影响。[4] 因此，东道国政府在提高环境规制水平时，也要保持环境政策的平稳性，引导企业家建立起合理的预期，鼓励企业技术革新，增强企业家信心，以实现环境和发展的双赢。

（三）国际生产折中理论的视角

国际生产折中理论是用来解释跨国公司区位选择的经典范式。该理论认为，在研究 ODI 时，应该在所有权优势和内部化优势的基础上引入区位优势。区位优势是指东道国在满足跨国企业特定能力资源整合需要方面较其他区位具有优越性。在评估东道国吸引力时，学者们主要从市场规模与潜力、竞争状况、生产成本、制度优势以及东道国的社会、政治、经济环境等角度进行了研究。这些因素可以归纳为生产要素优势、市场需求优

---

① Porter M E, Linde C. "Toward a New Conception of the Environment-Competitiveness Relationship". *Journal of Economic Perspectives*, 1995, 9 (4): 97 – 118.

② 余珮、彭歌：《环境规制强度与中国对美国直接投资的区位选择》，载《当代财经》2019 年第 11 期，第 3 – 13 页。

③ Dijkstra B R, Mathew A J, Mukherjee A. "Environmental regulation: an Incentive for Foreign Direct Investment". *Review of International Economy*, 2011 (19): 568 – 578.

④ 李诗昀：《东道国环境规制对我国纺织产业 OFDI 区位选择的影响分析》，载《环境市场》2018 年第 34 期。

势、制度优势与基础设施优势四大类。①

而东道国环境规制作为制度环境的重要组成维度，必将对跨国公司区位选择产生重要影响，东道国环境规制的宽严程度，决定了该国吸引外资能力的大小。环境规制成为东道国区位优势中影响对外直接投资区位选择的关键因素。国内学者江珂认为，跨国企业 ODI 的区位选择，需要先考虑东道国是否具备环境规制方面的区位优势，且能实现所有权优势和内部化优势，当这三个条件同时满足时，才能保证跨国公司在跨境投资中获利。因此，环境规制是直接影响企业 ODI 区位选择的关键因素。② 徐沛然认为，发达国家的环境敏感型行业 ODI 并不具备足够所有权优势和市场内部化优势。③ 因此，环境规制较为宽松的国家将会成为环境规制相对严格的国家进行污染转移的"污染天堂"。刘芊岑认为该理论尚存在一定的局限性，因为跨国企业 ODI 的过程里，难以同时满足所有权优势、区位优势以及市场内部化优势。④

（四）环境库兹涅茨曲线的视角

由 Kuznets（1955）首次提出、后经 Panayotou 丰富完善的环境库兹涅茨曲线，也包括针对环境规制的研究，指的是随着收入上升而得到的环境改善，基本上都源自东道国环境规制发生的变化。⑤ 当东道国实施较为严格的环境规制水平时，会显著减少东道国的环境污染。随着东道国经济发展，东道国政府的环保能力和环境质量管理能力进一步提升，从而又推动了环境规制水平的提高，更为严格的环境规制将推动东道国经济结构向低污染的转变，提高污染密集型跨国企业的准入门槛，从而间接影响了跨国企业 ODI 的区位选择。

---

① 尹国俊、曾可昕：《能力资源、战略动机与在华外国创业风险投资的区位选择》，第十届全国高校国际贸易学科会议论文，2011 年。

② 江珂：《中国环境规制对外商直接投资的影响研究》，华中科技大学 2010 年博士学位论文。

③ 徐沛然：《东道国环境规制对中国 ODI 的影响研究》，浙江工商大学 2016 年硕士学位论文。

④ 刘芊岑：《环境规制对中国在"一带一路"投资的影响研究》，广东外语外贸大学 2018 年硕士学位论文。

⑤ Panayotou T. "Empirical Tests and Policy Analysis of Environmental Degradation at Different Stages of Economic Development". Technology and Environment Program，Geneva：International Labor Office，1993.

二、环境规制效应的实证检验

鉴于环境规制对 ODI 区位选择具有重要的影响作用[1]，学者们基于不同假说从不同视角分析了环境规制对 ODI 区位选择影响的作用机理，且不断尝试验证该假说能否成立。就研究对象来说，相关实证研究大多以发达国家 ODI 为对象；就研究结论来说，由于同时存在遵规成本效应和创新补偿效应正反两方面的作用，环境规制对区位选择的影响效应存在一定的不确定性，实证检验的结论分歧甚大，形成了以下三种观点。

（一）环境规制与 ODI 区位选择存在正相关性

很多研究验证了环境规制通过波特效应实现了蓝色红利[2]，认为环境规制所产生的合规成本压力促使企业提高污染治理的研发支出，激发了企业的创新补偿效应，提高了企业的全要素生产率和竞争力。[3] 例如，Friedman 等发现环境规制强度对外商独资企业 1977—1988 年在美国的进入有促进作用[4]；Venables 实证检验结果发现，东道国环境规制较严格时会吸引跨国对外直接投资的流入。[5] Grey & Brank（2002）、Kevin & Duncan（2002）、Nadia & Merih（2016）等的研究发现，ODI 通过技术示范效应和产业链连锁效应带动了东道国环境质量的改善，论证了"波特效应"的存在。Lanoie 等以 7 个经济合作与发展组织成员国为样本的实证研究表明，东道国环境规制水平对企业环保创新具有显著促进作用，且灵活型环境规制比固定指令型环境规制更能促进企业创新。[6] Mathew 等的研究发

---

① Levinson A, Taylor M S. "Unmasking the Pollution Haven Effect". *International Economic Review*, 2008, 49（1）: 223 –254.

② Johnstone N, Haščič I, Popp D. "Renewable Energy Policies and Technological Innovation: Evidence Based on Patent Counts". *Environmental and Resource Economics*, 2010, 45（1）: 133 –155.

③ 涂正革、谌仁俊：《排污权文易机制在中国能否实现波特效应》，载《经济研究》2015 年第 7 期，第 160 –173 页。

④ Friedman J, Gerlowski D A, Silberman J. "What Attracts Foreign Multinational Corporations? Evidence from Branch Plant Location in the United States". *Journal of Regional Science*, 1992, 32（4）: 403 –418.

⑤ Venables A J. "Equilibrium Locations of Vertically Linked Industries". *Cepr Discussion Papers*, 1993, 37（2）: 341 –359.

⑥ Lanoie P, Johnstone N, Ambec S, et al. "Environmental Policy, Innovation and Performance: New Insights on the Porter Hypothesis". *Journal of Economics & Management Strategy*, 2011, 20（3）: 803 –842.

现，在东道国环境规制水平较低的情况下，企业不会主动通过提升生产力的方式来减少污染物的排放，而会将环保支出挪到其他用途；只有在环境规制水平较高的情况下，企业才会通过技术创新来减少环境要素支出。[①] Elliott 等发现东道国高强度的环境规制会吸引外资企业的进入[②]。Sanna-Randaccio 等发现市场规模较大的东道国在提高环境规制强度时，会吸引更多的 FDI 流入。[③] Naughton 通过分析近 30 个经济合作与发展组织成员国的数据发现，东道国环境规制水平提高会吸引更多 FDI 的流入。[④] Copeland 和 Taylor 的研究结果显示，相对严格的环境规制可以通过促进技术创新升级从而吸引 ODI 的进入[⑤]，跨国直接投资是影响技术创新升级和减少环境污染的重要因素。因此，东道国环境规制水平对 ODI 流入具有正向促进效应。Bassem 等以 6 个设定全球贸易协定的区域为研究对象，发现更高标准的环境管制可以吸引更多的 FDI 流入。[⑥] Rexhauser 和 Rammer 以 2008 年德国知名企业为样本的研究发现，诱导型和自愿型环境规制对企业创新的促进作用更明显。[⑦] Soderholm 等以芬兰等国采矿业为例的研究发现，实行合理的环境规制政策有助于提升产业的竞争力。[⑧]

一些以进入发展中国家 ODI 为对象的研究结果也验证了这一假说。例如，Birdsall 和 Wheeler 认为，相对严格的环境规制促使发展中国家企业进行技术创新和转型升级，因此，严格的环境规制会促进跨国企业 ODI

————————

① Mukherjee M A. "Environmental Regulation: An Incentive for Foreign Direct Invest-ment". *Review of International Economics*, 2011, (13): 568 – 578.

② Robert J R, Zhou Y. "Environmental Regulation Induced Foreign Direct Investment". *Environmental and Resource Economics*, 2012, 55 (1): 568 – 578.

③ Sanna-Randaccio F, Sestini R. "The Impact of Unilateral Climate Policy with Endogenous Plant Location and Market Size Asymmetry". *Review of International Economics*, 2012, 20 (3): 439 – 656.

④ Naughton H. "To Shut Down or to Shift: Multinationals and Environmental Regulation". *Ecological Economics*, 2014 (102): 113 – 117.

⑤ Copeland B R, Taylor M S. "Trade and Environment: Theory and Evidence". *Canadian Public Policy*, 2013, 6 (3): 339 – 365.

⑥ Bassem K, Anis O, Anissa C. "Environmental Regulations, Trade, and Foreign Direct from Gravity Equations". Department of Research, Ipag Business School, 2014 (189): 14 – 20.

⑦ Rexhauser S, Rammer C. "Environmental Innovations and Fim Profitability: Unmasking the Porter Hypothesis". *Environmental and Resource Economics*, 2014, 57 (4): 145 – 167.

⑧ Soderholm K, Soderholm P, Helenius H, et al. "Environmental Regulation and Competitiveness in the Mining Industry: Permitting Processes with Special Focus on Finland, Sweden and Russia". *Resources Policy*, 2015 (43): 130 – 142.

的进入。[1] 国内学者何正霞和许世春（2007）、姚志毅（2009）、贺文华等（2010）的研究发现，FDI 在中国虽然投资于污染密集行业的比重较大，但中国总体上并没有沦为"污染天堂"，相反，FDI 的流入减少了东部地区的污染。李怀政以中国东部沿海城市为例的研究发现，环境规制水平的提高会增强对 FDI 的吸引力。[2] 张中元和赵国庆、白嘉和韩先锋等的研究表明，中国各省份环境规制显著正向促进了外资的进入。[3] 廖进球和刘伟明发现，长期来看，趋严的环境规制会吸引更多的外资企业入驻。[4] 原毅军、谢荣辉以中国 1999—2013 年省级面板数据为例的研究发现，环境规制强度的增强会"筛选"FDI。[5] 邓慧慧和桑百川运用空间德宾模型对中国 75 个城市的实证分析结果显示，环境规制水平的提高促进了 FDI 的流入。[6]

有关中国 ODI 环境规制效应的研究较少，仅有以蒋伏心和王竹君为代表的学者认为，母国较严的环境规制会促使企业进行技术创新，从而增加中国企业的对外竞争力。[7]

（二）环境规制与 ODI 区位选择存在负相关性

很多研究验证了"污染天堂假说"，认为（东道国）相对宽松的环境规制（weaker environmental regulations）是影响污染产业区位选择的一个重要因素，环境规制与 ODI 区位选择存在负相关性。在早期研究中，Baumol 和 Oates（1988）通过建立模型实证分析得知，环境规制相对宽松的

---

① Birdsall N, Wheeler D. "Policy and Industrial Pollution in Latin America: Where Are the Pollution Havens?". *Journal of Environment and Development*, 1993 (2): 137 – 149.

② 李怀政:《环境规制、技术进步与出口贸易扩张——基于我国 28 个工业大类 VAR 模型的脉冲响应与方差分解》，载《国际贸易问题》2011 年第 12 期，第 130 – 137 页。

③ 张中元、赵国庆:《FDI、环境规制与技术进步——基于中国省级数据的实证分析》，载《数量经济技术经济研究》2012 年第 4 期，第 19 – 32 页。白嘉、韩先锋、宋文飞:《FDI 溢出效应、环境规制与双环节 R&D 创新——基于工业分行业的经验研究》，载《科学学与科学技术管理》2013 年第 1 期，第 56 – 66 页。

④ 廖进球、刘伟明:《波特假说、工具选择与地区技术进步》，载《经济问题探索》2013 年第 10 期，第 50 页、第 57 页。

⑤ 原毅军、谢荣辉:《环境规制与工业绿色生产率增长——对"强波特假说"的再检验》，载《中国软科学》2016 年第 7 期，第 144 页、第 154 页。

⑥ 邓慧慧、桑百川:《财政分权、环境规制与地方政府 FDI 竞争》，载《上海财经大学学报》2015 年第 3 期，第 79 – 88 页。

⑦ 蒋伏心、王竹君、白俊红:《环境规制对技术创新影响的双重效应——基于江苏制造业动态面板数据的实证研究》，载《中国工业经济》2013 年第 7 期，第 44 – 55 页。

东道国会促进跨国 ODI 流入，并且在转移生产的环节取得比较优势，由此可知，环境规制对 ODI 区位选择存在较为显著的负相关性。Long 和 Siebert 实证研究表明，东道国制定征收环境污染税的环境规制，将直接提高跨国企业的成本，从而导致跨国企业转移到环境规制相对宽松的东道国。[1] Markusen 和 Morey 在研究中使用局部均衡模型进行实证分析，认为当东道国环境污染的负面效应较低时，东道国将会制定降低环境税收的环境规制来吸引企业 ODI，由此可见环境规制与企业 ODI 选择存在负相关性。[2] List 和 Co 运用 Logit 模型研究发现 1986 年至 1993 年美国跨国企业 ODI 区位选择和环境规制存在显著负相关。[3] Becker 和 Henderson（2000）运用 1963—1992 年的工厂数据来研究环境管制对跨国企业厂址区位选择的影响。Greenstone（2001）分析 1967—1987 年美国环境规制对企业行为的影响。Xing 和 Kolstad 实证研究发现，东道国宽松的环境规制确实吸引了污染密集行业在美国的投资，但对清洁型行业的 FDI 影响甚微，根据结论可知，相对宽松的东道国环境规制水平和污染密集型行业的转移都是"污染天堂假说"理论成立的关键因素。[4] List、Millimet 和 Fredriksson（2003）运用 1980—1990 年纽约州县级的数据，验证了为应对环境法规，污染密集型工厂在某些地区产生的结论。Wei 通过对 534 家跨国企业的投资决策进行研究发现，污染密集程度越高的企业，越倾向于在环境规制较宽松的国家投资。[5] Raymond 通过对 OECD 国家的实证研究发现，跨国企业倾向于在环境规制更宽松的国家投资建厂。[6] Doukas 和 Lang 通过研究美国各州吸收 FDI 的数据发现，地区环境规制程度越严格，所吸引的 FDI 就会越少。[7] Kheder 和 Zugravu 通过模型实证研究发现，发达国家的环境

[1]　Long N V, Siebert H. "Institutional Competition versus Ex-Ante Harmonization: The Case of Environmental Policy". Kiel Working Papers, 1989, 18 (2): 26 – 27.

[2]　Markusen J R, Morey E R, Olewiler N. "Competition in Regional Environmental Policies When Plant Locations Are Endogenous". *Journal of Public Economics*, 1995, 56: 55 – 77.

[3]　List J A, Co C Y. "The Effects of Environmental Regulations on Foreign Direct Investment". *Journal of Environmental Economics and Management*, 2000, (40): 11.

[4]　Xing Y, Kolstad C D. "Do Lax Environmental Regulations Attract Foreign Investment?". *Environmental & Resource Economics*, 2002, 21 (1): 1 – 22.

[5]　Wei S J. "How Taxing is Corruption on International Investors?". *Review of Economic Journal*, 2005, 33 (4): 383 – 403.

[6]　Raymond M D. "A Panel Study of the Pollution Haven Hypothesis". *Global Economy Journal*, 2009, 9 (1): 1 – 12.

[7]　Doukas JA, Lany L H P. "Foreign Direct Investment, Diversification and Firm Performance". *Journal of International Business Studies*, 2003, 34 (20): 153 – 172.

规制显著抑制法国 ODI 区位选择，其 ODI 更倾向流向环境规制较宽松的发展中国家。[①] Dam 和 Scholtens 发现环境监管较宽松的东道国会吸引更多的高污染外资企业。[②] Chung 发现韩国 2000—2007 年 FDI 倾向于向环境管制较松的国家投资，而东道国在引进外资时会展开激烈的竞争，出现环境竞次效应。[③] Milliment 和 Roy 以地理溢出效应为基础的研究结果显示，美国环境政策收紧会阻碍污染型制造业 FDI 的流入。[④] Yoon 和 Heshmati 对 2009—2015 年韩国制造业的对外直接投资数据进行实证分析，研究结果表明亚洲东道国的环境规制越严苛，韩国的 ODI 越少。[⑤]

一些基于国际生产折中理论的实证研究也验证了 PHH，认为东道国环境规制的宽严程度属于区位优势的组成维度，决定了东道国吸引外资能力的大小。只有东道国环境规制优势明显时，才会吸引跨国企业的进入，包括环境规制在内的区位优势大小决定了 ODI 的流向。江珂基于国际生产折中理论认为，跨国企业 ODI 的区位选择需要先具备环境规制方面的区位优势。[⑥] 徐沛然（2016）认为环境规制较为宽松的国家将会成为环境规制相对严格的国家进行污染转移的"污染天堂"，作为区位优势的环境规制将会影响 ODI 的区位选择。

很多以外商在华投资为对象的研究结果也验证了 PHH 假说，如 Dean 等有关外商合资企业在华区位选择影响因素的研究[⑦]，验证了 PHH。傅京燕和李丽莎使用中国企业 FDI 省级面板数据进行实证发现，中国环境规制对比发达国家相对较低，中国已经成为部分发达国家转移污染密集型产业

① Kheder S B, Zugravu N. "Environmental Regulation and French Firms Location Abroad: An Economic Geography Model in an International Comparative Study". *Ecological Economics*, 2012, 77: 48 – 61.

② Dam L, Scholtens B. "The Curse of the Haven: The Impact of Multinational Enterprise on Environmental Regulation". *Ecological Economics*, 2012, 78: 148 – 156.

③ Chung S. "Environmental Regulation and Foreign Direct Investment: Evidence form South Korea". *Journal of Development Economics*, 2014 (108): 222 – 236.

④ Milliment D L, Roy J. "Empirical Tests of The Pollution Haven Hypothesis When Environmental Regulation Endogenous". *Journal of Applied Econometrics*, 2016 (31): 652 – 677.

⑤ Yoon H, Heshmati A. "Do Environmental Regulations Effect FDI Decisions? The Pollution Haven Hypothesis Revisited". *Social Science Electronic Publishing*, 2017 (2).

⑥ 江珂：《中国环境规制对外商直接投资的影响研究》，华中科技大学 2010 年博士学位论文。

⑦ Dean J M, Lovely M E, Wang H. "Are Foreign Investors Attracted to Weak Environmental Regulations? Evaluating the Evidence from China". *Journal of Development Economics*, 2009, 90 (1): 1 – 13.

的"污染天堂"。① 李斌和彭星等的实证结果显示，中国环境规制水平的提高显著抑制了外资的流入②；张鹏杨、李惠茹、林发勤（2016）也以外商在华直接投资的经验性研究结果验证了这一假说。史青发现，环境规制相对水平较低的国家可以吸引到更多跨国企业 ODI。③ 任力和黄崇杰通过研究国内外的环境规制对我国吸引外商直接投资的影响，发现环境规制与ODI 区位选择呈显著负相关。④

尽管近年来有关中国 ODI 区位选择的研究日益受到关注，但现有研究主要从投资动机、进入模式的视角进行，如陈岩、杨桓和张斌⑤，高鹏飞⑥，蒋冠宏和曾靓⑦等，较少关注东道国环境规制对中国 ODI 区位选择的影响效应，仅有为数不多的学者进行了探讨。邱强、王赛利用 2005—2016 年中国对亚太地区 17 个国家直接投资的面板数据，运用投资引力模型所做的回归结果表明，亚太国家环境规制对我国 ODI 具有显著的抑制作用，且中低等收入国家环境规制显著抑制了我国的 ODI，而中高等收入国家的环境规制的抑制效应并不显著。⑧ Dong 等通过测度东道国环境污染经济损失在 GNI（国民总收入）占比中的变化实证论证了"一带一路"沿线国家存在"污染天堂效应"⑨；Wheeler，温亚琴、杜军和鄢波的研究分别发现环境管制的"竞次"现象和"囚徒困境"的集体非理性行为，导致"一带一路"沿线国家倾向于通过环境污染的经济和社会损失来换

①　傅京燕、李丽莎：《FDI、环境规制与污染避难所效应——基于中国省级数据的经验分析》，载《公共管理学报》2010 年第 3 期，第 65 - 74 页。

②　李斌、彭星、陈柱华：《环境规制、FDI 与中国治污技术创新——基于省际动态面板数据的分析》，载《财经研究》2011 年第 10 期，第 92 - 102 页。

③　史青：《外商直接投资、环境规制与环境污染——基于政府廉洁度的视角》，载《财贸经济》2013 年第 1 期，第 93 - 103 页。

④　任力、黄崇杰：《国内外环境规制对中国出口贸易的影响》，载《世界经济》2015 年第 5 期，第 59 - 78 页。

⑤　陈岩、杨桓、张斌：《中国对外投资动因、制度调节与地区差异》，载《管理科学》2012 年第 3 期，第 112 - 120 页。

⑥　高鹏飞：《中国 OFDI 动因演变、多元特征与潜在挑战》，载《国际贸易》2019 年第 10 期，第 73 - 79 页。

⑦　蒋冠宏、曾靓：《融资约束与中国企业对外直接投资模式：跨国并购还是绿地投资》，载《财贸经济》2020 年第 2 期，第 132 - 145 页。

⑧　邱强、王赛、张统勋：《亚太国家环境规制对我国 ODI 的影响研究》，载《亚太经济》2018 年第 1 期，第 120 - 125 页。

⑨　Dong L，Yang X H，Li H T. "The Belt and Road Initiative and the 2030 Agenda for Sustainable Development：Seeking Linkages for Global Environmental Governance". *Chinese Journal of Population Resources and Environment*，2018（3）：203 - 210.

取外资对经济发展的促进效用。[①] 尹美群、盛磊、吴博基于 2010—2015 年中国对"一带一路"沿线国家数据构建了拓展的引力模型，验证了东道国制度环境对 ODI 区位选择的影响。[②] 余珮、彭歌以 2008—2015 年中国对美国 44 个州、14 个行业的 ODI 存量为样本，实证分析了美国环境规制强度对中国投资规模和区位的影响效应，认为美国各州环境规制强度的提升对中国资本的流入存在显著的抑制作用，尤其是在污染密集型行业。[③] 吴建祖、郑秋虾基于 2008—2017 年中国对 71 个"一带一路"沿线国家 ODI 面板数据所做的实证研究表明，东道国环境规制对中国 ODI 的资源寻求动因具有负向抑制效应，即东道国环境规制水平越高，自然资源禀赋对中国 ODI 的吸引力越弱。[④] 这些文献为本研究提供了学理基础。

（三）两者并不存在相关性

也有不少学者通过研究证明环境规制与 ODI 区位选择并不存在相关性。例如，Markusen 将环境规制变量引入 ODI 区位选择模型，结果发现跨国企业的 ODI 区位选择并不受东道国环境政策严苛程度的影响。[⑤] Bartik 基于 1972—1978 年世界 500 强企业在美国的 ODI 流量数据所做的实证结果表明，环境规制与企业建厂的区位选择并不存在显著的相关性。[⑥] Xu 基于 34 个样本东道国 1965 年至 1995 年间的面板数据所做的实证研究结果表明，当东道国提高环境规制水平时，污染密集型产业的竞争优势没有受到显著影响，由此可知环境规制的变化不会影响对外直接投资的区位选

---

① Wheeler D. "Racing to the Bottom? Foreign Investment and Air Pollution in Developing Countries". Policy Research Working Paper, 2001, 10（3）：225 – 245. 温亚琴、杜军、鄢波：《21 世纪海上丝绸之路背景下"囚徒困境"之破解——基于中印关系的博弈论视角》，载《当代经济》2018 年第 3 期，第 16 – 19 页。

② 尹美群、盛磊、吴博：《"一带一路"东道国要素禀赋、制度环境对中国对外经贸合作方式及区位选择的影响》，载《世界经济研究》2019 年第 1 期，第 81 – 92 页、第 136 – 137 页。

③ 余珮、彭歌：《环境规制强度与中国对美国直接投资的区位选择》，载《当代财经》2019 年第 11 期，第 3 – 13 页。

④ 吴建祖、郑秋虾：《东道国环境规制与中国对外直接投资动因——来自"一带一路"沿线国家的经验证据》，载《兰州大学学报（社会科学版）》2020 年第 4 期，第 49 – 59 页。

⑤ Markusen R. "Costly Pollution Abatement, Competitiveness and Plant Location Decisions". Resource and Energy Economics, 1997（19）：299 – 320.

⑥ Bartik T J. "The Effects of Environmental Regulation on Business Location in the United States". Growth and Change, 1998（9）：22 – 44.

择。① Jauorcik 和 Wei 在验证企业区位选择与东道国环境规制关系时加入东道国腐败程度变量，结果发现相关性较弱、回归结果不显著。② Keller 和 Levinson 发现美国各州污染治理成本对 FDI 的抑制效果并不显著。③ Buss 研究发现高污染企业的出口并没有因某些国家的环境管制宽松而流向"污染避难所"。④ Khan 等基于 1990 年至 2014 年美洲大陆数据所做的实证结果表明，美洲大陆不存在"污染避难所"现象。⑤

一些以发展中国家为 ODI 东道国的研究结果也验证了环境规制与 ODI 区位选择的不相关性。例如，Grossman 和 Krueger（1991）对墨西哥，Weeler（2002）对中国、古巴和墨西哥等东道国环境效应的研究。Eskeland 对墨西哥和委内瑞拉等发展中国家为样本国的实证检验发现，环境规制和对外直接投资不存在相关性。⑥ Grehter 和 Melo（2003）基于 1981—1998 年 52 个样本国污染密集型行业样本数据的实证检验结果表明，发展中国家没有成为发达国家转移污染密集型行业的"污染避难所"。⑦ Eskeland 和 Harrison 以进入墨西哥、委内瑞拉、摩洛哥等不同工业化模式国家的外商直接投资为样本的实证结果发现，环境规制与 ODI 区位选择并不具有显著的相关性。⑧ Kathuria 和 Vinish 基于印度 21 个洲 2002—2010 年的面板数据，构建并测度工业减排支出指数，结果发现"污染避难所"现象在印度不成立。⑨ 以中国引入 FDI 为样本的研究也验证了这两者之间

①　Xu X P. "International Trade and Environmental Policy：How Effective Is 'Eco-dumping'?". *Economic Modelling*，2000：17.

②　Javorcik B S，Wei S J. "Corruption and Foreign Direct Investment：Firm-Level Evidence". CEPR Discussion Papers，2001.

③　Keller W，Levinson A. "Pollution Abatement Costs and Foreign Direct Investment Inflows to U. S. States". *Review of Economics & Statistics*，2002，84（4）：691 – 703.

④　Buss J. "Trade，Environmental Regulations and the World Trade Organization：New Empirical Evidence". *Journal of International Economics*，2004，38（2）：285 – 306.

⑤　Khan H H，Khan O. "Income-FDI-Environmental Degradation Nexus for Developing Countries：A Panel Analysis of America Continent". MPRA Paper，2018（02）：65 – 68.

⑥　Eskeland G S. "Air Pollution Requires Multipollutant Analysis：The Case of Santiago，Chile". *American Journal of Agricultural Economics*，1997，79（5）：1636 – 1641.

⑦　Grether J M，De Melo J. "Globalization and Dirty Industries：Do Pollution Havens Matter?". CEPR Discussion Papers，2003.

⑧　Eskeland G S，Harrison A E. Moving to Greener Pastures? Multinationals and the Pollution Haven Hypothesis". *Journal of Development Economics*，2003，70（1）：1 – 23.

⑨　Kathuria，Vinish. "Does Environmental Governance Matter for Foreign Direct Investment? Testing the Pollution Haven Hypothesis for Indian States". *Asian Development Review*，2018，35（11）：81 – 107.

的不相关性。例如，吴玉鸣发现外商直接投资与中国环境规制之间并没有显著且稳定的相关性。[①] 周长富等的研究表明，在加入其他更多控制变量后，环境规制与中国外商直接投资的区位选择总体相关性并不显著[②]，并解释为中国在基础设施、劳动力成本、贸易成本等方面形成的比较优势，使得外资企业的收益增量超过了环境要素成本，因此，外资流入受中国环境规制水平的影响较小。王奇和蔡昕妤的研究显示，除来自新加坡和日本的 FDI 以外，外资区位选择与中国各省份环境规制之间的相关性不显著。[③] 申俊喜和卜燕指出，在中国，由于资源要素禀赋、消费市场规模、外资政策等多种有利因素对外资区位选择的影响程度更大，在某种程度上抵消了环境规制的负向抑制效应，因此，"污染避难所"在中国并不成立。[④]

三、文献评述

综上所述，有关环境规制对 ODI 区位选择影响的研究已成为学术界的热点前沿议题，国内外学者对发达国家 ODI 的环境规制效应做了较为深入的探讨，但没有形成一致结论。近年来，有关东道国环境规制对中国 ODI 的影响效应开始受到关注，相关研究呈现多维融合的趋势，但存在以下不足。

（1）研究视角不够多元。国内研究主要关注中国环境规制对外资区位选择的影响，而有关东道国环境对中国企业"走出去"区位选择影响的研究较少，有关中国在"一带一路"ODI 环境规制效应的研究更为鲜见。

（2）研究结果分歧较大。由于环境规制同时存在遵规成本效应和创新补偿效应正反两方面的作用，也基于研究视角、研究对象、样本与数据选取等方面的差异，现有实证研究结果表明，环境规制对 ODI 区位选择

① 吴玉鸣：《环境规制与外商直接投资因果关系的实证分析》，载《华东师范大学学报（哲学社会科学版）》2006 年第 1 期，第 107 – 111 页。

② 周长富、杜宇玮、彭安平：《环境规制是否影响了我国 FDI 的区位选择？——基于成本视角的实证研究》，载《世界经济研究》2016 年第 1 期，第 110 – 120 页。

③ 王奇、蔡昕妤：《环境规制对不同来源地 FDI 区位选择的影响——基于省级面板数据的研究》，载《财经论丛》2017 年第 2 期，第 104 – 113 页。

④ 申俊喜、卜燕：《环境规制对我国 FDI 就业效应的影响分析》，载《南大商学评论》2018 年第 1 期，第 24 – 43 页。

的影响效应存在一定的不确定性。导致以上结论分歧的原因，可能与 PHH 的实证验证存在着以下挑战有关：一是忽略了行业异质性。尽管以 Alief 和 Rezza 为代表的学者认为，行业是否是污染密集型、东道国是否是发展中国家，并不影响 PHH 的结论[①]，但大多数文献认为行业异质性会对 PHH 的适用性产生影响。例如，Erdogan 通过文献综述发现，很多实证研究并未支撑 PHH，但在某些特定的行业，如污染性行业和自然资源寻求型企业，"污染天堂效应"是存在的。[②] 二是关键解释变量的内涵界定与度量标准并不清晰，如"环境规制"的内涵界定尚未达成共识，其代理变量选择及度量标准也不清晰。三是发展中国家数据的可获得性差。例如，刘叶等发现，环境规制作为 FDI 环境效应的关键解释变量在统计上呈不显著性，可能源于环境规制的衡量指标存在缺陷。[③] 利用污染治理投资、主要污染物去除量等数据来衡量环境规制，是学者们目前普遍采用的方法。如何更加准确地衡量环境规制变量以提升实证分析的科学性的问题值得进一步研究与突破。

（3）传导机制有待厘清。鉴于现有研究结论存在较大分歧，有必要进一步厘清相关变量对 ODI 区位选择的影响机理。一方面，东道国环境规制会通过遵规成本、环境补贴、技术溢出等渠道对外资企业区位选择产生直接影响效应；另一方面，由于环境规制强度与一个地区的经济发展水平和技术水平密切相关[④]，东道国在经济发展水平、技术水平等区位特征方面的差异性也会对环境规制效应产生作用，继而改变环境规制强度对外资流入的约束程度[⑤]，这无疑为我们打开了现实可行的研究空间。

①　Rezza A A. "A Meta-Analysis of FDI and Environmental Regulations". *Environment and Development Economics*，2014（4）.

②　Erdogan A M. "Foreign Direct Investment and Environmental Regulations". *Journal of Economic Surveys*，2014（5）：943 – 955.

③　刘叶、贺培、林发勤：《中国外商直接投资环境效应实证研究的元分析》，载《国际贸易问题》2016 年第 11 期，第 132 – 142 页。

④　韩超、张伟广、郭启光：《环境规制实施的路径依赖——对中美环境规制形成与演化的比较分析》，载《天津社会科学》2016 年第 1 期，第 97 – 104 页。

⑤　余珮、彭歌：《环境规制强度与中国对美国直接投资的区位选择》，载《当代财经》2019 年第 11 期，第 3 – 13 页。

第四节　东道国环境规制效应的理论模型构建

近年来，随着中国 ODI 的迅猛发展，有关中国 ODI 区位选择的研究日益受到关注。其理论基础大多基于"污染天堂假说"进行，相关实证验证主要采取两种方法：一是利用环境政策强度数据，从宏观层面检验环境政策是否影响 ODI 流向，其中投资引力模型被广泛使用；二是建立 ODI 区位选择模型，从企业微观层面检验环境规制变量对跨国公司 ODI 区位选择的影响。有关中国 ODI 环境规制效应的研究也主要从两方面展开[①]：一是基于中国 ODI 的流量或存量数据，利用面板回归分析或是在引力模型的框架下考察 ODI 区位分布的决定机制，如蒋冠宏和蒋殿春（2012）；二是基于企业数据，利用 Logit 模型分析企业 ODI 的区位选择，如宗芳宇等（2012）、王永钦等（2014）。本研究引入投资引力模型，从宏观层面对中国 ODI 的环境规制效应进行分析。

一、投资引力模型及其应用

投资引力模型由国际贸易引力模型发展而来。20 世纪 60 年代，Tinbergen 首创运用贸易引力模型探讨国际贸易问题的先河[②]，根据牛顿万有引力公式构建了早期的贸易引力模型雏形 $M_{ij} = K(Y_i)^{a_1}(Y_j)^{a_2}/D_{ij}^{a_3}$。该模型认为两经济体间的相对经济规模、距离、边界等自然变量会影响国际贸易的规模[③]，即两国经济发展水平 Y_i 和 Y_j 越高，贸易流量 M_{ij} 则越高，而地理距离 D_{ij} 则会负向抑制贸易流量 M_{ij}。

继 Anderson（1979）使用贸易引力模型研究国际资本流动问题以

① 余壮雄、付利：《中国企业对外投资的区位选择：制度障碍与先行贸易》，载《国际贸易问题》2017 年第 11 期，第 115 - 126 页。

② Tinbergen J. "An Analysis of World Trade Flows in Shaping the World Economy". New York：Twentieth Century Fund，1962.

③ Eichengreen B，Tong H. "Is China's FDI Coming at the Expense of Other Countries?". *Journal of the Japanese & International Economies*，2007，21（2）：153 - 172.

后①，引力模型被广泛用于对外直接投资区位选择的研究领域。国外学者 Rajan 和 Hattari②、Morris 和 Jain③ 等，国内学者如陈岩等④、徐娟⑤、翟卉⑥及吉生保、李书慧、马淑娟⑦等纷纷引入投资引力模型对 ODI 相关问题进行实证检验。

随着研究的不断深入，越来越多的变量，如制度环境（包括环境规制）、治理体系、双边关系等被不断引入模型中，发展成为拓展的引力模型，对 ODI 区位选择更具有解释力，被广泛用于国际投资区位选择的研究。Chang⑧、Kahouli 和 Maktouf⑨、Neequaye 和 Oladi⑩ 等在投资引力模型中加入环境规制、贸易开放度、自然资源禀赋、市场投资规模等变量对外商直接投资区位选择进行实证研究。邱强和王赛在投资引力模型中加入了环境规制、经济发展水平、自然资源禀赋、基础设施建设、政府管理效率、地理距离等变量，就亚太国家环境规制对中国 ODI 影响效应展开实证研究。⑪ 钱进、王庭东等基于扩展的引力模型，运用 GMM 方法对东道国的制度作用于中国 ODI 区位选择的理论机理进行了实证验证。⑫

---

① Anderson J E. "A Theoretical Foundation for the Gravity Equation". *American Economic Review*，1979，69（1）：106 – 116.

② Rajan R，Hattari R. "What Explains Intra-Asian FDI Flows：Do Distance and Trade Matter?". *Economics Bulletin*，2009，29（1）：122 – 128.

③ Morris S，Jain P. "Empirical Study on Inter-country OFDI". MPRA Working Paper，No. 56194，2014.

④ 陈岩、翟瑞瑞、郭牛森：《基于多元距离视角的中国对外直接投资决定因素研究》，载《系统工程理论与实践》2014 年第 11 期，第 2760 – 2771 页。

⑤ 徐娟：《基于引力模型的中国—东盟自由贸易区贸易效应研究》，南京大学 2016 年硕士学位论文。

⑥ 翟卉：《中国对"一带一路"国家直接投资影响因素及投资潜力》，载《对外经贸》2016 年第 9 期。

⑦ 吉生保、李书慧、马淑娟：《中国对"一带一路"国家 ODI 的多维距离影响研究》，载《世界经济研究》2018 年第 1 期，第 98 – 111 页。

⑧ Chang S C. "The Determinants and Motivations of China's Outward Foreign Direct Investment：A Spatial Gravity Model Approach". *Global Economic Review*，2014，43（3）：244 – 268.

⑨ Kahouli B，Maktouf S. The Determinants of FDI and the Impact of the Economic Crisis on the Implementation of RTAs：A Static and Dynamic Gravity Model". *International Business Review*，2015，24（3）：518 – 529.

⑩ Neequaye N A，Oladi R. "Environment，Growth，and FDI Revisited". *International Review of Economics & Finance*，2015，39：47 – 56.

⑪ 邱强、王赛、张统勋：《亚太国家环境规制对我国 ODI 的影响研究》，载《亚太经济》2018 年第 1 期，第 120 – 125 页。

⑫ 钱进、王庭东：《"一带一路"倡议、东道国制度与中国的对外直接投资——基于动态面板数据 GMM 的经验考量》，载《国际贸易问题》2019 年第 3 期，第 101 – 114 页。

有鉴于此，本书选取投资引力模型作为本章实证研究的建模依据，主要验证东道国的环境规制是否影响了中国 ODI 的区位选择，中国在"一带一路"的 ODI 区位选择是否存在污染天堂效应，还有哪些其他变量会影响中国 ODI 的区位选择。

二、东道国环境规制效应模型的构建

本研究借鉴张友棠和杨柳[1]、刘玉博和吴万宗[2]等学者的投资引力模型构建思路，选取 ODI 存量作为被解释变量区位选择的代理变量，东道国环境规制水平（EPI 为其代理变量）作为核心解释变量；选取其他可能影响中国 ODI 区位选择的变量为控制变量，包括东道国对外开放的程度、经济发展水平、基础设施水平、自然资源禀赋、市场规模及两国之间的地理距离。由于模型中部分变量的数据相对较大，为了使数据相对平稳，也为了减弱模型的共线性和异方差性，对部分变量取自然对数，最终选取的理论模型如式 5 - 1 所示。

$$\ln ODI_{it} = a_0 + a_1 \ln EPI_{it} + a_2 RGDP_{it} + a_3 \ln OPEN_{it} + a_4 INF_{it} +$$
$$a_5 RES_{it} + a_6 \ln GDP_{it} + a_7 \ln DIS_i + e_0 \qquad\text{（式 5 - 1）}$$

式 5 - 1 中 i 代表"一带一路"沿线的 58 个东道国[3]；t 代表年份，范围在 2007—2016 年；被解释变量 ODI_{it} 代表中国 t 年在 i 国的 ODI 存量。核心解释变量 EPI_{it} 是环境规制的代理变量，代表 i 国在 t 年的环境绩效指数。控制变量 $OPEN_{it}$、$RGDP_{it}$、INF_{it}、RES_{it}、GDP_{it} 分别代表 i 国在 t 年的对外开放程度、经济发展水平、基础设施水平、自然资源禀赋和经济规模，而 DIS_i 代表中国和 i 国首都间的直线地理距离。a_0 为常数项，a_1、a_2、a_3、a_4、a_5、a_6 为待估参数，e_0 为随机扰动项。

① 张友棠、杨柳：《"一带一路"国家税收竞争力与中国对外直接投资》，载《国际贸易问题》2018 年第 3 期，第 85 - 99 页。

② 刘玉博、吴万宗：《中国 ODI 与东道国环境质量：影响机制与实证检验》，载《财贸经济》2017 年第 1 期，第 99 - 114 页。

③ 基于数据的可获得性，从"一带一路"沿线 65 个国家中最终选取 58 个样本国。

三、变量定义与测量

(一) 变量定义

1. 被解释变量

区位选择的代理变量一般使用 ODI 存量或流量指标。鉴于中国对外直接投资流量数据存在不稳定性，有的年份可能出现 0 或负值，借鉴张友棠和杨柳、袁其刚等的做法[①]，本研究最终选取 ODI 存量指标作为区位选择的代理变量，数据来源于历年《中国对外直接投资统计公报》，并进行 2010 年美元不变价处理，以消除价格因素的影响。因为数值相对较大，为了消除异方差，采取对数处理。

2. 解释变量

环境规制作为影响中国企业海外区位选择的关键因素[②]，是本研究的核心解释变量。借鉴 Bazillier 等 (2013) 的做法，本研究选取 EPI 作为环境规制的代理变量。该指数由耶鲁大学与哥伦比亚大学联合编制，分数越高说明一国的环境规制水平越严格。为了消除异方差，采取对数处理。

3. 控制变量

在控制变量的选取方面，从四个构面——制度变量 (贸易开放度 OPEN)、市场变量 (经济发展水平 RGDP 和市场规模 GDP)、资源变量 (基础设施水平 INF 和自然资源禀赋 RES) 和距离变量 (地理距离 DIS) 对可能影响区位选择的变量进行测度。

(1) 贸易开放度 (OPEN)。很多研究都证明了贸易壁垒会增加投资的交易成本，东道国的开放越高，越方便外资企业了解其政治法律环境，从而对投资企业的吸引力就越大。[③] 王金波基于 2005—2016 年中国企业对外直接投资的面板数据所做的实证研究结果表明，东道国外资开放度与

①　张友棠、杨柳：《"一带一路"国家税收竞争力与中国对外直接投资》，载《国际贸易问题》2018 年第 3 期，第 85 - 99 页。袁其刚、部晨、闫世玲：《非洲政府治理水平与中国企业 ODI 的区位选择》，载《世界经济研究》2018 年第 10 期，第 121 - 134 页、第 137 页。

②　邱强、王赛、张统勋：《亚太国家环境规制对我国 ODI 的影响研究》，载《亚太经济》2018 年第 1 期，第 120 - 125 页。

③　Stoiana C，Filippaios F. "Dunning's Eclectic Paradigm：A Holistic，Yet Context Specific Framework for Analysing the Determinants of Outward FDI：Evidence from International Greek Investments"．*International Business Review*，2008，17 (3)：349 - 367.

中国对外直接投资的流入有着显著的正向关系。[①] 因此，本研究选取货物和服务的进出口额占国民生产总值的比值来衡量贸易开放度。

（2）经济发展水平（RGDP）。很多研究都论证了东道国经济发展水平会影响外资投资规模与区位选择，大多数研究表明，东道国经济发展水平与跨国企业 ODI 区位选择之间为正相关关系[②]，中国 ODI 倾向于流向人均 GDP 较高的经济体[③]，"一带一路"沿线国家较高的经济发展水平有利于吸引中国的对外直接投资。[④] 但也有以闫雪凌、林建浩为代表的研究表明，中国 ODI 与东道国经济水平相关系数显著为负，表明中国 ODI 更多地流向经济发展水平较低的国家和地区。[⑤] 这些国家和地区多为新兴发展中国家，具有更多的投资机会，资金需求也更大。基于此，本研究选取东道国人均 GDP 来衡量其经济发展水平，以 2010 年美元不变价表示。为了消除异方差，采取对数处理。

（3）经济规模（GDP）。多数学者用东道国国内生产总值作为经济规模的代理变量，认为东道国经济规模越大，越能吸引市场寻求型 ODI 流入（Chou et al.，2011）。本研究借鉴岳咬兴和范涛，尹美群、盛磊和吴博的做法[⑥]，选取 GDP 的自然对数作为经济规模的代理变量。

（4）基础设施水平（INF）。东道国的基础设施水平越好，吸引企业 ODI 的能力越强。本研究借鉴袁其刚等的做法，选取东道国每百人互联网用户数数量的占比，来衡量东道国的基础设施水平。[⑦]

（5）自然资源禀赋（RES）。有些学者采取东道国的金属、燃料和矿

① 王金波：《制度距离、文化差异与中国企业对外直接投资的区位选择》，载《亚太经济》2019 年第 2 期，第 83－90 页。

② 蒋冠宏、蒋殿春：《中国对发展中国家的投资——东道国制度重要吗?》，载《管理世界》2012 年第 11 期，第 45－56 页。

③ 王永钦、杜巨澜、王凯：《中国对外直接投资（ODI）区位选择的决定因素：制度、税负和资源禀赋》，载《经济研究》2014 年第 12 期，第 126－142 页。

④ 张友棠、杨柳：《"一带一路"国家税收竞争力与中国对外直接投资》，载《国际贸易问题》2018 年第 3 期，第 85－99 页。

⑤ 闫雪凌、林建浩：《领导人访问与中国对外直接投资》，载《世界经济》2019 年第 2 期，第 147－169 页。

⑥ 岳咬兴、范涛：《制度环境与中国对亚洲直接投资区位分布》，载《财贸经济》2014 年第 6 期，第 69－78 页。尹美群、盛磊、吴博：《"一带一路"东道国要素禀赋、制度环境对中国对外经贸合作方式及区位选择的影响》，载《世界经济研究》2019 年第 1 期，第 81－92 页、第 136－137 页。

⑦ 袁其刚、郜晨、闫世玲：《非洲政府治理水平与中国企业 ODI 的区位选择》，载《世界经济研究》2018 年第 10 期，第 121－134 页、第 137 页。

石的出口额占商品出口总额的比重来反映东道国的自然资源禀赋状况，如陈初昇和刘晓丹[1]，尹美群、盛磊和吴博等。本研究借鉴袁其刚等的做法，采用东道国自然资源租金总额占 GDP 的比例来衡量自然资源禀赋。[2]

（6）地理距离（DIS）。是引力模型中最基础的解释变量，很多研究都论证了以距离为代表的异质性是影响跨国经济交流的重要因素。[3] 大多数实证研究都证明，东道国与母国的地理距离越远、运输成本越高，东道国信息的获取成本也越高，导致母国对外投资的管理、控制和监督难度增加，从而抑制母国在该国的投资。[4] 彭冬冬、林红基于 2005—2015 年中国对"一带一路"沿线国家的实证研究结果显示，地理距离的估计系数显著为负，意味着中国企业在选择 ODI 的区位时偏向于距离中国更近的国家。[5] 邱玉娜、由林青通过拓展经典的引力模型所做的实证分析结果表明东道国与中国的地理距离是影响投资规模的重要因素。[6] 王晓颖也论证了双边距离与 ODI 呈现显著的负相关系，即中国更倾向于向地理距离较近的国家投资。[7] 张友棠、杨柳研究表明，中国在"一带一路"的 ODI 与距离成本的回归系数为负。[8] 闫雪凌、林建浩实证结果表明地理距离与中国 ODI 的回归系数显著为负，说明地理距离越远，信息不对称的程度越高，交易成本和投资风险也越高。[9] 但也有学者认为，正是因为地理距离

① 陈初昇、刘晓丹、衣长军：《海外华商网络、东道国制度环境对中国 OFDI 的影响——基于"一带一路"研究视角》，载《福建师范大学学报（哲学社会科学版）》2017 年第 1 期，第 84－91 页、第 174 页。

② 袁其刚、鄁晨、闫世玲：《非洲政府治理水平与中国企业 ODI 的区位选择》，载《世界经济研究》2018 年第 10 期，第 121－134 页、第 137 页。

③ 李文宇、刘洪铎：《多维距离视角下的"一带一路"构建——空间、经济、文化与制度》，载《国际经贸探索》2016 年第 6 期，第 99－112 页。

④ Rajan R，Hattari R. "What Explains Intra-Asian FDI Flows：Do Distance and Trade Matter?". *Economics Bulletin*，2009，29（1）：122－128. Morris S，Jain P. "Empirical Study on Intercountry OFDI". MPRA Working Paper，No. 56194，2014.

⑤ 彭冬冬、林红：《不同投资动因下东道国制度质量与中国对外直接投资——基于"一带一路"沿线国家数据的实证研究》，载《亚太经济》2018 年第 2 期，第 95－102 页、第 151 页。

⑥ 邱玉娜、由林青：《中国对一带一路国家的投资动因、距离因素与区位选择》，载《中国软科学》2018 年第 2 期，第 168－176 页。

⑦ 王晓颖：《东道国自然资源禀赋、制度禀赋与中国对 ASEAN 直接投资》，载《世界经济研究》2018 年第 8 期，第 123－134 页、第 137 页。

⑧ 张友棠、杨柳：《"一带一路"国家税收竞争力与中国对外直接投资》，载《国际贸易问题》2018 年第 3 期，第 85－99 页。

⑨ 闫雪凌、林建浩：《领导人访问与中国对外直接投资》，载《世界经济》2019 年第 2 期，第 147－169 页。

给国际贸易带来了较高的运输成本，从而促进了企业的对外直接投资。[①]
地理距离的回归系数在模型中方向不一，说明在全球化投资的格局下，地理距离这一投资的冰山成本已不再是阻碍中国对外直接投资的决定因素。[②] 本研究参考邱强的做法，取用CEPII数据库东道国与中国首都间的直线距离（dist）来衡量企业对外直接投资的冰山成本。[③] 因为数值相对较大，为了消除异方差，对数据采取对数处理。

（二）样本选择与数据来源

基于"一带一路"的战略定位和数据的可获得性，本研究选取58个具有代表性的"一带一路"沿线国家作为样本，时间序列跨度为2007—2016年。表5.2对各变量名称、类型、实证结果预计符号及数据来源进行了阐述。

表5.2中核心解释变量为东道国环境规制，选取环境绩效指数作为代理变量，数据来源于由耶鲁大学环境法律与政策中心（YCELP）与哥伦比亚大学国际地球科学信息网络中心（CIESIN）联合编制的EPI指数。该指数至今已推出了八个版本的评价体系：2006EPI、2008EPI、2010EPI、2012EPI、2014EPI、2016EPI、2018EPI和2020EPI。由于全球对环境问题的关注点在不断变化，历次EPI评估体系也在不断创新与改进，不断引入新的数据集、评估指标，调整权重赋值方法。评估方法的变化意味着不同版本之间的EPI评分具有不可比性[④]，因此，不宜将不同版本的EPI得分汇总进行时间序列数据的分析。目前仅有2014年和2016年版的EPI进行了时间序列的回溯计算，基于变量数据的可收集性和完整性。本研究使用了2016版EPI中2007—2016年的时间序列数据，该时间跨度总体较为合理，正是我国企业ODI高速发展的阶段。

---

① Krautheim S. "Export-Supporting FDI". *Canadian Journal of Economics*，2013，46（4）：1571–1605.

② 王金波：《制度距离、文化差异与中国企业对外直接投资的区位选择》，载《亚太经济》2019年第2期，第83–90页。

③ 邱强、王赛、张统勖：《亚太国家环境规制对我国OFDI的影响研究》，载《亚太经济》2018年第1期，第120–125页。

④ 郝春旭、邵超峰、董战峰等：《2020年全球环境绩效指数报告分析》，载《环境保护》2020年第16期，第68–72页。

表5.2　主要变量的含义

变量类型	变量名称	变量测量单位	预计符号	数据来源
被解释变量	ODI 区位选择（ODI）	万美元	—	中华人民共和国国家统计局
解释变量	东道国环境规制（EPI）	无	–	耶鲁大学环境法律与政策中心与哥伦比亚大学国际地球科学信息网络中心联合编制的 EPI 指数
解释变量	东道国贸易开放度（OPEN）	%	+	—
解释变量	东道国经济发展水平（RGDP）	百万美元	+	—
控制变量	东道国经济规模（GDP）	百万美元	+	世界银行发展指标数据库
控制变量	东道国基础设施水平（INF）	%	+	—
控制变量	东道国自然资源禀赋（RES）	%	+	—
控制变量	东道国地理距离（DIS）	公里	–	CEPII 数据库

（三）描述性统计分析

本研究用 Stata 15.0 进行描述性统计分析。由统计结果可以看出，被解释变量 ln ODI 最小值为 2.996，最大值为 14.150，说明投资规模取对数后仍有较大差异，证实了中国对沿线国家的 ODI 区位选择存在较大国别差异。核心解释变量 ln EPI 平均值为 2.351，最大值达到 4.488，说明东道国环境规制存在较大的差异。在控制变量中，东道国 GDP、人均 GDP 的极差波动范围也比较大，反映了沿线东道国经济规模和经济发展水平也是影响我国对沿线国家 ODI 区位选择的重要因素。由表 5.3 可见，样本的离散程度相对分散，适合进一步的实证分析。

表5.3　变量描述统计

变量	Obs	Std. Dev.	min	max	mean 均值
ln ODI	580	2.466	2.996	14.150	4.296
ln EPI	580	0.201	3.531	4.488	2.351
OPEN	580	0.390	0.167	2.053	0.565
ln GDP	580	1.434	12.976	19.323	9.075
ln RGDP	580	1.792	5.141	12.170	4.128
INF	580	0.261	0.002	0.943	0.326
RES	580	0.134	0.001	0.608	0.172
ln DIS	580	0.443	7.067	9.379	4.521

资料来源：笔者使用 Stata 15.0 计算得出。

第五节　实证检验

一、研究方法

面板数据的优点是可以对个体行为的动态进行建模（陈强，2010）。由于惯性部分的调整作用，个体的当前行为取决于过去行为，比如本研究中的被解释变量对外直接投资存量具有一定的长期性，东道国环境规制对 ODI 的影响效应具有一定的黏性，ODI 区位选择会受到上一期环境规制强度的影响，因此有必要考虑被解释变量的滞后项。此外，一些解释变量如环境规制等也许会受到其他变量的影响而具有内生性。我们的模型中还可能遗漏其他解释变量，这些遗漏的解释变量会使扰动项与控制变量产生相关性。

本研究借鉴陈媛媛[①]、曾慧[②]、王旭等[③]的做法，采用允许解释变量内生和异方差存在的 GMM 进行回归。GMM 的常用估计方法包括系统 GMM 和差分 GMM，这两种方法都可以解决扰动项相关引起的内生性问题。差分 GMM 用滞后项作为差分的工具变量，可能存在弱工具变量问题，尤其是当被解释变量具有很强的持续性时，差分的值几乎为 0，滞后项与差分的相关性较弱，这样的工具变量就成了弱工具变量，而系统 GMM 能够避免这个问题。系统 GMM 最早由 Blundell 和 Bond 创建，将水平 GMM 方法与差分 GMM 方法相互结合，当作一个系统去进行 GMM 估计。系统 GMM 方法的优点在于可以提高估计的效率，并且可以估计不随时间变化的变量系数。[④]

考虑到 ODI 与环境、经济增长等变量可能是内生的，在估计中亦使用解释变量的滞后项，为了更好地克服变量内生性对模型结果的影响，本研究参考张友棠和杨柳（2018）的实证做法，采用系统 GMM 动态面板模型，以解释变量的滞后一期变量 ln EPI_lag 作为核心解释变量，调整后的模型设置为式 5 - 2。

$$\ln OFDI_{it} = a_0 + a_1 \ln EPI\_lag_{it} + a_2 OPEN_{it} + a_3 \ln RGDP_{it} + a_4 INF_{it}$$
$$+ a_5 RES_{it} + a_6 \ln GDP_{it} + a_7 \ln DIS_i + e_0 \qquad （式5 - 2）$$

二、动态面板回归分析

表5.4 的实证检验结果表明，模型中各变量的 VIF 值都远小于 10，且 VIF 均值只有 1.54，说明本研究中各变量间不存在多重共线性关系。

①　陈媛媛：《东道国腐败、FDI 与环境污染》，载《世界经济研究》2016 年第 10 期，第 125 - 134 页。

②　曾慧：《外商直接投资环境效应及区域差异研究——基于面板模型的实证分析》，载《国际商务研究》2016 年第 2 期，第 87 - 96 页。

③　王旭、方虹、彭博：《对外直接投资、主权信用与投资风险——基于国别样本的动态面板分析》，载《国际贸易问题》2017 年第 10 期，第 153 - 162 页。

④　陈强：《高级计量经济学及 Stata 应用》，高等教育出版社 2010 年版。

表5.4 多重共线性检验

变量	VIF	1/VIF
ln EPI_lag	2.18	0.4591
INF	2.28	0.4385
OPEN	1.77	0.5640
ln GDP	1.19	0.8420
ln DIS	1.17	0.529
ln RGDP	1.13	0.8881
RES	1.03	0.9687
mean VIF	1.54	—

资料来源：作者使用 Stata 15.0 计算得出。

在系统 GMM 估计方法下所做的扰动项一阶和二阶序列相关检验回归结果显示（见表5.5），$AR(1)$ 的 p 值均小于 0.05，表明存在一阶序列相关；$AR(2)$ 的值均大于 0.1，说明不存在二阶序列相关，可以接受原假设扰动项 $\{e_0\}$ 无自相关；过度识别检验 Sargan 检验的结果表明，括号中的值均大于 0.1，表明可以在 5% 的显著性水平上接受"所有工具变量都有效的"原假设，这表明对修正的模型式 5–2 可以进行系统的 GMM 估计。

（一）全样本回归分析

将核心解释变量和控制变量对被解释变量 ODI 逐一进行面板回归，对得到的全样本回归结果（见表5.5）具体阐述如下。

列（1）环境规制（EPI）对 ODI 存量的回归结果表明，东道国滞后一期的环境规制变量与 ODI 存量的回归系数为 –0.39、显著负相关，说明东道国环境绩效水平越高，环境规制越严格，中国流向该国的 ODI 越少，东道国环境规制对中国 ODI 区位选择起到了负向的抑制作用。由于目前回归系数偏低，需要加入更多控制变量进一步验证其回归结果的稳定性。

表5.5 全样本回归分析

变量	(1)	(2)	(3)	(4)	(5)	(6)	(7)
ln EPI_lag	− 0. 3902 ***	− 2. 4241 ***	− 3. 0589 ***	− 2. 7460 ***	− 2. 3878 ***	− 2. 2001 ***	− 2. 3697 ***
	(0. 0763)	(0. 3396)	(0. 3019)	(0. 2893)	(0. 3806)	(0. 4464)	(0. 4600)
ln GDP	—	0. 5353 ***	0. 6052 ***	0. 4787 ***	0. 4856 ***	0. 4967 ***	0. 5297 ***
		(0. 0552)	(0. 0554)	(0. 0590)	(0. 0582)	(0. 05855)	(0. 0620)
INF	—	—	0. 3176 ***	0. 6240 ***	0. 7697 ***	0. 8612 ***	0. 9661 ***
			(0. 1007)	(0. 0961)	(0. 1213)	(0. 1208)	(0. 1224)
RES	—	—	—	0. 9382 ***	0. 8974 ***	0. 9601 ***	0. 9010 ***
				(0. 1269)	(0. 1031)	(0. 1088)	(0. 1110)
ln DIS	—	—	—	—	− 0. 9614 ***	− 0. 8977 ***	− 0. 9248 ***
					(0. 2548)	(0. 2854)	(0. 2800)
ln RGDP	—	—	—	—	—	− 0. 0586 ***	− 0. 0837 ***
						(0. 0214)	(0. 0263)
OPEN	—	—	—	—	—	—	0. 1892 **
							(0. 0907)
Constant	2. 6846 ***	3. 2621 ***	5. 0385 ***	5. 5050 ***	12. 3501 ***	11. 3042 ***	11. 8340 ***
	(0. 3411)	(0. 7458)	(0. 6243)	(0. 6644)	(1. 6606)	(1. 7659)	(1. 7399)
N	580	580	580	580	580	580	580
AR(1)	− 4. 1380 ***	− 4. 1065 ***	− 4. 1042 ***	− 4. 1440 ***	− 4. 0558 ***	− 4. 0725 ***	− 4. 0582 ***
AR(2)	0. 3511	0. 3792	0. 3810	0. 4311	0. 4304	0. 4327	0. 4523
Sargan	44. 6598	47. 2834	48. 3659	49. 3388	47. 5041	48. 4819	48. 1387
	(0. 4019)	(0. 3020)	(0. 2652)	(0. 2346)	(0. 2584)	(0. 2279)	(0. 2383)

注：各变量小括号内数据为标准误；*、**、*** 分别表示变量系数通过了 10% 、5% 、1% 的显著性检验；N 表示样本观测值个数；AR(1) 为一阶扰动项的 p 值，AR(2) 为二阶扰动项的 p 值，Sargan 小括号内代表过度检验的 p 值。

接下来依次将东道国经济规模（GDP）、基础设施（INF）、自然资源禀赋（RES）、地理距离（DIS）、经济发展水平（RGDP）、贸易开放度（OPEN）加入面板回归模型中。表5.5 列（2）是加入了控制变量经济规模后的回归结果，所得回归系数为 0.54，说明东道国经济规模对中国 ODI

的区位选择具有显著正向促进效应。列（3）基础设施水平的回归系数是
0.32，列（4）东道国自然资源禀赋的回归系数为 0.94，说明东道国的基
础设施水平和自然资源禀赋与中国企业 ODI 规模具有显著的正相关关系，
且自然资源的回归系数最高，意味着中国 ODI 的资源寻求型动因最明显。
列（5）是加入地理距离后的回归结果，显示中国 ODI 区位选择与两国间
地理距离显著负相关。列（6）加入了经济发展水平后的回归系数
为 -0.06，意味着东道国经济发展水平对中国 ODI 的区位选择的负向抑
制效应并不大，这或许是因为随着经济发展水平的提高，东道国更有能力
生产替代产品，从而降低了对外资的依赖度；或许是因为人均收入的增加
导致东道国需求结构改变，从而抑制了对中国 ODI 的需求。列（7）加入
了贸易开放度后的回归系数为 0.19，说明东道国的贸易开放度对中国 ODI
具有正向促进效应。

综上，除经济发展水平的回归系数和预期符号有所偏差以外，其他变
量的显著性检验结果都较好，回归系数的符号和预期基本保持一致。

表 5.5 列（1）至列（7）中环境规制与我国 ODI 存量之间的回归系
数皆显著为负，且加入控制变量后的回归系数都在 -2.2 ～ -3.0 之间，
说明东道国环境规制对中国企业 ODI 区位选择始终具有显著的负向抑制
作用。

（二）分样本回归分析

按照全球环境绩效指数的均值将 58 个样本国分为两组进行分样本回
归，所得回归结果如表 5.6 所示。两个样本组中环境规制与中国 ODI 始
终为显著负相关性关系，且变量系数符号也与预估结果一致。

但当东道国的环境规制水平低于平均值时，样本组 1 可见回归系数为
-3.0248，更高的东道国环境规制水平会显著负向抑制中国 ODI 的区位
选择；而这一负向抑制效应在高均值样本组 2 有所降低，回归系数仅为
-0.7391。这可能因为，环境规制较低的国家通常属于中、低收入国家，
其环境规制相对宽松，也是中国企业在"一带一路"的主要目标国，中
国企业在这些东道国的 ODI 具有较强的资源寻求特征，因而环境规制水
平的提升对中国 ODI 的影响更大；而环境规制水平较高的通常是高收入
或中高收入国家，其环境规制更严苛且呈现出一定的稳定性，中国 ODI
大多以战略导向型为主，因此受环境规制变动影响小。这一结论支撑了吴
建祖、郑秋虾的观点，他们基于 2008—2017 年中国对"一带一路"沿线
71 个东道国的实证结果表明，东道国的环境规制会降低中国在"一带一

路"沿线国家 ODI 的自然资源寻求动因（从而对中国 ODI 产生负向抑制效应），且东道国的环境规制水平越高，东道国的自然资源禀赋对中国 ODI 的吸引力越弱（这一负向抑制效应明显）。[1]

表5.6　分样本回归分析

变量	≤EPI 均值的样本组 1	>EPI 均值的样本组 2	变量	≤EPI 均值的样本组 1	>EPI 均值的样本组 2
ln EPI_lag	- 3. 0248 *** (1. 0525)	- 0. 7391 * (0. 9310)	OPEN	1. 2611 *** (0. 1875)	0. 1249 (0. 2376)
ln GDP	0. 8905 *** (0. 2499)	0. 3531 *** (0. 0859)	Constant	11. 3021 *** (0. 6442)	6. 4806 *** (0. 6481)
INF	0. 7384 * (0. 5470)	1. 6756 *** (0. 2026)	N	270	310
RES	1. 0030 ** (0. 4895)	2. 2096 *** (0. 6346)	AR(1)	- 2. 4198 ***	- 3. 1587 ***
ln DIS	- 1. 2765 ** (0. 5627)	- 0. 4389 * (0. 6460)	AR(2)	0. 4332	0. 1329
ln RGDP	0. 0056 ** (0. 1051)	- 0. 3717 *** (0. 0508)	Sargan	20. 5787 (0. 9978)	23. 8013 (0. 9893)

注：各变量小括号内数据为标准误；＊、＊＊、＊＊＊分别表示变量系数通过了 10%、5%、1% 的显著性检验；N 表示样本观测值个数；$AR(1)$ 为一阶扰动项的 p 值，$AR(2)$ 为二阶扰动项的 p 值，Sargan 小括号内代表过度检验的 p 值。

三、稳健性检验

由表5.7 结果可知，使用两国间双边距离替代原模型中首都间距离后，各变量仍然具有较好的显著性，预期符号也均没有发生改变，由此可见稳健性较好。

---

[1]　吴建祖、郑秋虾：《东道国环境规制与中国对外直接投资动因——来自"一带一路"沿线国家的经验证据》，载《兰州大学学报（社会科学版）》2020 年第 4 期，第 49 - 59 页。

表 5.7 稳健性检验

变量	(1)首都距离	(2)双边距离	变量	(1)首都距离	(2)双边距离
ln EPI_lag	− 2. 3697 ***(0. 4600)	− 2. 3613 ***(0. 4602)	OPEN	0. 1892 **(0. 0907)	0. 1909 ***(0. 0881)
ln GDP	0. 5297 ***(0. 0620)	0. 5219 ***(0. 0658)	Constant	11. 8340 ***(1. 7399)	11. 0890 ***(0. 6442)
INF	0. 9661 ***(0. 1224)	0. 9569 ***(0. 1214)	N	580	580
RES	0. 9010 ***(0. 1110)	0. 8663 ***(0. 1094)	AR(1)	− 4. 0582 ***	− 4. 0574 ***
ln DIS	− 0. 9248 ***(0. 2800)	− 0. 8269 ***(0. 2346)	AR(2)	0. 4523	0. 4489
ln RGDP	− 0. 0837 ***(0. 0263)	− 0. 0857 ***(0. 0251)	Sargan	48. 1387(0. 2383)	48. 0971(0. 2396)

注：各变量小括号内数据为标准误；∗、∗∗、∗∗∗ 分别表示变量系数通过了 10%、5%、1% 的显著性检验；N 表示样本观测值个数；$AR(1)$ 为一阶扰动项的 p 值，$AR(2)$ 为二阶扰动项的 p 值，$Sargan$ 小括号内代表过度检验的 p 值。

第六节 研究结论及政策启示

一、研究结论

本章基于 2007—2016 年中国在"一带一路"58 个东道国的面板数据，运用拓展的投资引力模型，对环境规制作用于中国 ODI 区位选择的影响效应进行了系统 GMM 回归分析，研究结果表明了以下几点。

（1）无论在全样本回归还是分样本回归中，核心解释变量环境规制对中国 ODI 的区位选择都起到显著的负向抑制作用，即东道国的环境规制水平越宽松，中国流向该国的 ODI 存量越多；反之，东道国环境规制水平越严格，则该国吸引中国 ODI 的能力则相对较弱。本研究与邱强和王赛的研究结论一致，他们认为亚太国家环境规制对中国 ODI 具有显著的抑制作用①；也论证了 Dong 等（2018）的观点，即"一带一路"沿线国家存在"污染天堂效应"。②

（2）结合中国 ODI 动因，可以更好地解释其行为特征。当东道国环境规制水平提高时，为适应新的环境规制要求，企业不得不额外支付污染治理成本或采用更环保的清洁、节能技术，导致企业对外投资成本增加，由此削弱了东道国对外资的吸引力。从对外投资的产业结构来说，环境敏感型产业更容易受到环境规制水平提升的影响，由此导致更多的环境敏感型行业从环境规制水平较严格的东道国转移到环境规制水平相对宽松的国家。如第三章所述，中国在"一带一路"沿线国家的 ODI 具有"双高"特征，即在区位分布上近 3/4 的 ODI 存量高度集中在前十大东道国；在行业分布上高度集中在能源等环境敏感型行业。过于集中的 ODI 区位分布和行业结构使得中国对东道国的环境规制变量更加敏感。

（3）从六个控制变量对中国 ODI 区位选择的影响效应来看，除经济发展水平的回归系数和预期符号有偏差外，其他五个控制变量的回归系数与预期符号一致。①东道国对外开放度、市场规模、基础设施水平、自然资源禀赋与中国企业 ODI 区位选择的关系都显著正相关，说明东道国的吸引力越高，吸引中国企业的对外直接投资越多；②地理距离和中国企业 ODI 区位选择的关系显著负相关，两国之间的地理距离越大，越可能增加投资成本，从而削弱跨国企业对外直接投资的意愿。本研究论证了张亚斌和吉生保、李书慧、马淑娟等学者的观点，即中国对外直接投资更偏好中亚、东南亚等空间临近的周边地区③，地理距离显著地抑制了中国对"一带一路"沿线国家的 ODI。④ ③经济发展水平和中国企业 ODI 区位选择的关系是负相关且显著程度不高，和预期符号有所偏差，这说明东道国的经

---

① 邱强、王赛、张统勋：《亚太国家环境规制对我国 ODI 的影响研究》，载《亚太经济》2018 年第 1 期，第 120－125 页。

② Dong L, Yang X H, Li H T. "The Belt and Road Initiative and the 2030 Agenda for Sustainable Development: Seeking Linkages for Global Environmental Governance". *Chinese Journal of Population Resources and Environment*，2018，16：203－210.

③ 张亚斌：《"一带一路"投资便利化与中国对外直接投资选择——基于跨国面板数据及投资引力模型的实证研究》，载《国际贸易问题》2016 年第 9 期，第 165－176 页。

④ 吉生保、李书慧、马淑娟：《中国对"一带一路"国家 ODI 的多维距离影响研究》，载《世界经济研究》2018 年第 1 期，第 98－111 页。

济发展水平并不是影响中国企业对外直接投资的主要因素。就影响效应来看，东道国自然资源禀赋和地理距离对中国 ODI 的影响最大，说明中国在"一带一路"的投资具有典型的资源寻求动因，且冰山成本对企业对外投资决策影响大。

（4）基于环境规制强度的分样本回归结果表明，当东道国提高环境规制水平时，在低水平样本组（东道国环境规制水平低于全球平均值）环境规制显著负向抑制了我国企业 ODI 区位选择；而在高水平样本组国家（即环境规制水平高于全球平均值），环境规制的负向抑制程度相对更低。这可能源于低水平样本组的东道国通常是中低或低收入国家，其环境规制水平相对宽松，对环境敏感型行业或低技术水平企业 ODI 更具有吸引作用。而此类 ODI 对环境规制的变动更为敏感，在全球普遍重视环境和实行联合国可持续发展目标的宏观背景下，EPI 低水平样本组的东道国未来环境规制发生变动的可能性更大，其环境规制的提升将使中国企业 ODI 面对更大的环境风险。而高水平样本组的东道国通常是高收入、中高收入国家，环境规制相对来说更具有严苛性和稳定性，中国企业进入的门槛更高，其对中国 ODI 区位选择的影响是确定的、可预期的，中国企业在此类国家的区位选择通常是战略导向型，而不是资源获取型，因此受到东道国环境规制的负向抑制影响较小。本研究验证了邱强等的研究结论，即亚太国家的环境规制对中国 ODI 具有显著的抑制作用，且中低等收入国家环境规制的抑制效应更明显。[①]

二、政策启示

（1）充分考量东道国区位优势变量，合理选择海外目标市场。本研究证明东道国环境规制水平对中国企业在"一带一路"沿线国家的 ODI 区位选择具有显著的负向抑制作用，尤其是在那些环境规制水平较低的东道国，抑制效应更大。这意味着东道国环境规制变动是影响中国企业 ODI 区位选择的重要因素，必须纳入企业对外投资的战略决策考量中。此外，在制定 ODI 区位选择战略时，企业应进行可行性分析，在充分把握各东道国的贸易开放度、基础设施水平、自然资源禀赋、市场规模、地理距离等变量特征的基础上，选择适合企业发展战略的海外投资目标国，从而更

---

① 邱强、王赛、张统勋：《亚太国家环境规制对我国 ODI 的影响研究》，载《亚太经济》2018 年第 1 期，第 120－125 页。

好地规避 ODI 区位选择过程中所面临的潜在风险。

（2）防范因环境规制变动而产生的对外投资环境风险。本研究表明，中国 ODI 更倾向于流入环境规制水平较宽松的国家。在影响中国企业 ODI 区位选择的众多控制变量中，东道国自然资源禀赋和地理距离的影响最大，中国企业具有较明显的资源寻求特征和环境敏感特征。中国企业在东南亚、中亚—西亚区域的 ODI 大多同时符合这些特征，其环境规制水平相对宽松，未来发生变动的风险较大，对中国企业尤其是资源寻求型 ODI 的影响更大，使得中国企业在这些区域面临着更大的环境风险。因此，中国企业应进一步完善对外直接投资的风险防范机制，在充分了解东道国环境规制水平以及相关法律制度现状及变动趋势的基础上进行区位选择，避免因区位选择不当而产生的东道国环境规制风险。为此，在企业层面，应充分研究东道国环境规制以及相关法律制度，尤其是重点防范环境规制相对宽松的发展中国家，充分防范环境规制变动带来的潜在风险；在政府层面，应该成立相关职能部门，为中国企业提供及时的法律援助，帮助其妥善解决因环境规制变动而产生的纠纷，并且及时向中国企业更新东道国环境规制的变动情况。

（3）推动 ODI 的转型升级，主动适应东道国环境规制水平。"一带一路"沿线国家以发展中国家为主，环境规制水平相对较低，环境问题的影响具有不确定性。我国应制定产业政策扶持措施鼓励发展环境清洁型的产业，促进中国对外直接投资企业从污染密集型和劳动密集型到高新技术密集型的转型升级，降低环境敏感型行业在对外直接投资中的比重，以应对因东道国环境规制水平提高而给中国 ODI 带来的不利影响。与此同时，鼓励中国企业引进发达国家的先进技术，打造高新技术产业，更好地实现我国对外直接投资的可持续发展。

此外，培育环境咨询服务产业、推动非政府组织（Non-Governmental Organization，NGO）"走出去"也是风险防范体系中不可缺少的部分。新兴的环境咨询服务企业能随时追踪东道国环境规制的变动趋势，及时预警东道国的环境风险，帮助企业合理规划区位选择；可以为企业提供专业的环境保护方案，实现用市场化的手段为企业和政府提供更专业的环境咨询服务。推动 NGO "走出去"，可以加强与"一带一路"国家 NGO 在环境保护、劳工权益等非正式制度议题上的沟通，帮助中国企业协调公共关系，降低企业在跨国经营中面临的环境风险，提升企业跨国经营的竞争力。

第六章　中国 ODI 对东道国环境质量的影响效应

本章对中国 ODI 环境效应的另一传导路径进行研究，重点关注中国在四大经济走廊区域 ODI 对东道国环境质量的影响效应。

第一节　相关文献综述

自 20 世纪 90 年代以来，国际投资与环境问题日益成为研究热点。有关 ODI 环境效应方面的研究主要集中在东道国效应方面，ODI 对东道国的环境效应究竟是正还是负，学术界对此众说纷纭，不同流派从不同角度进行了阐释。总体来说，形成了三种代表性观点：第一种认为 ODI 对生态环境具有负向影响，如"污染天堂假说"；第二种认为具有正向作用，如"污染光晕假说"或"波特假说"；第三种则认为 ODI 的环境效应并不确定，需要综合考虑各种效应之和，以环境库兹涅茨曲线（Grossman & Kruege，1991，1993）为代表。

一、国外研究综述

有关 ODI 作用于东道国环境的研究框架，最先由 Grossman 和 Kruger（1991）提出，将国际贸易对东道国环境的影响效应分解为规模效应、技术效应和结构效应三个构面[①]；Copeland 和 Taylor 进一步完善了该分析框

---

① 1991 年 Grossman 和 Kruger 在分析北美自由贸易区（NAFTA）的环境效应时，利用 42 个国家空气质量的面板数据从规模效应、结构效应及技术效应三个方面进行实证研究，首次指出了这种倒"U"形的曲线关系也存在于环境污染物的排放量与人均收入状况之间，即在经济发展的初级阶段，当人均收入水平逐渐上升时，环境污染状况也会不断恶化；但在经济发展达到一定水平之后，会出现一个拐点，其后的环境污染程度会随着人均收入的上升而逐渐降低，环境质量得到改善。

架，提出了 *ACT* 模型，成为学术界的经典模型。[①] 此后的研究或基于"三效应"分析框架直接进行验证[②]，如 Antweiler 等（2001）、He（2006）、盛斌和吕越（2012）、龚梦琪和刘海云（2018）等研究都是基于 Copeland-Taylor 模型对"三效应"进行验证；或在此基础上拓展出"四效应"或"五效应"的分析框架（如 Panayotou，2000）相关机理分析详见第二章"有关 ODI 环境效应的理论基础"。

ODI 与当地环境质量关系的实证研究较充分，但研究结论分歧甚大[③]，既有学者认为无论在长期还是短期、发达国家还是发展中国家，ODI 都对环境质量起到恶化作用[④]；也有学者认为，ODI 会通过技术示范和产业链连锁效应促进东道国环境质量的改善，从而产生"污染光晕效应"（Birdsall & Wheeler，1993；Kevin & Duncan，2002；Eskeland & Harrison，2003）。很显然，"污染光晕效应"是基于发达国家的对外直接投资得出的结论，认为发达国家 ODI 所承载的先进技术推动了东道国环境质量的提升。

二、国内研究综述

国内对 ODI 环境效应的关注开始得较晚，1995 年第三次全国工业普查以后，学者们才开始关注外商直接投资在华的污染转移问题。

就研究范式来看，国内多数研究主要基于 Grossman 和 Krueger 的"三效应"分析框架，对外商直接投资作用于中国的环境效应从规模效应、结构效应、技术效应三个层面予以验证（徐春华，2015；张磊等，2018）[⑤]；或在"三效应"基础上加入"环境规制"等构面进行补充拓

---

① Copeland B R, Taylor M S. "North-South Trade and the Environment". *Quarterly Journal of Economics*, 1994, 109 (3): 755 – 787.

② Grossman G M, Krueger A B. "Economic Growth and the Environment". *Quarterly Journal of Economics*, 1995 (2): 353 – 357.

③ 刘玉博、吴万宗：《中国 OFDI 与东道国环境质量：影响机制与实证检验》，载《财贸经济》2017 年第 1 期，第 99 – 114 页。

④ Omri A, Nguyen D K, Rault C. "Causal Interactions between CO$_2$ Emissions, FDI, and Economic Growth: Evidence from Dynamic Simultaneous-Equation Models". *Economic Modelling*, 2014, 42: 382 – 389. Kim H S, Baek J. "The Environmental Consequences of Economic Growth Revisited". *Economics Bulletin*, 2011, 31 (2): 1198 – 1211.

⑤ 张磊、韩雷、叶金珍：《外商直接投资与雾霾污染：一个跨国经验研究》，载《经济评论》2018 年第 6 期，第 69 – 85 页。

展，如以张波（2015）、原毅军（2015）为代表的部分学者从经济发展水平、环境规制等视角对 Grossman 和 Kruege 的环境效应维度进行拓展，将影响 FDI 环境效应的渠道分为经济发展水平、产业结构、环境技术及环境规制四种。

就研究对象来看，基本以外商直接投资对中国环境的影响为主。例如，He 采用中国 29 个省际面板数据构建联立方程估计模型，检验了外商直接投资对我国环境污染的规模效应、结构效应和技术效应，结果表明外商直接投资每增加 1%，会造成污染排放增加约 0.1%。[1] 由于中国企业"走出去"的历史尚短，国内相关文献主要关注"为什么国际化"和"如何国际化"的问题[2]，而有关企业国际化后对东道国影响效应的研究并不多见，仅有以刘玉博和吴万宗[3]、刘乃全和戴晋[4]、周伟等[5]、Liang 等[6]、蔡玲和王昕[7]等为代表对中国 ODI 的东道国环境效应进行了研究。

就研究结果来看，结论相差甚大。①有研究发现，外资对中国环境质量具有显著的改善效应，如 Wang 和 Jin（2002）、李斌和陈驻华（2011）、许和连和邓玉萍（2012）、包群等[8]、都斌和余官胜[9]、盛斌和吕越[10]、张波[11]等的研究发现，外商直接投资在总体上并没有使中国沦为"污染天

① He J. "Pollution Haven Hypothesis and Environmnetal Impacts of Foreign Direct Investment: The Case of Industiral Emission of Sulfur Dioxide（SO$_2$）in Chinese Provinces". *Ecological Economics*, 2006（1）: 228 – 245.

② 杨丽华:《基于学习效应的中资银行国际化行为研究》，经济科学出版社 2015 年版。

③ 刘玉博、吴万宗:《中国 OFDI 与东道国环境质量：影响机制与实证检验》，载《财贸经济》2017 年第 1 期，第 99 – 114 页。

④ 刘乃全、戴晋:《我国对"一带一路"沿线国家 OFDI 的环境效应》，载《经济管理》2017 年第 12 期，第 6 – 23 页。

⑤ 周伟、陈昭、吴先明:《中国在"一带一路"OFDI 的国家风险研究：基于 39 个沿线东道国的量化评价》，载《世界经济研究》2017 年第 8 期，第 15 – 25 页。

⑥ Liang D, Xiao H, et al. "The Belt and Road Initiative and the 2030 Agenda for Sustainable Development: Seeking Linkages for Global Environmen-tal Governance". *Chinese Journal of Population, Resources and Environment*, 2018（3）: 203 – 210.

⑦ 蔡玲、王昕:《中国跨国投资、生态环境优势和经济发展——基于"一带一路"国家空间相关性》，载《经济问题探索》2020 年第 2 期，第 94 – 104 页。

⑧ 包群、吕越、陈媛媛:《外商投资与我国环境污染——基于工业行业面板数据的经验研究》，载《南开学报（哲学社会科学版）》2010 年第 3 期，第 93 – 103 页。

⑨ 都斌、余官胜:《对外直接投资对我国环境污染的影响》，载《环境经济研究》2016 年第 2 期，第 25 – 35 页。

⑩ 盛斌、吕越:《外国直接投资对中国环境的影响——来自工业行业面板数据的实证研究》，载《中国社会科学》2012 年第 5 期，第 54 – 75 页。

⑪ 张波:《安徽省外商直接投资的环境效应分析》，安徽大学 2015 年硕士学位论文。

堂"。张学刚（2010）、张宇和蒋殿春（2014）等学者的研究也表明，由于技术外溢效应的存在，外商投资的进入促进了东道国环境效率的提高和环境规制水平的提升。郑强等基于 2003—2014 年中国省际面板数据的实证检验结果表明，总体而言"污染光环假说"在中国基本成立，即外资流入在一定程度上改善了中国环境质量，但具有区域差异性，主要表现为沿海和内陆地区的 FDI 具有显著的"污染光环效应"，且沿海地区效应更大。① ②也有研究发现外资加剧了中国的环境污染。② 朴美敬（2013）验证了外商直接投资流入对中国六种工业污染物排放量具有显著的正效应。徐春华（2015）认为 FDI 会倾向于流向环境管制较低的国家或地区，流向生产污染较高的产品，具有技术"低端锁定效应"。张鹏杨、李惠茹、林发勤（2016）的研究表明，环境管制的加强对 FDI 表现为消极影响，从一定程度上也证明了"污染天堂假说"。③即使对同一效应的分析，学者们的结论也不同。如在规模效应方面，郭红燕和韩立岩（2008）认为 FDI 与经济增长的共同作用加重了环境污染，而冷艳丽等（2015）的结论则相反。在结构效应方面，盛斌和吕越（2012）发现外资通过恶化经济结构增加了污染排放，但郭红燕、韩立岩（2008）的研究认为 FDI 通过优化经济结构降低了污染。在技术效应方面，Eskeland 和 Harrison（2003）、Zeng 和 Eastin（2007）认为 FDI 通过技术效应提高了东道国环境质量，许和连和邓玉萍（2012）则发现这一技术效应并不显著。

在为数不多的对中国 ODI 环境效应的研究中，结论依然存在分歧。蔡玲、王昕的研究表明，中国对外直接投资显著促进沿线国家的经济发展，为东道国快速跨过"环境库兹涅茨曲线"拐点创造了条件。中国对外直接投资虽未彻底扭转生态环境变化与"一带一路"沿线国家经济的负向相关性，但对各环境因素的负向经济效用具有一定的抑制作用。这说明中国对外直接投资是建立在绿色环境发展基础上的，并非对"污染天

① 郑强、冉光和、邓睿等：《中国 FDI 环境效应的再检验》，载《中国人口·资源与环境》2017 年第 4 期，第 78 – 86 页。

② He J. "Pollution Haven Hypothesis and Environmnetal Impacts of Foreign Direct Investment：The Case of Industiral Emission of Sulfur Dioxide（SO_2）in Chinese Provinces". *Ecological Economics*，2006（1）：228 – 245. He 采用中国 29 个省际面板数据构建联立方程估计模型，检验了外商投资对我国环境污染的规模效应、结构效应和技术效应，结果表明外商投资每增加 1% 会造成污染排放增加约 0.1%。曾慧：《外商直接投资环境效应及区域差异研究——基于面板模型的实证分析》，载《国际商务研究》2016 年第 2 期，第 87 – 96 页。

堂"的寻求。① 还有部分学者以中国转型时期的绿色环境发展为基础，研究发现中国对外直接投资的主要驱动力来源于科技创新和优势行业的拓展需要②，从而推论中国对"一带一路"沿线国家的投资并非如传统发达国家一样是产能过剩或是污染产业的转移，而是寻求区域绿色经济协调发展的重要渠道。在此两方面研究的不断深入下，对中国对外直接投资是导致"一带一路"沿线国家成为"污染天堂"，还是推动区域经济可持续发展的学术争论逐渐白热化。

三、文献评述

综上，国内外学者对发达国家 ODI 的环境效应做了较为深入的探讨，形成了较成熟的研究范式；中国 ODI 环境效应问题也日益受到关注，并呈现多维融合的趋势，但存在不足：①研究视角不够多元。国内研究主要关注（外资）"引进来"对中国环境的影响，而有关企业"走出去"对东道国环境影响的研究较少，有关中国在"一带一路"沿线国家 ODI 环境效应的研究更为鲜见。②研究结果分歧较大。由于研究视角、研究对象、样本与数据选取等方面的差异，现有文献既有论证 ODI 与环境之间关系呈正相关的，也有论证负相关或不相关的。③传导机制有待厘清。鉴于现有研究结论存在较大分歧，有必要进一步厘清 ODI 与相关变量共同作用对环境质量的传导机制。某些基于东道国层面的特征变量也可能导致 ODI 环境效应的异质性（Blonigen，2005；王金波，2019）③，如不同经济发展水平的东道国，其 ODI 的结构效应可能存在异质性，外资在低收入国家才会污染环境，而在中等及以上收入的国家则不会影响环境④；东道国环境规制水平或技术水平不同，对环境污染所产生的异质性也有待进一步实证检验，这无疑为本研究提供了可能空间。中国不断增加的 ODI 对东道国究竟是拥有"光晕效应"还是"污染天堂效应"，是否有助于东道

---

① 蔡玲、王昕：《中国跨国投资、生态环境优势和经济发展——基于"一带一路"国家空间相关性》，载《经济问题探索》2020 年第 2 期，第 94－104 页。

② 王自锋、白玥明：《产能过剩引致对外直接投资吗？——2005—2007 年中国的经验研究》，载《管理世界》2017 年第 8 期，第 27－35 页、第 63 页。

③ 蒋冠宏、蒋殿春：《中国对发展中国家的投资——东道国制度重要吗？》，载《管理世界》2012 年第 11 期，第 45－56 页。

④ Hoffmann R，Lee C，Ramasamy B，et al. "FDI and Pollution：A Granger Causality Test Using Panel Data". *Journal of International Development*，2005，17（3）：311－317.

国生态环境的改善，是值得探索的问题。

第二节　研究模型的设计与变量的界定

一、研究模型的提出

学者们的研究表明，对外直接投资对东道国环境污染的影响路径包括：①ODI 流入的行业类型，如流向了制造业则会增加该国污染排放；②ODI 的技术效应，即所采用的生产技术（是否是清洁型、节能型、环境友好型）。环境规制对污染排放的影响：①直接效应。严苛的环境管制/规制会提高企业的生产成本（Xing & Kolstad，2002），从而减少污染排放。②间接效应。"污染天堂假说"认为，当一国环境规制相对宽松时，会吸引污染型产业的外资流入，从而影响该国的污染排放（Cole，2004）。Neequaye 和 Oladi（2015）构建了环境效应模型，验证了 ODI 净流量、环境规制严厉程度与东道国污染排放之间的关系。[1]

借鉴许可和王瑛、曾慧、刘玉博、吴万宗、郑强等的做法[2]，本书提出式 6 - 1 所示研究模型，对中国 ODI 作用于东道国环境质量的影响效应从规模效应、技术效应、结构效应、总效应四个层面展开论述。

$$PI_{i,t} = \alpha_0 + a_1 ODI_{i,t} + \beta Z'_{i,t} + \mu_i + \varepsilon_{i,t}$$
$$Z'_{i,t} = REG_{i,t} + GDP_{i,t} + TEC_{i,t} + IND_{i,t} \qquad （式 6 - 1）$$

由于各变量数据变化跨度较大，为减小异方差对模型估计产生的影响，取其自然对数进行估计。

i 和 t 分别代表东道国和时间，μ_i 为不随时间变化的区域效应，$\varepsilon_{i,t}$ 为

---

① Neequaye N A，Oladi R. "Environment，Growth，and FDI Revisited". *International Review of Economics & Finance*，2015（9）：47 - 56.

② 许可、王瑛：《中国对外直接投资与本国碳排放量关系研究——基于中国省级面板数据的实证分析》，载《国际商务研究》2015 年第 1 期，第 76 - 86 页。曾慧：《外商直接投资环境效应及区域差异研究——基于面板模型的实证分析》，载《国际商务研究》2016 年第 2 期，第 87 - 96 页。刘玉博、吴万宗：《中国 ODI 与东道国环境质量：影响机制与实证检验》，载《财贸经济》2017 年第 1 期，第 99 - 114 页。郑强、冉光和、邓睿等：《中国 FDI 环境效应的再检验》，载《中国人口·资源与环境》2017 年第 4 期，第 78 - 86 页。

随机误差项。

PI_{it}：环境污染指数，用以测度各东道国当期的环境质量，是模型的被解释变量。

ODI_{it}：核心解释变量，用中国在该东道国的 ODI 存量表示，用来测度 ODI 环境效应的总效用，考察对外直接投资对环境质量的影响。

Z'_{it}：影响污染排放的控制变量，重点考察以下变量。

①$REG_{i,t}$ 为环境规制指标。一般而言，环境质量越好的国家，其环境规制也越严格，尤其对环境敏感型行业的跨国投资产生较大的负向抑制效应。而环境质量差的国家，现有的环境规制较宽松，对 ODI 尤其是环境敏感型行业的吸引力大，但这也意味着环境规制较宽松的国家未来对环保的要求更迫切、环境政策变动的不确定性大，因而环境风险也较大。

②$GDP_{i,t}$：衡量东道国的经济发展规模。如 EKC 理论所述，经济规模越大，产生的污染排放物也越多，对环境质量的损害也越大。同时，经济规模的扩大提高了人均收入水平，人们对清洁环境的要求逐渐强烈，使得政府和社会投入更多的资金去改善环境，提升环境质量。

③$TEC_{i,t}$：高科技产品出口占制成品出口的比例。作为东道国技术水平的代理变量，以测度 ODI 的技术效应。

④$IND_{i,t}$：第二产业占 GDP 总量比重。借鉴许可、王瑛的做法①，表征各国的产业结构。第二产业为高碳排放产业，其占比越大，对自然资源的采伐以及废弃物排放量越多，对环境的损害越大，因此可以作为 ODI 结构效应的代理变量。

二、变量的定义

本研究解释变量的相关数据主要来自两大方面：一是各年中国对外直接投资流量和存量数据，来源于商务部发布的《中国对外直接投资统计公报》（2004—2017）；二为各东道国（地区）经济社会发展数据，来源于世界银行公布的世界发展指数在线数据库（World Development Indicators Online），主要包括污染排放、GDP 等。为消除价格因素的影响，对 ODI、GDP 进行 2010 年美元不变价处理。

如表 6.1 所示，被解释变量为东道国环境质量，基于数据可获得性，

---

① 许可、王瑛：《中国对外直接投资与本国碳排放量关系研究——基于中国省级面板数据的实证分析》，载《国际商务研究》2015 年第 1 期，第 76-86 页。

本研究选取三大指标构建环境污染综合指数（$PI_{i,t}$，详见本章第三节内容），作为环境质量的代理变量。

表 6.1　回归模型变量描述与数据来源

变量类型	变量名称	变量符号	定义	数据来源	回归符号假设
被解释变量	东道国环境质量	*PI*	本研究测度所得东道国环境污染综合指数	世界银行 WDI 数据库	
核心解释变量	ODI 规模	*ODI*	中国在东道国的投资存量	历年中国对外直接投资统计公报	不确定
控制变量	环境规制	*REG*	东道国环境绩效指数 EPI	耶鲁大学环境法律与政策中心	−
控制变量	经济发展水平	*GDP*	东道国 GDP 水平	世界银行 WDI 数据库	不确定
控制变量	技术水平	*TEC*	东道国高科技产品出口/制成品出口	——	−
控制变量	产业结构	*IND*	东道国制造业增加值占 GDP 比重	——	+

第三节　环境质量的测度

一、测度指标的选取

对于环境质量的考察，现有研究多采用单一或几种污染排放物指标来表征。污染的复杂性决定了难以用单一的排放物指标全面、完整地衡量一地的环境质量，有必要采用多维度指标进行测度。在环境质量测度指标的选取上，由于环境污染主要体现在废气、废水和固体废弃物三个方面，现有文献主要采用"三废"排放量和碳排放量两大类指标作为衡量指标。[1]

本研究在测度指标的选取方面面临的最大挑战是数据的可获得性。比如代表水资源质量的指标，世界银行 WDI 数据库中的人均可再生内陆淡水资源（立方米）这一指标只有 2007 年与 2014 年的数据，因而对此不能做面板分析。本研究最初也选取了 WDI 数据库中的"可燃性再生资源和废弃物（占能源总量的百分比）"指标，衡量的是固体生物质、液体生物质、生物气、工业废弃物和城市垃圾等占能源使用总量的比例。该指标用来反映一国资源的可再生能力，也可用来判断一国对一次能源的节省程度。很多学者认为这一指标对环境污染来说是负向指标，但综观 WDI 中的数据，我们发现发达国家的这一指标大多在 10% 以下，而发展中国家大多在 50% 以上，好像与现实不符。王宪恩等的研究也出现了两组对照鲜明的结果：一是"美国近年来不断加大对风能、太阳能开发利用的科研投入力度，以提高可再生能源的比重，可燃性再生资源和废弃物占比则从 2.16% 提高到 4.17%，美国能源结构逐渐向清洁化、高效化发展"；二是"泰国传统生物质能源的利用效率低下，其燃烧产生的烟尘和污染物对环境影响较大，伴随着工业化进程加快、石油消费的增长，传统生物质能的能源消费占比逐年减少。泰国的可燃性再生资源和废弃物占比分别从 1971 年的 61.21%、5.52% 降到 2011 年的 24.66%、18.31%，可燃性再生资源和废弃物的减少使得能源环境水平呈现下降趋势，对其协调发展产生了较大的影响"。[2] 这种反差很让人费解。这也许可以从可燃性再生资源和废弃物占比要分两种情况来看：一是如果可燃性再生资源和废弃物占比是以传统的生物质能源消费为主，如秸秆、稻草燃烧，那它对环境质量有负向影响；二是可燃性再生资源和废弃物占比以风能、太阳能开发利用为主，其对环境质量有正向影响。但 WDI 中的数据并没有表明是哪种类型的数据，所以本研究只好被迫放弃。

目前，大多数国家将气候变化（如应对气候变化的减排表现与未来的减排目标）作为环境污染的重要组成维度。[3] 基于数据的可获得性，本研究构建了环境污染综合指数（pollution index，PI），作为环境质量指数

---

[1] Rezza A A. "A Meta-Analysis of FDI and EnvironmentalRegulations". *Environment and Development Economics*, 2014 (4).

[2] 王宪恩、王寒凝、夏菁等：《典型国家工业化进程中经济社会与能源环境协调发展分析》，载《资源科学》2016 年第 10 期，第 2001 - 2011 页。

[3] 许勤华、蔡林、刘旭：《"一带一路"能源投资政治风险评估》，载《国际石油经济》2017 年第 4 期，第 11 - 21 页。

的代理变量，最终选取的综合指数由 3 项指标构成：二氧化碳和一氧化氮这两种气体的排放量、可替代能源占比。其中前两项为正向指标；后一项通常代表新能源的应用，更环保，也说明一个国家对环境的重视程度，为负向指标。

二、测度方法的选取

在测度方法选择上，很多学者（如许和连、邓玉萍，2012）运用熵值法构建环境污染综合指数。由于熵值法主要适合时间序列或横截面的分析，本研究拟从时空演化视角对各东道国环境污染现状进行测度，故需要采用动态面板分析法，借鉴郭亚军、曾慧等的做法[①]，采用纵横向拉开档次法构建和计算环境污染综合指数，对各东道国环境污染现状进行动态综合评价。

基于东道国污染指标的可获得性，最终筛选出来的样本国有 41 个。本研究选取 2003—2014 年 41 个样本国的 3 个污染排放物指标：二氧化碳排放量（人均吨数）、一氧化氮排放量（千吨二氧化碳当量）、可替代能源和核能（占能源使用总量的百分比）。

三、环境污染指数的测度

（一）原始数据的标准化

首先对污染排放指标进行极化标准化处理（原始数据见附表 2），形成的时序立体数据记为 $X_{ij}(t)$。对于时刻 t（$t = 1$，2，3，…，12），取综合环境污染综合指数为：

$$PI_{i,t} = \sum_{j=1}^{3} w_j X_{ij}(t) \qquad （式 6 - 2）$$

其中，$i = 1,2,3,\cdots,41$；$j = 1,2,3$；$t = 1,2,3,\cdots,12$

---

① 郭亚军：《一种新的动态综合评价方法》，载《管理科学学报》2002 年第 2 期，第 49 - 54 页。曾慧：《外商直接投资环境效应及区域差异研究——基于面板模型的实证分析》，载《国际商务研究》2016 年第 2 期，第 87 - 96 页。

（二）权重系数的确定

权重系数 $w_j(j=1, 2, \cdots, m)$ 的原则是在时序立体数据表上最大可能地体现出各被评价对象之间的差异，即在立体时序表中使 PI_{it} 的离差平方和达到最大。

基于纵横向拉开档次法确定权重系数，即首先基于 $X_{ij}(t_t)$ 计算出对称矩阵 $H_t = (X_t) TX_t (t=1, 2, \cdots, 12)$，其中 X_t 为第 t 年由 41 个国家的 3 个污染排放指标构成的 41×3 阶矩阵。然后使用 MATLAB R2016a 软件计算出 $H = \sum_{i=1}^{12} H_t$，求出 H 相对应的最大特征值为 $\lambda \max = 420.3236$；与 H 相对应的归一化的特征向量即为权重系数向量 $w_j = (0.212 、 0.0795 、 0.7085)$。

（三）环境污染指数的测度

最后将 w_j 代入式 6 - 2，得出样本期内各国环境污染综合指数面板序列，详见表 6.2。

表 6.2 2003—2014 年 41 个样本国环境污染综合指数面板数据

样本国	2003 年	2007 年	2008 年	2009 年	2010 年	2011 年	2012 年	2013 年	2014 年	Average
S_1	0.767382781	0.834648099	0.842484114	0.8317275	0.868913003	0.87797548	0.858422542	0.878370829	0.835201554	0.83
S_2	0.353026997	0.432021647	0.462106613	0.417888258	0.399954364	0.408685517	0.441568009	0.406749312	0.396882845	0.41
S_3	0.731667303	0.738707562	0.727948723	0.724291838	0.722316149	0.730919373	0.727310137	0.719463845	0.717594452	0.73
S_4	0.780387927	0.818327715	0.816408481	0.806410166	0.831905225	0.843296246	0.840807634	0.848106901	0.822602465	0.82
S_5	0.754557834	0.77638711	0.783216613	0.784559292	0.793855722	0.795377806	0.791502505	0.78952774	0.777368768	0.78
S_6	0.733188508	0.709563527	0.72828593	0.733413092	0.735674343	0.747652901	0.748482391	0.752855819	0.746943483	0.73
S_7	0.672530557	0.697651595	0.695819413	0.686793813	0.679562916	0.687083628	0.678280963	0.672708853	0.688172391	0.68
S_8	0.7179421	0.727622611	0.72919171	0.730551537	0.728754049	0.723379733	0.710949429	0.703920495	0.703112777	0.72
S_9	0.710787569	0.718478244	0.712491518	0.711361204	0.710207502	0.709950375	0.711082145	0.709118544	0.706143127	0.71
S_{10}	0.722998683	0.735119255	0.72203005	0.713292363	0.729350374	0.734625477	0.738179912	0.724731126	0.704512349	0.72
S_{11}	0.817984325	0.855460476	0.864395018	0.88044504	0.916498579	0.907010397	0.918159423	0.912436915	0.887732441	0.88
S_{12}	0.71524526	0.717722278	0.717651438	0.718372116	0.71839135	0.716355563	0.715333335	0.718126489	0.71487842	0.72
S_{13}	0.920791177	0.92078518	0.92076199	0.920935318	0.92110354	0.921102344	0.921101176	0.920719099	0.919745532	0.92
S_{14}	0.698953535	0.711728796	0.714264973	0.716796717	0.717612198	0.721139319	0.72015266	0.718515466	0.712865042	0.71
S_{15}	0.748902241	0.766931876	0.769726707	0.771084334	0.786283194	0.786555961	0.778353334	0.786066347	0.767895298	0.77
S_{16}	0.70697357	0.698199686	0.691774875	0.68100042	0.676788228	0.665714092	0.667212544	0.662662527	0.673773608	0.69

续上表

样本国	2003 年	2007 年	2008 年	2009 年	2010 年	2011 年	2012 年	2013 年	2014 年	Average
S_{17}	0.731101946	0.741885734	0.742017974	0.745483883	0.756478242	0.747557596	0.746611891	0.752018578	0.742682692	0.74
S_{18}	0.709656715	0.71625155	0.713235903	0.712150514	0.713919635	0.712857929	0.689001398	0.671211627	0.667836475	0.70
S_{19}	0.660367348	0.665234882	0.6620852	0.65941207	0.677382353	0.655723507	0.630715515	0.629491266	0.655568538	0.66
S_{20}	0.76230132	0.746348869	0.774779674	0.813407847	0.824600048	0.801871694	0.777647556	0.820019327	0.798504335	0.78
S_{21}	0.66885906	0.666777034	0.663753176	0.659539917	0.671763708	0.670062872	0.669715522	0.673899213	0.678131863	0.67
S_{22}	0.748396117	0.747281452	0.74650986	0.759810238	0.741855296	0.75276217	0.752606921	0.744803023	0.741427353	0.75
S_{23}	0.775247802	0.792062499	0.78993657	0.786555572	0.800643915	0.801249693	0.790571243	0.793077003	0.770473503	0.79
S_{24}	0.5559445	0.583551468	0.564748686	0.528935674	0.553152989	0.54910115	0.508257436	0.49736909	0.494673632	0.55
S_{25}	0.405515734	0.413100763	0.401931658	0.376490863	0.400666217	0.400054774	0.398020486	0.388576305	0.308083996	0.39
S_{26}	0.572908289	0.529442484	0.521381063	0.483870447	0.498091393	0.5038323	0.472131157	0.46191812	0.474273868	0.51
S_{27}	0.663791251	0.642007616	0.600605652	0.566957901	0.561868275	0.58181204	0.580426846	0.544486	0.533428566	0.60
S_{28}	0.581957603	0.605209538	0.596144011	0.589308223	0.603212171	0.636311494	0.632538771	0.640172182	0.61651444	0.60
S_{29}	0.138333939	0.124890002	0.145973049	0.139404609	0.140765723	0.161218068	0.149223349	0.169844755	0.140097614	0.15
S_{30}	0.767524324	0.779455666	0.773897247	0.7711887775	0.795571191	0.786663807	0.777956405	0.786993292	0.75535417	0.78
S_{31}	0.063884749	0.070250522	0.068096349	0.066323163	0.070672201	0.067265996	0.064641046	0.066706669	0.051555426	0.07
S_{32}	0.746498733	0.766734003	0.757485967	0.744038023	0.731634821	0.742168311	0.729548349	0.692935386	0.686747759	0.74

续上表

样本国	2003 年	2007 年	2008 年	2009 年	2010 年	2011 年	2012 年	2013 年	2014 年	Average
S_{33}	0.743082459	0.754743836	0.742465735	0.72377098	0.729273822	0.724007468	0.705047032	0.683686926	0.660000823	0.73
S_{34}	0.717692148	0.719575657	0.722066986	0.704866014	0.731210392	0.752432486	0.749388532	0.749803523	0.720033117	0.72
S_{35}	0.535830259	0.502449431	0.496375923	0.453397688	0.498624933	0.497952087	0.480819768	0.481623356	0.437537195	0.49
S_{36}	0.752293201	0.771774577	0.773280219	0.773741154	0.783697303	0.786315141	0.782395089	0.785528115	0.771263622	0.77
S_{37}	0.449213677	0.5232475	0.486000918	0.474225458	0.40899388	0.500234714	0.511057869	0.473532011	0.50372388	0.48
S_{38}	0.76276122	0.762345902	0.767082521	0.768012112	0.764270848	0.762161301	0.76446153	0.76183763	0.763208084	0.76
S_{39}	0.713541848	0.714819991	0.714316647	0.717085428	0.716740948	0.716582831	0.717023591	0.716166766	0.716598938	0.72
S_{40}	0.676200586	0.66749009	0.669332819	0.664275828	0.662533371	0.658146165	0.644099068	0.629661543	0.634938522	0.66
S_{41}	0.675288256	0.672435881	0.669142717	0.66386258	0.646535753	0.665597183	0.679943881	0.632492424	0.665494799	0.67

第四节　实证检验与分析

一、描述性统计分析

首先运用 Stata 15.0 软件对变量进行描述性统计（见表 6.3），10 个时间序列的变量观测值均为 380 个。从标准差看，产业结构（IND）、环境规制水平（REG）、技术水平（TEC）的标准差较小，说明这三个变量的时间序列总体波动性较小；而变量二氧化碳（CO_2）、对外直接投资存量（ODI）、GDP 总量的标准差较大，说明这些变量在不同年份波动较大，这与"一带一路"沿线绝大多数东道国的工业化、国际化扩张等特征相符，符合存量指标值的一般趋势与特点。表 6.3 中样本的离散程度相对分散，说明适合进行下一步的实证分析。

表 6.3　描述性统计分析

变量	变量含义	观测值	均值	标准差	最小值	最大值
PI	环境污染指数	380	0.6598	0.1753	0.0515	0.9211
CO_2	人均二氧化碳	380	5.7976	4.9593	0.0988	25.3624
lnODI	对外直接投资存量	380	9.7318	2.0723	2.7897	14.2424
lnREG	环境规制水平	380	4.2353	0.1951	3.7355	4.5114
lnGDP	GDP 总量	380	25.9534	1.5636	22.0737	28.9226
TEC	技术水平	380	0.1201	0.1541	0.0001	0.9872
IND	产业结构	380	0.1589	0.0579	0.0132	0.3107

注：利用 Stata 软件计算而得。

二、回归分析

由于样本数据为平行面板数据，首要问题是判断使用固定效应模型还是随机效应模型。一般是根据相应的 Hausman 检验或 BP 检验结果以确定回归模型是采用固定效应模型还是随机效应模型。本研究首先进行固定效应模型进行估计，并输入指令存储固定效应回归结果；然后使用随机效应模型进行回估计，同样存储随机效应回归结果；最后输入 Hausman 检验指令，检验结果为 chi 2（5）= 1.11，Prob > chi 2 = 0.9535，由于 p 值的结果是 0.9535，所以无法拒绝原假设 "H_0: ui 与 X_{it}，z_i 不相关"，Hausman 检验支持随机效应模型，而非固定效应模型。故运用随机效应模型进行回归分析。

考虑到其他变量对东道国环境污染的影响，在实证检验中逐个将经济发展规模（lnGDP）、产业结构（IND）、技术水平（TEC）、环境规制（lnREG）加入进行回归分析（见表 6.4）。

（一）全样本回归分析

表 6.4　全样本回归分析

变量	RE（1）	RE（2）	RE（3）	RE（4）	RE（5）
lnODI	− 0.0027 *** (0.0009)	− 0.0045 *** (0.0011)	− 0.0049 *** (0.0011)	0.0050 *** (0.0011)	− 0.0030 *** (0.0011)
lnGDP	—	0.0256 *** (0.0086)	0.0251 *** (2.6700)	0.0251 *** (0.0086)	0.0323 *** (0.0083)
IND	—	—	− 0.0915 (0.0741)	− 0.0698 (0.0753)	0.0767 (0.0712)
TEC	—	—	—	− 0.0341 (0.0225)	− 0.0152 (0.0214)
lnREG	—	—	—	—	− 0.4274 *** (0.06498)
Constant	0.6863 *** (0.0295)	0.0375 (0.2214)	0.0692 (0.2233)	0.0712 (0.2232)	1.6756 *** (0.3247)
N	380	380	380	380	380
R^2	0.0256	0.0541	0.0578	0.0637	0.1600

注：*、**、*** 分别表示变量系数通过了 10%、5%、1% 的显著性检验；各变量小括号内数据为标准误。

根据表6.4中第一列随机效应的实证结果可知，中国 ODI 规模与环境污染的回归系数是 -0.0027，说明中国 ODI 的进入与东道国环境污染之间具有显著的负相关关系，对东道国环境质量具有一定程度上的改善作用。

接下来加入更多控制变量进一步验证其回归结果的稳定性，依次将东道国经济规模、产业结构、技术水平、环境规制等控制变量加入面板回归模型中。

表6.4列（2）东道国经济规模的回归系数是 0.0256，可知对东道国环境污染水平产生显著正向促进作用。

列（3）、列（4）分别为加入东道国产业结构水平（IND）和东道国技术水平（TEC）的回归结果，结果显示其回归系数均为负，但统计显著性都不强，说明 ODI 的结构效应和技术效应都不明显。

列（5）是加入了控制变量环境规制后的结果，所得回归系数为 -0.4274，意味着东道国环境绩效水平越高、环境规制越严格，东道国环境污染指数越低，说明当东道国制定相对严格的环境规制措施时对东道国环境污染水平产生了显著的负向抑制作用。

综上，所有变量中，东道国环境规制对其环境污染水平的回归系数最高，说明对东道国环境质量最具有决定作用的是环境政策的松紧程度。其次是东道国经济规模，回归系数显著为正，说明东道国 GDP 越高、对环境污染影响越大，验证了中国 ODI 作用于东道国环境质量的规模效应。表6.4列（1）至列（5）中东道国环境污染水平与中国 ODI 规模的回归系数皆显著为负，且加入控制变量后的回归系数都在 -0.027 ～ -0.050 之间，说明中国 ODI 对东道国环境污染水平在一定程度上具有显著的负向抑制效应，中国企业的对外直接投资对东道国环境质量具有正向促进效应。

（二）分样本回归分析

参照 Nadia 和 Merih（2016）的做法，本研究按收入水平将东道国分为两类（高、中高收入国家和中低、低收入国家）来考察 ODI 环境效应的区域差异估计不同发展水平国家的环境效应差异性[①]。（见表6.5）

---

① Doytch N, Uctum M. "Globalization and the Environmental Impact of Sectoral FDI". *Economic Systems*, 2016（4）：582 - 594.

表6.5　分样本回归结果

变量	（1）中高、高收入国家	（2）中低、低收入国家①	变量	（1）中高、高收入国家	（2）中低、低收入国家
lnODI	-0.0024^{*} (0.0013)	-0.0086^{***} (0.0023)	lnREG	-0.5118^{***} (0.0942)	-0.2340^{***} (0.0757)
lnGDP	0.0649^{***} (0.0138)	0.0248^{**} (0.0101)	$Constant$	1.1893^{**} (0.5748)	1.0780^{***} (0.3607)
IND	-0.0635 (0.1336)	-0.0144 (0.0757)	N	230	150
TEC	0.0072 (0.0288)	-0.0714^{**} (0.0329)	R^2	0.2558	0.1507

注：*、**、*** 分别表示变量系数通过了10%、5%、1%的显著性检验；各变量小括号内数据为标准误。

表6.5中列（1）将样本国按收入水平筛选出高收入、中高收入国家，列（2）为中低收入、低收入国家，分组进行随机效应模型回归。结果显示，环境规制（REG）对东道国环境污染的负向抑制效应在中高收入水平以上的国家更明显；在中低以下收入样本组中，中国 ODI 规模对东道国环境污染的负向抑制效应要更显著些。就规模效应而言，中低以下收入样本国 GDP 对其环境质量的恶化效应比中高以上收入国家更明显，这可能因为中高以上收入东道国的环境规制更严格、投资壁垒更高、中国 ODI 技术含量更高且以非环境敏感型行业为主；而在中低收入国家中，环境规制水平更低、GDP 增长的重要性超过了环境保护目标，GDP 增长对环境具有一定的恶化效应；而中国企业在技术和管理理念上具有比较优势，其 ODI 进入反而促进了东道国环境质量的提升，且这一正向促进效应在低收入国家更大。

---

① 中低、低收入国家样本国：吉尔吉斯斯坦、也门、缅甸、柬埔寨、越南、菲律宾、印度尼西亚。

三、稳健性检验

本文采用两种方法来进行稳健性检验：一是用 CO_2 替代原模型中综合污染指数，二是用人均国内生产总值（GDPP）代替原有的国内生产总值（GDP），所得稳健性检验结果如表 6.6 所示。

表 6.6　稳健性检验

变量	(1) CO_2	(2) GDPP	变量	(1) CO_2	(2) GDPP
ODI	− 0. 1899 *** (0. 0420)	− 0. 0020 * (0. 0010)	IND	− 2. 9941 (2. 7383)	− 0. 0927 (0. 0718)
ln*REG*	− 2. 9437 (2. 1912)	− 0. 4434 *** (0. 0671)	Constant	− 35. 2613 *** (10. 3437)	2. 332 *** (0. 2737)
ln*GDP*	2. 1566 *** (0. 2802)	0. 0274 *** (0. 0095)	N	380	380
TEC	− 1. 0126 (0. 8339)	− 0. 0152 (0. 0217)	R^2	0. 1657	0. 1442

注：*、**、*** 分别表示变量系数通过了 10%、5%、1% 的显著性检验；各变量小括号内数据为标准误。

列（1）以 CO_2 环境污染水平替代污染综合指数作为被解释变量，列（2）中运用人均国内生产总值代替原来国内生产总值指标，由稳健性检验结果可知，核心解释变量 ODI 的显著性基本保持一致，而且变量符号均没有发生改变，由此可见稳健性较好。

第五节　研究结论与启示

一、研究结论

有关中国 ODI 作用于东道国环境质量的传导效应实证结果表明，无论在总样本还是分样本回归中，中国 ODI 的进入对东道国环境质量在一定程度上都具有显著的正向促进作用，论证了蔡玲、王昕（2020）[①] 等学者的观点，他们引入中国 ODI 作为交互项的研究结果表明，中国 ODI 对"一带一路"沿线国家生态环境因素的负向经济效用具有一定的抑制作用。本研究验证了中国对外直接投资并非是对"污染天堂"的寻求，而是建立在绿色发展基础上，具有"污染光晕"效应，且这一效应在中低以下收入样本国更大。

就其他变量的影响效应来看，无论在总样本还是分样本回归中，东道国经济规模与环境污染之间的回归系数显著为正，说明东道国经济发展与生态环境质量之间具有负相关性，尚未跨过环境库兹涅茨曲线的拐点。这与"一带一路"沿线国家大多为发展中国家、收入水平较低，在经济发展与环境保护的两难选择中更偏向发展目标。东道国环境规制对污染排放水平具有显著负向抑制作用，而且越是中高以上收入国家、效应越明显；而东道国产业结构和技术水平与污染指数的回归系数均为负，但都未通过显著性检验，说明中国 ODI 的结构效应和技术效应不明显。

二、研究启示

（1）高质量共建"一带一路"效果显著，中国 ODI 实现了与东道国的双赢。本章实证检验结果表明，中国 ODI 对东道国环境污染的总效用为负，说明中国 ODI 对东道国环境质量有正向促进效应，并不是赚一把就走的掠夺性行为，而是有利于东道国的经济与社会长期发展，推翻了西

[①]　蔡玲、王昕：《中国跨国投资、生态环境优势和经济发展——基于"一带一路"国家空间相关性》，载《经济问题探索》2020 年第 2 期，第 94 – 104 页。

方社会对中国 ODI 的质疑。

（2）推动中国 ODI 转型升级。本章研究结果表明，中国 ODI 的环境效应具有异质性特征，越是在收入水平低的东道国，中国 ODI 对环境质量的改善越明显。然而分解效应结果表明，中国 ODI 的结构效应和技术效应不明显，说明推动中国 ODI 转型升级、提高 ODI 技术含量，通过技术外溢效应，将有利于更好发挥中国 ODI 对东道国环境质量的正向促进效应，实现高质量共建"一带一路"的宏伟目标。

（3）优化中国 ODI 区位选择战略。本研究结果表明，东道国环境规制对其污染排放水平具有负向抑制作用，而且越是中高以上收入国家、环境质量的改善效应越明显。这也说明越是在收入水平较高的东道国投资，中国 ODI 所面临的投资壁垒或阻力将越小，为此中国应该改变现有投资主要集中在东盟国家的现状，优化 ODI 区位选择战略，在科学调研的基础上增加在新亚欧大陆桥或中亚—西亚区域中高收入水平以上东道国的投资，实现区位选择的多样化。

第七章　中国 ODI 的环境风险表征

在逆全球化、资源竞争加剧、环境压力严峻等背景下，中国企业将面临前所未有的国际化风险。环境风险集中体现为母国与东道国在政治、经济、法律与外交背景方面的差异，导致在环境意识、环境标准和环境管理规范等方面相差甚多，再加上跨国投资行为所引起的环境问题更容易被东道国民众或国际社会放大[①]，从而使得中国企业 ODI 面临的环境风险加大。"一带一路"沿线国家的政治、经济、社会发展水平参差不齐，政策、法律环境不稳定，对中国企业的 ODI 风险管理能力构成严峻挑战。[②]已有研究表明，"一带一路"沿线国家的投资风险明显高于平均水平（王永中、李曦晨，2015）。本章从风险来源视角，基于东道国环境变量和中国 ODI 行为特征两个视角，对中国 ODI 的环境风险表征进行研究。

第一节　核心概念的界定

一、对外直接投资风险

（一）风险概念的界定

关于风险以及环境风险的概念界定，国内外学者提出了不同的观点。Nadim（2011）指出风险是指事件发生概率的组合及由此而产生的不良后果。赵曙明认为风险是在一定环境和期限内客观存在的、可以认识并控制

---

① 李霞：《中国对外投资的环境风险综述与对策建议》，载《中国人口·资源与环境》2015 年第 7 期，第 62 - 67 页。

② 王永中、赵奇锋：《风险偏好、投资动机与中国对外直接投资：基于面板数据的分析》，载《金融评论》2016 年第 4 期，第 1 - 17 页、第 124 页。

的不确定性，这种不确定性会导致费用、损失与损害产生。[①] 毛小苓等认为，风险是遭受损失、损伤或毁坏或发生人们不被期望事件的可能性。[②] 风险管理是以最小成本使风险所致损失达到最低程度的管理方法，可以通过风险的识别、衡量和控制达到目标。

（二）投资风险种类

学者们从不同视角对对外直接投资风险进行分类。例如，Khattab 等认为国际投资风险包括自然、金融、文化和政治风险四种[③]；Meldrum 则将境外投资风险分为经济风险、转移风险、汇率风险、位置或邻里风险、主权风险和政治风险六种。[④] 国内学者从政治风险、生态风险、汇率变动以及投资决策等不同角度探讨了对外投资活动面临的多种风险因素。例如，尤宏兵等认为，政治风险是我国企业对外投资面对的主要风险，并以政府稳定性、腐败以及内部冲突三个维度评价东盟国家特有的政治风险。[⑤] 许勤华等在中国人民大学能源投资风险指数的基础上，用 37 个子指标对能源 ODI 的广义政治风险进行评估，认为近年来"一带一路"沿线国家的政治风险有上升趋势。[⑥] 张莹莹（2020）将对外投资风险分为经营性风险和非经营性风险两种，前者包括因汇率、价格、经济增长率等波动而引起的市场或经济风险；后者包括政治风险、法律风险、社会风险等。中国社会科学院世界经济与政治研究所发布的《中国海外投资国家风险评级 2020 年度报告》从经济基础、偿债能力、社会弹性、政治风险和对华关系五个构面，构建 42 个评价指标，对中国企业海外投资面临的主要风险进行量化评估。

就中国对外直接投资的实践来看，政治风险和法律风险也是发生频率较高的两大类非经营性对外投资风险。因东道国政治环境变化而引发的政

---

① 赵曙明：《国际企业：风险管理》，南京大学出版社 1998 年版，第 43 - 68 页。

② 毛小苓、刘阳生：《国内外环境风险评价研究进展》，载《应用基础与工程科学学报》2003 年第 3 期，第 266 - 273 页。

③ Khattab A A, Anchor J, Davies E. "Managerial Perceptions of Political Risk in International Projects". *International Journal of Project Management*, 2007（25）: 734 - 743.

④ Meldrum D H. "Country Risk and Foreign Direct Investment". *Business Economics*, 2000（35）: 33 - 40.

⑤ 尤宏兵、黄鸳涵、温珺：《不同投资动机下政治风险对中国在东盟直接投资的影响》，载《商业研究》2017 年第 12 期，第 90 - 98 页。

⑥ 许勤华、蔡林、刘旭：《"一带一路"能源投资政治风险评估》，载《国际石油经济》2017 年第 4 期，第 11 - 21 页。

治风险，是中国企业跨国投资，尤其是"一带一路"沿线对外投资中所面临的除经济风险外最高的风险。[①] 例如，2010 年中国石油天然气集团有限公司在收购叙利亚油气开发公司部分股权后，因叙利亚内战爆发而无奈被迫撤离，致巨额投资亏损。中资企业在苏丹、南苏丹的油田开发项目注资 200 万美元后，因 2011 年的苏丹南北分裂事件导致内战不断，最终陷于停滞。中国石油化工集团有限公司在也门的投资项目，也因政治冲突而停滞不前。[②] 由此可见，因为对外投资经验不足，中资企业面对传统的政治和商业风险时，容易蒙受巨大损失。环境风险作为非经济风险、非传统风险的重要表现形式，对 ODI 的影响正日益增大。

近年来，在可持续发展和环境善治等理念盛行的国际背景下，海外投资中遇到的环境问题不再仅仅是传统的污染问题，更涉及生态、社会、政治、法律风险等方方面面。[③] 法律风险中与劳工保护、环境安全、安全经济审查等有关的风险[④]，也成为中国跨国投资不可忽视的一大风险。随着中国对"一带一路"沿线地区投资领域的不断扩大，生态环境的风险愈发突出，已经出现因为生态环境问题而导致工人罢工、投资项目停摆的现象。[⑤] 当环境问题与政治问题、法律问题叠加在一起时，使得近年来逐渐显现的 ODI 生态环境风险变得更为复杂。而大部分中国企业的国际化尚处于起步阶段，国际化经营经验匮乏，抗风险能力弱，这使得中国企业对外投资更容易遭受失败或损失。对"一带一路"沿线地区国家的环境风险进行考量的重要性和必然性由此可见一斑。

二、环境风险

毛小苓、刘阳生认为环境风险是指由自发的自然原因和人类活动引起的，通过环境介质传播的，能对人类社会及自然环境产生破坏、损害及至

①　张明、王碧珺：《中国海外投资国家风险评级 2020 年度报告》，中国社会科学出版社 2020 年版。

②　孙南申：《"一带一路"背景下对外投资风险规避的保障机制》，载《东方法学》2018 年第 1 期，第 22 - 29 页。

③　王长明、刘援、郑竟：《环境风险管理国际规范对企业海外投资的借鉴意义》，载《国际经济合作》2014 年第 11 期，第 30 - 36 页。

④　张莹莹：《东道国制度风险对中国企业对外投资的影响》，天津财经大学 2020 年硕士学位论文。

⑤　高菠阳、刘卫东、宋涛等：《社会变革和制度文化制约下的"多尺度嵌入"——以缅甸莱比塘铜矿项目为例》，载《地理研究》2020 年第 12 期，第 2718 - 2730 页。

毁灭性作用等的不幸事件发生的可能性。① 刘菲、杨莲娜认为，环境风险是指在企业的经营过程中，由于企业的经营活动对环境造成一定负面影响甚至形成环境事件，而对企业的生产、运营以至企业声誉造成的极大损害。②

IGBP（2012）将环境风险定义为有可能从根本上破坏地球系统稳定性的风险，认为环境风险涵盖了广泛的领域，如气候变化、缺水、毁林、土地退化、生物多样性丧失、臭氧消耗和化学污染。③ 环境风险最突出的特点是相互关联性（interconnectedness，IGBP，2012）。例如，森林的过度砍伐不仅导致森林退化，加速土壤侵蚀，增加温室气体的排放，导致气候变化和破坏水循环的稳定性，还会扰乱野生动物的习惯，从而破坏生物多样性。一个地区的负面变化会使另一个地区恶化，反之亦然。

由于风险事件发生的不确定性及产生损害的不确定性是环境风险的重要特征，环境风险亦可以被表述为遭受环境损害的不确定性及环境事件危害后果的不确定性④，或突发性环境风险事故使得环境遭受损害的程度。⑤

三、ODI 环境风险的考量视角

借鉴刘卫常、康纪田的做法⑥，本研究选取环境风险这一代理变量对中国 ODI 的环境效应进一步进行量化分析，并将环境风险界定为 ODI 影响东道国未来生态环境以至发生不良后果的可能性状态。从风险形成机制来看，环境风险是在自然灾害或人类活动的影响下，由风险源产生风险因子，通过各种介质的传播，对生态环境、人类健康和社会经济等造成损害的后果及其可能性的大小。

---

① 毛小苓、刘阳生：《国内外环境风险评价研究进展》，载《应用基础与工程科学学报》2003 年第 3 期，第 266 – 273 页。

② 刘菲、杨莲娜：《企业对外直接投资的环境风险问题及对策》，载《重庆科技学院学报（社会科学版）》2014 年第 7 期，第 75 – 77 页。

③ 毛显强、刘峥延、刘菲：《中国对外投资面临的环境风险及管理探析》，载《环境保护》2013 年第 14 期，第 52 – 54 页。

④ 毛小苓、刘阳生：《国内外环境风险评价研究进展》，载《应用基础与工程学学报》2003，第 266 – 273 页。

⑤ 杜锁军：《国内外环境风险评价研究进展》，载《环境科学与管理》2006 年第 5 期，第 193 – 194 页。

⑥ 刘卫常、康纪田：《矿业环境风险预警防控机制的构建》，载《广西社会科学》2015 年第 5 期，第 153 – 157 页。

从风险来源的视角来看，对外直接投资所面临的生态环境风险包括多个组成要素。例如，李芳林、蒋昊将环境风险定义为由自然因素或人为因素造成的，以水、空气、土壤等为媒介，对人类健康、财产、生态环境安全造成威胁的不确定性和后果的危害性。[①] 借鉴许勤华等 2017 的做法[②]，本研究将环境风险定义为包括政治（如环境规制）、社会（环境善治）与生态环境在内的复杂、多边因素所产生的不确定性。这包括两个层面的含义：一是从东道国视角来看，ODI 环境风险是指对外投资活动可能对东道国环境造成的物理、化学、生物层面的损失或破坏；二是从母国视角来说，境外投资所面临的环境风险是指因东道国环境变量而使母国 ODI 产生损失的可能性。本章主要从母国视角来分析，从风险源来看，中国 ODI 的环境风险表征可以基于以下两个层面进行考量。

一是基于东道国层面的环境风险，主要体现在东道国生态环境的脆弱性（包括自然资源损耗风险）及其环境规制变化的可能性两方面，因为环境风险不仅来自东道国生态环境的变化而产生的环境破坏风险[③]，也可能来自制度层面或社会层面的变动而导致的环境变量的不确定性，如环境规制的变动与公民环保意识的改变。一旦发生环境问题，企业不仅面临着在东道国卷入环境诉讼、遭受环境处罚的风险[④]，而且由此引发的社会乃至政治问题不仅会影响企业在东道国的可接受度[⑤]和投资效果，甚至可能影响国家形象与软实力[⑥]。

二是基于母国层面的环境风险，主要体现为母国 ODI 在东道国的环境敏感性投资行为及由此导致的不良投资。基于数据的可获得性，本研究以 CGIT 为数据来源。CGIT 将因非商业性原因（如政治或环境因素等方

---

① 李芳林、蒋昊：《长江经济带城市环境风险评价研究》，载《长江流域资源与环境》2018 年第 5 期，第 939 – 948 页。

② 许勤华、蔡林、刘旭：《"一带一路"能源投资政治风险评估》，载《国际石油经济》2017 年第 4 期，第 11 – 21 页。

③ 生态环境破坏风险是企业对外投资所面临的环境风险中最重要的部分，是由东道国本身的生态环境特点带来的。比如，有的东道国国土面积狭小且森林面积及耕地面积占比较高，那么涉及土地使用的 ODI 项目就可能发生破坏森林和耕地的事件。有的区域人口众多、水资源消耗量较大、水资源匮乏，涉及河流资源使用或废水排放的 ODI 项目所面临的环境风险就高。

④ 任博远：《中国海外直接投资的环境保护问题研究》，吉林大学 2015 年硕士学位论文。

⑤ 王长明、温桂梅：《环境风险管理国际规范对企业海外投资的借鉴意义》，载《中国人口·资源与环境》2013 年第 5 期，第 143 – 148 页。

⑥ Wu Y Y, Hu T, Laskowski S L. "To Strengthen the Environmental and Social Risk Management of Chinese Outward Foreign Direct Investment". A Collaboration of the Yale School of Forestry and Environmental Studies and WWF, 2014: 33.

面的障碍）而导致的投资失败案例，界定为不良投资。CGIT 的统计结果表明，中国 ODI 在环境敏感型行业的不良投资占比高，可以较好地衡量其环境风险。因此，根据 CGIT 的统计口径，本研究创新性地将 CGIT 公布的环境敏感型行业的不良投资选为中国 ODI 环境风险的代理变量之一。

第二节　基于东道国视角的环境风险表征

从东道国的风险来源视角看，对外直接投资所面临的环境风险包括多个组成要素。学者们从不同角度对生态环境风险来源及其组成要素进行了研究。

（1）自然资源和生态约束的视角。该学派认为要综合考虑东道国自然资源和生态环境限制等因素，如徐鹤等选取干旱、洪水和极端气温的受影响人群（占总人口的比例）、人口密度、受胁物种、保护区面积（占土地总面积的比例）、人均可再生淡水资源、生物多样性效益指数表征生态环境约束条件；用自然资源租金总额（占 GDP 的百分比）、能源净进口（占能源消耗总量的百分比）、年度淡水抽取总量（占内部资源的百分比）、可燃性再生资源和废弃物（占能源消耗总量的百分比）、可替代能源和核能（占能源消耗总量的百分比）、获得电力资源的人口（占总人口的比例）等指标衡量自然资源约束条件。[1]

（2）环境规制变量的视角。环境敏感型行业，尤其是能源开采、运输、供应与消费的每个环节都受到各国政府环境治理与管控状况的影响。"一个国家的环境风险来源于未来环保标准突然提高的可能性。"[2] 环保标准提高的可能性越大，企业在未来增加的环境成本的可能性也就越高，风险也就越大。

（3）生态系统视角，是前两种视角的结合，认为 ODI 环境风险来源由生态破坏风险、资源损耗风险、政策波动风险三方面因素[3]，包括资源

① 徐鹤、齐曼古丽·依里哈木、姚荣等：《"一带一路"战略的环境风险分析与应对策略》，载《中国环境管理》2016 年第 2 期，第 36 - 41 页。

② 许勤华、蔡林、刘旭：《"一带一路"能源投资政治风险评估》，载《国际石油经济》2017 年第 4 期，第 11 - 21 页。

③ 王英旭：《"一带一路"倡议下我国对外投资的环境风险评价》，吉林大学 2018 年硕士学位论文。

限制、人为活动、自然灾害三个构面。例如，辛方坤基于这一视角对东南亚、南亚、中东三个地区的生态风险进行了定量分析，发现东南亚地区具有较高的人为活动风险以及自然灾害风险，而南亚地区则具有较高的资源限制风险、自然灾害风险，中东地区的资源限制风险、人为活动风险较高。[①]

本研究认为生态系统视角能全面把握一国环境风险的来源及成因，故采用此视角对环境风险的大小进行测度，从东道国的生态环境脆弱性、自然资源损耗风险和环境规制变动风险三个层面对东道国层面的环境风险表征进行分析。

一、"一带一路"沿线国家生态环境脆弱性分析

跨国企业对外投资的生态环境约束条件可以简单地投射到东道国的环境承载力指标上，既包括了各种自然资源（如能源、水资源、耕地等），也涵盖了反映环境退化的各种指标（如污染、森林砍伐等）。由于不同东道国的生态环境情况并不相同，其所面临的环境风险表征也相差甚大。如在国土面积狭小且森林及耕地面积占比较高的东道国，对外投资中涉及土地使用的项目就容易对东道国的森林和耕地产生破坏风险；而对人口众多、水资源消耗量较大的东道国来说，环境风险相对较高的项目是涉及河流或者是废水排放的工业类项目。据此可知，对外投资的环境风险中最重要、最直接的内容是由东道国自身的生态环境特点带来的相应生态环境破坏风险。

"一带一路"沿线面临的可持续发展问题突出。近年来，"一带一路"沿线地区在经济增长的同时，资源消耗和污染物排放的速度居高不下，资源环境压力日益沉重。环境问题不断积累恶化，最终将会成为沿线地区经济发展的阻碍。[②]"一带一路"沿线国家区位跨度广、总体生态环境较脆弱且具有较大差异性，潜在环境风险较大。"一带一路"区域不仅涵盖生态条件良好、生态资源丰富的地区（如东南亚、南亚、中东欧及俄罗斯远东等地区），也有人均资源匮乏、环境承载力弱、容易诱发环境风险的

---

① 辛方坤：《21世纪海上丝绸之路：生态风险及应对》，载《太平洋学报》2018年第7期，第59页。

② 李丹、李凌羽：《"一带一路"生态共同体建设的理论与实践》，载《厦门大学学报（哲学社会科学版）》2020年第3期，第66－78页。

生态环境敏感区域。例如,中蒙俄经济走廊的天津—乌兰乌德段地处高寒、荒漠地带,地形复杂,生态环境极其脆弱且穿越众多保护区,环境约束条件复杂。新亚欧大陆桥中亚段上的生态敏感地段长约 1800 千米,尤其需要注意的是从新疆边境穿过哈萨克斯坦再到俄罗斯乌法这一段,即阿拉山口—乌法地段,此段大部分是荒漠地带及地质灾害易发区,沿线保护区占比大。中国—中亚—西亚经济走廊更是涵盖了新疆、哈萨克斯坦、伊朗等干旱区荒漠,生态环境非常脆弱。其中,中亚段穿越了 2240 千米的荒漠区、360 千米的天山山脉,西亚段穿越了 820 千米荒漠区、1400 千米山区(见表 7.1)。

表 7.1 "一带一路"生态敏感区的环境约束条件

"一带一路"区域		生态约束因素				
走廊	走廊分段	严寒气候	荒漠	地形	灾害	保护区
中蒙俄经济走廊	天津—乌兰乌德段	√	√	√		√
新亚欧大陆桥	中亚段(阿拉山口—乌法)	—	√		√	√
中国—中亚—西亚经济走廊	中亚段(乌鲁木齐—马什哈德)	—	√	√	√	√

数据来源:柳钦火等的《全球生态环境遥感监测 2017 年度报告》。

二、"一带一路"沿线国家资源损耗风险分析

就资源禀赋而言,大多数"一带一路"沿线国家人均资源匮乏。以水资源为例,可再生内陆淡水资源相对来说比较稳定,可以用来表示东道国整体水环境情况。依据 2014 年联合国粮食及农业组织发布的对可再生内陆淡水资源的统计数据,"一带一路"沿线国家水资源总量为 15.23 万亿立方米,在全球所占比重为 35.58%,而人口占比却达到了 62.16%,导致人均水资源仅为 3370 立方米,远低于 5930 立方米的世界平均水平(见表 7.2)。按联合国的标准,人均水资源量低于 1000 立方米即被视为缺水状态,而人均水资源低于 500 立方米即为极度缺水状态。"一带一路"沿线多数国家处于干旱或半干旱地区,尤其是西亚地区,水资源极度短缺。其中,24 个国家处于 1000 立方米的缺水线以下,占全球的 48%;

有 17 个国家在 500 立方米的极度缺水线以下，占全球的 58.62%。[①]

表 7.2 人均可再生内陆淡水资源处于缺水线以下的 BRCs

（单位：立方米）

国家	人均可再生水资源	国家	人均可再生水资源
伊拉克	1005.5	以色列	91.3
孟加拉国	658.7	也门共和国	80.0
荷兰	652.2	沙特阿拉伯	78.0
匈牙利	608.1	约旦	77.4
乌兹别克斯坦	531.2	卡塔尔	23.6
叙利亚	371.4	埃及	19.6
阿曼	353.5	阿拉伯联合酋长国	16.5
土库曼斯坦	257.0	世界平均	5930
新加坡	109.7	中国	2093

数据来源：Food and Agriculture Organization，AQUASTAT data。

就森林面积占比来看，全球 2015 年森林占比为 30.7%，而"一带一路"沿线国家该占比仅为 24.2%，其中占比在 10% 以下的有 18 个国家（如表 7.3 所示），主要集中在中亚—西亚国家。

表 7.3 森林面积（占土地面积的百分比）较低的东道国（2015 年）

（单位：%）

国家	占比	国家	占比
土库曼斯坦	8.78	哈萨克斯坦	1.23
以色列	7.62	约旦	1.10
乌兹别克斯坦	7.57	也门	1.04
伊朗	6.56	沙特阿拉伯	0.45
阿拉伯联合酋长国	3.86	科威特	0.35
吉尔吉斯斯坦	3.32	埃及	0.07

[①] 《"一带一路"沿线国家资源分析》，http://news.cnr.cn/，2017-07-21。

续上表

国家	占比	国家	占比
塔吉克斯坦	2.97	阿曼	0.01
叙利亚	2.67	卡塔尔	0
阿富汗	2.07	世界平均	30.70
伊拉克	1.90	"一带一路"沿线国家平均	24.20

资料来源：世界银行 WDI 数据库。

就人均耕地面积来看，2015 年"一带一路"沿线国家仅为 0.21 公顷，超过一半（55.38%）的国家人均耕地面积低于世界平均水平（0.197 公顷），尤其是中亚—西亚地区，仅为 0.128 公顷（如表 7.4 所示）。

表 7.4　人均耕地面积极度短缺的东道国

（单位：公顷）

国家	人均	国家	人均
新加坡	0.000	菲律宾	0.055
科威特	0.002	荷兰	0.061
阿拉伯联合酋长国	0.004	斯里兰卡	0.062
卡塔尔	0.005	尼泊尔	0.074
阿曼	0.009	越南	0.075
约旦	0.025	塔吉克斯坦	0.085
埃及	0.031	斯洛文尼亚	0.089
马来西亚	0.031	印度尼西亚	0.091
以色列	0.035	世界平均	0.197
孟加拉国	0.048	"一带一路"沿线国家平均	0.21

资料来源：世界银行 WDI 数据库。

就生态环境脆弱性来看，如表 7.5 所示，受干旱、洪水和极端气温影响较大的国家主要集中在西亚、南亚区域。

表7.5　干旱、洪水和极端气温受影响较大的东道国

（占总人口的百分比，1990—2009 年平均值）　　　（单位：%）

国家	占比	国家	占比
柬埔寨	6.64	老挝	2.69
塔吉克斯坦	5.38	斯里兰卡	2.16
孟加拉国	4.58	吉尔吉斯斯坦	2.07
印度	4.36	越南	1.6
泰国	3.75	阿富汗	1.06
伊朗	3.06	世界平均	0.93

数据来源：世界银行 WDI 数据库。

就资源消耗来看，"一带一路"沿线区域的很多资源都处于过度消耗状态，多数地区的单位 GDP 能耗、原木消耗及二氧化碳排放等，高出全球平均水平的 50% 以上；单位 GDP 消耗的有色金属、水泥、钢材、臭氧层等，是全球平均消耗的 2 倍或 2 倍以上，属于生态环境较为脆弱的区域。如表 7.6 所示，"一带一路"区域的 GDP 单位能耗均值为 9.4，高于世界均值 7.91，其中斯里兰卡、瑞士、新加坡等是世界均值近 2 倍或以上。

表7.6　GDP 单位能源消耗

（2011 年不变价购买力平价美元/千克石油当量）　　　（单位：%）

国家	占比	国家	占比
斯里兰卡	20.7	德国	11.5
瑞士	18.7	以色列	11.5
新加坡	15.8	希腊	11.3
土耳其	14.2	印度尼西亚	11.3
意大利	14.1	荷兰	10.6
菲律宾	13.8	伊拉克	10.5
孟加拉国	13.4	匈牙利	10.4
缅甸	12.8	法国	10.3
罗马尼亚	12.4	世界平均	7.91

续上表

国家	占比	国家	占比
埃及	12.1	"一带一路"沿线国家平均	9.4

数据来源：世界银行 WDI 数据库。

WDI 数据显示，2014 年世界能源消费的主要来源是化石燃料，包括煤炭（30%）、石油（29%）和天然气（22%），而可再生能源占比不到 9%。以传统化石燃料能耗来看，除了表 7.7 中的 12 个东道国化石燃料能耗占比在 70% 以下，其他近 40 个东道国都在 70% 以上，尤其是科威特、沙特阿拉伯、阿拉伯联合酋长国、哈萨克斯坦、伊朗、叙利亚、约旦、新加坡、伊拉克、马来西亚、以色列、埃及、白俄罗斯、荷兰、俄罗斯、波兰这些国家，化石燃料能耗占比高达 90% 以上。

表 7.7　化石燃料能耗（占总量的百分比）在 70% 以下的东道国

（单位:%）

国家	占比	国家	占比
尼泊尔	15.8	匈牙利	68.0
柬埔寨	30.7	印度尼西亚	65.6
缅甸	39.3	菲律宾	62.0
法国	46.2	斯洛文尼亚	59.7
瑞士	48.7	塔吉克斯坦	54.9
斯里兰卡	50.3	世界平均	—
吉尔吉斯斯坦	69.3	"一带一路"沿线国家平均	78.3

数据来源：世界银行 WDI 数据库。

综上，虽然以菲律宾、柬埔寨、越南、马来西亚等为代表的大多数东南亚国家，得益于较好的自然资源禀赋条件，其自然资源损耗常年维持在较低水平。但以印度为代表的人均资源较匮乏的东道国，自然资源损耗风险随着人口规模与环境压力的增大，在 2009 年以后剧增，成为近年来生态风险最高的国家之一。中亚和西亚国家虽然具有丰富的自然资源和能源矿产等，但由于本国经济发展主要依赖能源资源开发与出口，在政策上比较鼓励能源矿产资源行业的开发投资，因此，以土库曼斯坦和吉尔吉斯斯坦为代表的中亚国家，自然资源损耗风险较高。由此可见，中国在"一带一路"大多数区域的投资面临着更紧的生态约束条件，在这些高风险地区的资源寻求型 ODI 将面临较高的生态环境风险。

三、"一带一路"沿线国家环境规制变动风险分析

（一）全球环境规制水平日趋严格

如本书绪论部分所言，在绿色发展、环境善治等理念不断推行的背景下，东道国的环境规制变动对 ODI 行为的影响将日趋增大。耶鲁大学发布的环境绩效指数报告对全球 180 个国家的环境绩效水平进行了测度，其均值自 2007 年起呈稳定上升趋势（见图 7.1），由 2007 年的 64.91 升至 2016 年的 67.37，说明全球环境规制水平日趋严格已成趋势，这无疑将对全球资本流动产生深远影响。

就"一带一路"沿线国家而言，本研究选取的 58 个样本国的 EPI 均值自 2007 年以来的变化趋势，与全球变化趋势一致，且整体水平要比全球均值水平更高。本书第五章实证结果表明，东道国环境规制对中国 ODI 的区位选择起到显著的负向抑制作用。这说明在"一带一路"沿线国家环境规制水不断上升的压力下，中国 ODI 所面临的环境风险不断增加，势必影响中国 ODI 的可持续发展。

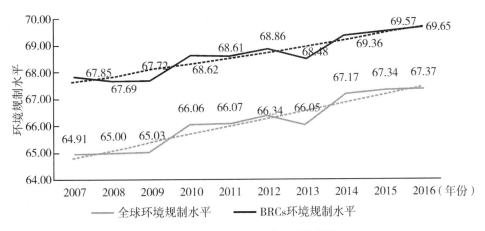

图 7.1　全球环境规制水平变化趋势

数据来源：根据耶鲁大学环境法律与政策中心等编制的 Environmental Performance Index Report 整理而得。

（二）前二十大东道国的环境规制水平差异大

根据耶鲁大学环境绩效指数报告的数据进行测算，可知全球 EPI 均值和"一带一路"EPI 均值分别为 67.37 分和 69.65 分，而"一带一路"沿线中国 ODI 存量前二十大东道国（见表 7.8）EPI 均值为 70.53，比全球和"一带一路"均值都更高，说明前二十大东道国的环境规制水平更严格。就各样本国的得分离差来看，最高分为德国的 88.20 分，最低分为缅甸的 48.98 分，两者相差 39.22 分，表明各国环境规制水平差异大。

表 7.8 前二十大东道国国家及其 EPI 指数

国家	EPI	国家	EPI
新加坡	87.04	泰国	69.54
荷兰	82.03	柬埔寨	51.24
俄罗斯	83.52	以色列	78.14
印度尼西亚	65.85	马来西亚	74.23
德国	88.20	伊朗	66.32
老挝	50.29	印度	53.58
哈萨克斯坦	73.29	沙特阿拉伯	68.63
法国	88.20	意大利	84.48
越南	58.50	吉尔吉斯斯坦	73.13
阿拉伯联合酋长国	69.35	全球均值	67.37
缅甸	48.98	"一带一路"沿线国家均值	69.65

资料来源：根据商务部《2018 年度中国对外直接投资统计公报》和哥伦比亚大学国际地球科学信息网络中心（CIESIN）的数据统计。

以 2017 年全球 EPI 均值 67.37 分作为参照标准，将前二十大东道国的环境规制水平划分为以下四个层次（见表 7.9）。

（1）环境管制严苛型（strict regulation countries，简称"SRCs"）。此类国家 EPI 得分在 80 分以上，包括新加坡、荷兰、德国、俄罗斯、法国、意大利 6 国。这类国家大多属于欧盟区，一直是世界生态环保领域的领跑者和生态环保运动的积极推动者，制定有严格的环境标准、法律法规。尤其是新加坡，接近全球最高的北欧国家水平。①

（2）环境管制偏紧型（slightly tight regulation countries，简称 "STRCs"）。将 EPI 得分在 70 ～80 分的国家定义为偏紧型，包括哈萨克斯坦、以色列、马来西亚和吉尔吉斯斯坦 4 个国家。

表 7.9　中国在"一带一路"沿线投资存量 Top 20 东道国的环境规制水平

环境规制水平	国别	存量	EPI
环境管制严苛型	新加坡	33. 446	87. 04
	荷兰*	20. 588	82. 03
	德国*	7. 842	84. 26
	俄罗斯	12. 980	83. 52
	法国	5. 117	88. 20
	意大利*	1. 555	84. 48
环境管制偏紧型	哈萨克斯坦	5. 433	73. 29
	以色列*	4. 230	78. 14
	马来西亚	3. 634	74. 23
	吉尔吉斯斯坦	1. 238	73. 13
环境管制适度型	泰国	4. 534	69. 54
	印度尼西亚	9. 546	65. 85
	伊朗	3. 331	66. 32
	沙特阿拉伯	2. 607	68. 63
	阿拉伯联合酋长国	4. 888	69. 35
环境管制宽松型	越南	4. 984	58. 50
	缅甸	4. 620	48. 98
	柬埔寨	4. 369	51. 24
	印度	3. 108	53. 58
	老挝	5. 500	50. 30

资料来源：根据美国企业研究所（AEI）和传统基金会（HF）所做的中国对外

---

① 大多数北欧国家 EPI 得分最高，2016 年 EPI 得分 90 分以上的有芬兰、冰岛、挪威。其中，芬兰以 90. 68 分高居全球之首。

投资追踪数据（CGIT）（http://www.aei.org/china-global-investment-tracker，2017）、商务部《2018 年度中国对外直接投资统计公报》、耶鲁大学环境法律与政策中心（YCELP）与哥伦比亚大学国际地球科学信息网络中心（CIESIN）数据计算而得。说明：①投资存量的单位为十亿美元。②＊号国家的不良资产主要分布在非环境敏感领域。

（3）环境管制适度型（moderate regulation countries，MRCs）。而 EPI 得分在 60 分左右的国家为适度型，包括泰国、印度尼西亚、伊朗、沙特阿拉伯和阿拉伯联合酋长国这 5 个国家。

（4）环境规制宽松型（lax regulation countries，LRCs）。EPI 得分在 60 分以下的国家被称为宽松型，包括越南、缅甸、柬埔寨、印度和老挝 5 个国家。

从区位分布来看，欧盟国家的发展水平最高，环境规制也最严苛，是全球生态环保运动的积极践行者；绝大部分中南半岛国家尚处于发展中国家行列，资源禀赋好，环境规制相对宽松；大多数中亚—西亚国家水资源紧张、生态环境比较恶劣，而石油资源富裕的海湾国家经济发展水平较高，对生态环境保护相对重视，环境规制偏紧。

综上，"一带一路"沿线东道国的环境规制差异大，中国 ODI 的行为与动因也不尽相同，在全球环境规制日趋严格的背景下，需要密切关注、科学评估各主要东道国环境规制变动所带来的环境风险。

第三节　基于中国 ODI 行为的环境风险表征

接下来，从特定投资行为特征视角，结合环境敏感型行业的分布特征及其不良投资现状，对中国 ODI 所面临的环境风险表征进行分析。本节选取不良投资作为中国 ODI 质量的代理变量，通过重点考察不良投资的区位与行业分布特征，对中国 ODI 的环境风险表征进行研究。如前所述，为了排除非环境因素对中国 ODI 行为及绩效的影响，本书重点对环境敏感型行业的分布特征及投资质量进行研究。因为涉及某东道国某细分行业的 ODI 数据，本章数据主要来源于《中国对外投资追踪数据》（2020），并依据 CGIT 的统计口径，则将农业、化工、能源、金属、房地产、交通这六大行业界定为环境敏感型行业；同样，选取"一带一路"四大国际经济合作走廊——"新亚欧大陆桥""中国—中亚—西亚""中国—中南半岛""孟中印缅"的 50 个样本国作为研究对象。

一、环境敏感型行业 ODI 的分布特征

如表 7.10 所示，2017—2019 年，中国在"一带一路"沿线国家对外直接投资的 2/3 以上集中在环境敏感型行业，其中农业、交通运输和能源行业近 3 年平均 ODI 流量占比分别为 26.2%、21.2% 和 12.3%。尤其是 2018 年中美贸易摩擦以来，能源、交通和金属行业的 ODI 投入占比有了明显增加，而农业和房地产投资占比出现了锐减的趋势。这可能与"一带一路"倡议的行动目标及中国企业的比较优势有关。"一带一路"倡议所确定的产能合作、能源革命、亚洲基础设施投资银行建设等行动目标，塑造了中国在"一带一路"沿线国家 ODI 的产业分布格局[①]——主要集中在能源、矿产、制造、基础设施建设等领域。未来中国在能源、电力、交通、建筑等领域的基础设施投资会持续增多（陈伟光、郭晴，2016；王广宇、张倩，2016），而这些领域具有环境敏感型特征，使得中国 ODI 面临着一定的环境风险。[②]

表 7.10　2017—2019 年中国在"一带一路"沿线国家 ODI 流量的行业分布

投资行业		2017 年		2018 年		2019 年		合计	
		投资额（亿美元）	占比（%）	投资额（亿美元）	占比（%）	投资额（亿美元）	占比（%）	投资额（亿美元）	占比（%）
环境敏感型行业	能源	49.60	6.05	53.60	10.82	107.60	26.59	210.80	12.30
	交通运输	46.90	5.72	197.90	39.93	119.30	29.49	364.10	21.20
	金属	5.80	0.71	52.20	10.53	29.50	7.29	87.50	5.10
	房地产	53.50	6.52	14.80	2.99	10.20	2.52	78.50	4.60

---

① Scissors D. "China's global investment：Neither the US nor Belt and Road". http://www.aei.org/publication/，2018-01-11.

② 胡德胜、欧俊：《中企直接投资于"一带一路"其他国家的环境责任问题》，载《西安交通大学学报（社会科学版）》2016 年第 4 期，第 45-51 页。

续上表

投资行业		2017 年		2018 年		2019 年		合计	
		投资额 （亿美元）	占比 （%）	投资额 （亿美元）	占比 （%）	投资额 （亿美元）	占比 （%）	投资额 （亿美元）	占比 （%）
环境敏感型行业	农业	440.70	53.72	8.30	1.67	1.70	0.42	450.70	26.20
	化学	0.00	0.00	5.00	1.01	0.00	0.00	5.00	0.30
	小计	596.50	72.72	279.60	66.95	268.30	66.31	1144.40	66.50
非环境敏感型行业	娱乐	15.80	1.93	9.40	1.90	44.20	10.92	69.40	4.00
	技术	7.70	0.94	45.90	9.26	26.90	6.65	80.50	4.70
	物流	100.90	12.30	1.50	0.30	8.70	2.15	111.10	6.50
	金融	28.50	3.47	5.10	1.03	6.90	1.71	40.50	2.40
	旅游	17.30	2.11	5.60	1.13	18.70	4.62	41.60	2.40
	健康	15.50	1.89	18.00	3.63	1.00	0.25	34.50	2.00
	公共事业	0.00	0.00	0.00	0.00	0.00	0.00	0.00	0.00
	其他*	38.20	4.66	78.30	15.80	29.90	7.39	146.40	8.50
	小计	223.90	27.30	163.80	33.05	136.30	33.69	524.00	30.50
全行业	合计	820.40	100.00	495.60	100.00	404.60	100.00	1720.6	100.00

数据来源：根据 China Global Investment Tracker 2020（The American Enterprise Institute and The Heritage Foundation，http://www.aei.org/china-global-investment-tracker）数据库资料统计而得。因受新冠肺炎疫情冲击，2020 年的对外投资数据不具有统计意义，故略去。

注：①*，主要由消费品行业组成。②罗马尼亚、阿拉伯联合酋长国数据不可获得。

综上，通过分析中国在 50 个样本国的 ODI 行为特征，发现中国 ODI 无论是在区位分布还是产业选择上，都具有高度集中的特征，具有环境敏感特性。

二、不良投资的区位分布特征

由于中国企业外向国际化的历史较短，环境责任意识与环境善治理念尚未深入到某些企业的投资战略决策中，对东道国环境风险和中国企业 ODI 质量进行系统跟踪与监测的数据资料很有限。仅有以 CGIT 为代表的数据库，对中国自 2005 年以来投资金额在 1 亿美元以上的每一笔不良投资①进行跟踪记录。CGIT 将因非商业性原因而导致的投资失败案例界定为不良投资。梳理 CGIT 中投资失败的案例，不难发现环境敏感型行业的不良投资占比高，可以较好地衡量中国 ODI 的环境风险。鉴于数据的可获得性，本研究将中国 ODI 在环境敏感型行业的不良投资作为其环境风险的代理变量。

（一）中国在全球的不良投资区位分布

"一带一路"沿线区域成为中国不良投资的高发地。根据 CGIT 数据所做的统计结果，2005 年到 2020 年，中国对外投资的全球不良投资案例多达 301 起，涉及 90 个国家/地区，金额高达 3959.4 亿美元。就全球的区位分布来看，"一带一路"沿线国家的不良投资案例起数占比高达 30.6%，涉及金额占比约 32.11%（见表 7.11），都高于同期"一带一路"占我国 ODI 存量 8.2% 这一比例。CGIT（2020）的统计数据标明，2005—2019 年，我国在"一带一路"沿线国家 ODI 不良资产总额位居前列的国家主要有：伊朗（259 亿美元）、德国（190 亿美元）、俄罗斯（143 亿美元）、利比亚（127 亿美元）、尼日利亚（115 亿美元）、英国（95 亿美元）等国。

表 7.11　2005—2020 年我国 ODI 不良投资分布区域

国家/地区	案例数 （起）	占案例总数比 （%）	涉及金额 （亿美元）	占涉及总额比 （%）
"一带一路"沿线	92	30.56	1271.30	32.11
美国	47	15.61	725.70	18.33
澳大利亚	35	11.63	539.90	13.64
其他区域	127	42.19	1422.50	35.93
全球	301	100.00	3959.40	100.00

数据来源：根据 China Global Investment Tracker 2020（The American Enterprise In-

---

① CGIT 将因非商业性原因（如政治或环境等方面的障碍）而导致的投资失败案例称为不良投资。

stitute and the Heritage Foundation，http：//www. aei. org/china-global-investment-tracker）数据库资料统计而得。

注：①"一带一路"仅统计中南半岛、新亚欧大陆桥、中亚—西亚、孟中印缅四大经济走廊 50 个样本国的数据（剔除了马尔代夫）；其中以下国家的不良投资案例暂无：新亚欧大陆桥中的斯洛文尼亚、匈牙利、波黑、塞尔维亚、瑞士、荷兰、白俄罗斯，中南半岛中的文莱，中亚—西亚中的吉尔吉斯斯坦、塔吉克斯坦、土库曼斯坦、约旦、也门、阿曼、阿拉伯联合酋长国、科威特、埃及。②2020 年的数据仅统计到 2020 年 6 月。

（二）"一带一路"不良投资的区位分布

就不良资产在"一带一路"的区位分布来看，如表 7. 12 所示，2005 年至 2020 年，居案例数占比前三位的分别为中南半岛（31. 52%）、中亚—西亚（29. 35%）和新亚欧大陆桥（26. 09%）；居不良投资金额占比前三位的分别为中亚—西亚（37. 66%）、新亚欧大陆桥（33. 27%）和中南半岛（21. 76%），其中中亚—西亚这一环境敏感型区域以 478. 80 亿美元的不良投资金额高居榜首，成为中国不良投资的重灾区。这在某种程度上与中国 ODI 的行业分布特征有关。例如，中国在印度尼西亚的许多投资与煤炭相关，在巴基斯坦的投资有相当部分是水电建设，在伊朗的项目既有石油天然气，也有水电等，具有环境敏感性特征。

表 7. 12 2005—2020 年我国 ODI 不良投资在"一带一路"的分布区域

地区	案例数（起）	占案例总数比（%）	不良投资金额（亿美元）	占涉及总额比（%）
中亚—西亚	27	29. 35	478. 80	37. 66
新亚欧大陆桥	24	26. 09	423. 00	33. 27
中南半岛	29	31. 52	276. 60	21. 76
孟中印缅	12	13. 04	92. 90	7. 31
总计	92	100. 00	1271. 30	100. 00

数据来源：根据 China Global Investment Tracker 2020（the American Enterprise Institute and the Heritage Foundation，http：//www. aei. org/china-global-investment-tracker）数据库资料统计而得。注：2020 年的数据仅统计到 2020 年 6 月。

三、不良投资的行业分布

梳理 CGIT 中中国投资失败的案例，不难发现环境敏感型行业的不良投资占比高，可以较好地衡量中国 ODI 的环境风险。

（一）环境敏感型行业不良投资的区位分布

1. 全球样本

为了探求中国 ODI 绩效的行业异质性特征，接下来对环境敏感型行业的不良投资现状进行分析（见表 7.13）。从 2010 年到 2019 年的平均数据来看，中国企业环境敏感型行业不良投资占环境敏感型行业投资总额的比例为 26.9%、占中国海外投资总额比例为 18.8%。环境敏感型行业不良投资占全球不良投资总额的比例为 76.7%，远高于中国 ODI 均值为 24.4% 的全球不良投资率，也高于环境敏感型行业占全球投资总额比例（均值为 69.7%）7 个百分点。在全球不良投资中，有 4 个年份约 90% 的不良投资案例都来自环境敏感型行业。

为了进一步了解各细分行业内部的不良投资率，本研究根据 CGIT 数据将 2005—2020 年中国在各细分行业的对外投资总额和不良投资总额加总，计算出各细分行业的不良投资率，结果如表 7.14 所示。不良投资率在 35% 以上的有五大行业，其中金融行业最高，为 50.42%；其次是金属和科技行业，为 45% 左右；接下来是交通和能源行业，分别为 41.28% 和 35.35%。这五大行业中，金融和科技行业属于政策敏感型行业，在东道国面临着较高投资技术壁垒；金属、交通和能源行业则属于环境敏感型行业，受东道国环境规制影响较大。这也说明中国对外投资面临的两大主要投资壁垒。

表7.13 环境敏感型行业不良投资占全球不良投资的比例

项目	2010年	2011年	2012年	2013年	2014年	2015年	2016年	2017年	2018年	2019年	总计
敏感型行业不良投资总额（亿美元）	134.0	365.2	206.4	163.4	223.4	233.9	224.1	97.0	263.2	60.8	1971.4
环境敏感型行业投资总额（亿美元）	606.5	639.0	666.7	709.8	732.7	800.7	743.2	1069.3	833	520.7	7321.6
中国在全球不良投资总额（亿美元）	217.8	376.6	206.4	176.8	254.6	322.1	366.8	197.2	337.9	112.7	2568.9
中国在全球投资总额（亿美元）	660.0	703.1	798.1	786.4	1009.1	1194.5	1647.6	1708.4	1229.5	773.4	10510.1
敏感型行业不良投资总额/环境敏感型行业投资总额的占比（%）	22.1	57.2	31.0	23.0	30.5	29.2	30.2	9.1	31.6	11.7	26.9
敏感型行业不良投资总额/中国在全球不良投资总额的占比（%）	61.5	97.0	100.0	92.4	87.8	72.6	61.1	49.2	77.9	54.0	76.7
敏感型行业不良投资总额/中国在全球投资总额的占比（%）	20.3	51.9	25.9	20.8	22.1	19.6	13.6	5.7	21.4	7.9	18.8
环境敏感型行业投资总额/中国在全球投资总额的占比（%）	91.9	90.9	83.5	90.3	72.6	67.0	45.1	62.6	67.8	67.3	69.7
中国在全球不良投资总额/中国在全球投资总额的占比（%）	33.0	53.6	25.9	22.5	25.2	27.0	22.3	11.5	27.4	14.6	24.4

数据来源：根据China Global Investment Tracker 2020（The American Enterprise Institute and the Heritage Foundation, http://www.aei.org/china-global-investment-tracker）数据库资料统计而得。

表 7. 14　2005—2020 年中国在全球的不良投资行业分布情况

行业	ODI （亿美元）	TTs （亿美元）	TTs/ODI 的 占比（%）	行业	ODI （亿美元）	TTs （亿美元）	TTs/ODI 的 占比（%）
金融	820.50	413.70	50.42	化学	126.10	19.80	15.70
金属	1501.10	703.60	46.87	娱乐	526.10	68.40	13.00
科技	648.60	287.00	44.25	物流	370.60	17.90	4.83
交通	1326.90	547.70	41.28	健康	228.90	7.70	3.36
能源	3949.60	1396.20	35.35	公共事业	56.60	1.90	3.36
房地产	1059.10	215.60	20.36	其他*	475.20	80.80	17.00
农业	834.50	124.10	14.87	合计	12363.90	3959.40	32.02
旅游业	440.10	75.00	17.04				

数据来源：根据 China Global Investment Tracker 2020（The American Enterprise Institute and the Heritage Foundation）数据统计而得，2020 年数据仅包括上半年数据。
注：①ODI：对外直接投资额；TTs：不良投资额；TTs/ODI：不良投资率。②其他*中排在第一的是消费品行业。

就环境敏感型行业内部的不良投资率来看，能源和金属是不良投资的高发区。本研究根据 CGIT 数据所做的统计结果表明，就投资占比看，2005—2020 年中国 ODI 总额为 12363.9 亿美元，其中能源和金属行业的投资总额达到 5450.7 亿美元，占比高达 44.1%。就不良投资率来看，能源、金属两大行业的不良投资涉及金额总计 2099.8 亿美元，不良投资率为 38.5%，高于全行业平均 32% 的不良投资率。两大行业不良投资占全行业失败案例总额的比例均值为 53%[1]，这表明我国企业投资集中分布于能矿和金属化工等高能耗行业，往往是对外直接投资环境风险高发行业。（见表 7.15）

---

[1]　根据 China Global Investment Tracker（The American Enterprise Institute and the Heritage Foundation，2020）数据统计而得。

表 7.15　中国在全球不良投资的比例

(单位：亿美元)

年份	能源、金属 ODI（亿美元）	全行业 ODI（亿美元）	能源、金属 TTs（亿美元）	全行业 TTs（亿美元）	能源、金属 ODI/全行业 ODI（%）	能源、金属 TTs/能源＆金属 ODI（%）	能源、金属 TTs/全行业 TTs（%）	全行业 TTs/全行业 ODI（%）
2005	82.2	102.4	180.0	180.0	80.3	219.0	100.0	175.8
2006	174.5	204.2	218.7	347.6	85.5	125.3	62.9	170.2
2007	88.9	301.1	75.7	146.1	29.5	85.2	51.8	48.5
2008	443.2	576.9	39.1	303.8	76.8	8.8	12.9	52.7
2009	447.8	561.4	321.7	371.7	79.8	71.8	86.6	66.2
2010	475.3	660.0	88.3	217.8	72.0	18.6	40.5	33.0
2011	479.5	703.1	208.3	376.6	68.2	43.4	55.3	53.6
2012	550.5	798.5	161.3	206.4	69.0	29.3	78.2	25.9
2013	436.3	786.4	108.2	176.8	55.5	24.8	61.2	22.5
2014	436.7	1009.1	192.5	254.6	43.3	44.1	75.6	25.2
2015	400.2	1194.5	83.3	322.1	33.5	20.8	25.9	27.0
2016	386.0	1647.6	157.8	366.8	23.4	40.9	43.0	22.3
2017	245.7	1708.4	52.6	197.2	14.4	21.4	26.7	11.5
2018	460.5	1229.5	171.1	337.9	37.5	37.2	50.6	27.5
2019	319.5	773.4	38.1	112.7	41.3	11.9	33.8	14.6
2020	23.9	107.8	3.1	41.3	22.2	13.0	7.5	38.3
总计	5450.7	12363.9	2099.8	3959.4	44.1	38.5	53.0	32.0

数据来源：根据 China Global Investment Tracker 2020 数据库资料统计而得，网址：http://www.aei.org/china-global-investment-tracker。注：①ODI：对外直接投资额；TTs：不良投资额。②2020 年的数据仅统计到 2020 年 6 月。

2. "一带一路"沿线国家样本

就"一带一路"区域来看，2010—2019 年 10 年间，中国海外投资中平均约有 1/3 的风险案例金额来自"一带一路"国家（表 7.19 中的 BRCs 不良投资总额/中国在全球的不良投资额），其中有三个年份的比例均在40%～43%之间，2018 年、2019 年的比例更是高达68%、76.9%。
"一带一路"环境敏感型行业不良投资占同期全行业不良投资的比例（表
7.19 中的BRCs 环境敏感型行业不良投资额/BRCs 不良投资总额）一直居
高不下，2010—2019 年平均约有84%的风险案例来自环境敏感型行业，
其中有5 个年份90%以上的风险案例来自环境敏感型行业，尤其是2010
年（金属、交通、能源）和2012 年（交通、能源）不良投资全部来自环
境敏感型行业。

表7.16　环境敏感型行业在"一带一路"区域投资失败比例

年份	BRCs 环境敏感型行业不良投资额（亿美元）	BRCs 不良投资总额（亿美元）	中国在全球的不良投资额（亿美元）	环境敏感型行业不良投资额/BRCs 不良投资总额（％）	BRCs 环境敏感型行业不良投资额/中国在全球的不良投资额（％）	BRCs 不良投资总额/中国在全球的不良投资额（％）
2010	14.8	14.8	217.8	100.0	6.8	6.8
2011	80.8	85.8	376.6	94.2	21.5	22.8
2012	90.0	90.0	206.4	100.0	43.6	43.6
2013	70.5	77.9	176.8	90.5	39.9	44.1
2014	86.7	102.9	254.6	84.3	34.1	40.4
2015	59.9	73.2	322.1	81.8	18.6	22.7
2016	3.1	15.1	366.8	20.5	0.9	4.1
2017	25.5	40.9	197.2	62.4	12.9	20.7
2018	214.5	229.9	337.9	93.3	63.5	68.0
2019	40.7	86.7	112.7	46.9	36.1	76.9
总计/平均	686.5	817.2	2610.2	84.0	26.3	31.3

数据来源：根据 China Global Investment Tracker 2020 数据库资料统计而得，网址：
http://www.aei.org/china-global-investment-tracker。注：仅统计了四大经济走廊50 个
样本国的数据；其中以下国家的不良投资案例不可获得：斯洛文尼亚、匈牙利、波
黑、塞尔维亚、瑞士、荷兰、白俄罗斯、文莱、吉尔吉斯斯坦、塔吉克斯坦、土库曼
斯坦、约旦、也门、阿曼、阿拉伯联合酋长国、科威特、埃及。

（二）环境敏感型行业不良投资的国别分布

接下来，按国别对不良投资额进行统计，2005 年到 2019 年环境敏感型行业的不良投资共涉及 92 个东道国，其中累计不良投资规模在 10 亿美元以上的有 54 个国家（"一带一路"沿线国家占有 29 席），总计 3747.7 亿美元。按照不良投资额对这 92 国中的前二十大进行排序，结果如表 7.17 所示，中国在澳大利亚和美国的不良投资率最高，分别为 23.42% 和 15.74%，在前二十大中占比近四成。"一带一路"沿线国家在前二十大中占了 10 席，这 10 国以 831.3 亿美元的不良投资总额占比高达 41.1%，占整个"一带一路"沿线国家不良投资总额的 2/3 左右。其中伊朗的不良投资比率最高（11.39%），占中国在全球环境敏感型行业不良投资的比例近 10%，仅次于澳大利亚和美国；其次为俄罗斯、利比亚、尼日利亚、菲律宾、马来西亚、巴基斯坦、缅甸、叙利亚、孟加拉国等国家。

表 7.17　2005—2019 年环境敏感型行业不良资产的前二十大东道国

排名	东道国	不良投资		排名	东道国	不良投资	
		总额（亿美元）	占比 *（%）			总额（亿美元）	占比 *（%）
1	澳大利亚	533.40	23.42	11	安哥拉	54.90	2.41
2	美国	358.40	15.74	12	马来西亚	54.40	2.39
3	伊朗	259.30	11.39	13	巴基斯坦	50.20	2.20
4	俄罗斯	142.70	6.27	14	缅甸	48.20	2.12
5	利比亚	126.60	5.56	15	墨西哥	40.00	1.76
6	尼日利亚	114.60	5.03	16	叙利亚	37.70	1.66
7	委内瑞拉	89.30	3.92	17	巴西	36.20	1.59
8	加拿大	88.10	3.87	18	哈萨克斯坦	35.90	1.58
9	阿根廷	71.00	3.12	19	德国	35.60	1.56
10	菲律宾	65.60	2.88	20	孟加拉国	35.30	1.55

数据来源：根据 China Global Investment Tracker 2020 数据库资料统计而得，网址：http://www.aei.org/china-global-investment-tracker。注：占比 * 是指各国在前二十大不良资产总额中的比例。

　　从环境敏感型行业在"一带一路"的区位分布来看（如表 7.18 所示），中亚—西亚区域以 389.3 亿美元的不良投资额位居第一，在沿线国家占比达 41.11%；排在第二梯队的是中南半岛和新亚欧大陆桥两大区域，分别以 255.8 亿美元和 216.2 亿美元的不良投资规模占比达 27.01% 和 22.83%。新亚欧大陆桥的不良投资主要分布在俄罗斯，以 142.7 亿美元的规模占据了该区域的半壁江山。

表 7.18　2005—2019 年环境敏感型行业不良投资在"一带一路"的区位分布

地区	国家	案例数（起）	涉及金额（亿美元）	涉及环境敏感型行业	区域分布	
					总计（亿美元）	占比（%）
中亚|西亚	伊朗	5	259.30	能源	389.30	41.11
	叙利亚	2	37.70	能源		
	哈萨克斯坦	3	35.90	能源、化学、交通		
	阿富汗	1	28.70	金属		
	伊拉克	3	27.70	能源		
中南半岛	菲律宾	5	65.60	农业、金属、交通	255.80	27.01
	马来西亚	3	54.40	能源、房地产		
	缅甸	4	48.20	能源、金属、交通、房地产		
	印度尼西亚	5	31.90	能源、金属、交通		
	越南	5	24.40	能源、金属、交通		
	新加坡	1	17.50	能源		
	老挝	1	13.80	房地产		
新亚欧大陆桥	俄罗斯	5	142.70	能源、金属	216.20	22.83
	德国	2	35.60	交通		
	法国	1	24.10	农业		
	波兰	2	13.80	能源、交通		

续上表

地区	国家	案例数（起）	涉及金额（亿美元）	涉及环境敏感型行业	区域分布 总计（亿美元）	区域分布 占比（%）
孟中印缅	印度	4	24.10	能源、金属、交通	85.70	9.05
	斯里兰卡	1	14.30	交通		
	孟加拉国	4	35.30	能源、交通		
	尼泊尔	1	12.00	能源		
总计	—	58	947	能源、化学、交通、金属、农业、房地产	947.00	100.00

数据来源：根据 CGIT（2020）整理而得。注：表中仅统计了 2005—2019 年在四大经济走廊的六大环境敏感型行业中不良投资累积金额在 10 亿美元以上的东道国，不包括非四大经济走廊的巴基斯坦、埃塞俄比亚和蒙古。

就环境敏感型行业在"一带一路"区域的国别分布来看（如表 7.19 所示），不良投资占比最高的前二十大国家中，绝大多数属于发展中国家，且主要集中在中亚—西亚区域，其中伊朗以 259.3 亿美元的不良投资总额排名第一。此外，中国对外投资存量分布较多的国家，包括俄罗斯和中南半岛区域的菲律宾、马来西亚、缅甸、印度尼西亚等国，也是环境敏感型行业失败案例的集中区域。

表 7.19　2005—2019 年环境敏感型行业不良投资的前二十大 BRCs

排名	东道国	不良投资 总额（亿美元）	不良投资 占比*（%）	排名	东道国	不良投资 总额（亿美元）	不良投资 占比*（%）
1	伊朗	259.30	27.38	11	阿富汗	28.70	3.03
2	俄罗斯	142.70	15.07	12	伊拉克	27.70	2.93
3	菲律宾	65.60	6.93	13	越南	24.40	2.58
4	马来西亚	54.40	5.74	14	印度	24.10	2.54
5	缅甸	48.20	5.09	15	法国	24.10	2.54
6	叙利亚	37.70	3.98	16	新加坡	17.50	1.85

续上表

排名	东道国	不良投资		排名	东道国	不良投资	
		总额 (亿美元)	占比* (%)			总额 (亿美元)	占比* (%)
7	哈萨克斯坦	35. 90	3. 79	17	斯里兰卡	14. 30	1. 51
8	德国	35. 60	3. 76	18	老挝	13. 80	1. 46
9	孟加拉国	35. 30	3. 73	19	波兰	13. 80	1. 46
10	印度尼西亚	31. 90	3. 37	20	尼泊尔	12. 00	1. 27

数据来源：根据 China Global Investment Tracker（The American Enterprise Institute and the Heritage Foundation，2017）数据整理而得，仅统计了不良投资交易金额在 10 亿美元以上的东道国。注：占比 * 是指各东道国不良资产规模占前二十总不良资产的比例。

综上，从行为模式来看，中国 ODI 开始朝价值链延伸型转变，但在高风险地区的资源寻求仍是中国在"一带一路" ODI 的动机之一。从既有的 ODI 地域和产业分布来看，中国 ODI 表现出生态环境敏感特性。[1] 从区位分布来看，中亚—西亚区域失败投资的比例最高，占比达 37.7%，其次为新亚欧大陆桥区域，占比为 33.3%；从国别分布来看，伊朗以 259 亿美元的不良投资额位居第一，其次为新亚欧大陆桥区域的俄罗斯（143 亿美元）；就行业分布来看，金融、金属、科技、交通和能源这五大行业 2010—2019 年的不良投资率都在 35% 以上，其中金融、金属和科技行业的比率在 45%～50% 之间，政策或环境敏感型行业成不良投资高发区，2005—2019 年平均约有 84% 的不良投资案例来源于金属、能源等环境敏感型行业。某些企业对社会和环境责任关注不够，重视"上层路线"而忽视"民间路线"的传统范式，导致其对外直接投资遭受了许多重大损失（如缅甸的密松水电站和莱比塘铜矿搁置事件）。在此背景下，高度集中的区位分布和行业结构限制了中国 ODI 的潜力且增加了环境风险。

四、不良投资的主体分布

从投资主体来看，如表7.20 所示，国有企业作为中国 ODI 的主力军，

---

[1]　胡德胜、欧俊：《中企直接投资于"一带一路"其他国家的环境责任问题》，载《西安交通大学学报（社会科学版）》2016 年第 4 期，第 45－51 页。

也是海外投资风险的主要承受者。2005 年到 2019 年，对中国在"一带一路"沿线国家不良投资按规模排序，排在前十名的都是国有企业，风险多发生在中国海洋石油集团有限公司（简称"中海油"）、中国石油天然气集团有限公司（简称"中石油"）、中国电力投资集团公司（简称"中电投"）、中国冶金科工集团有限公司（简称"中冶"）、中国水利水电建设股份有限公司（简称"中国水电"）等中央企业或广晟这样的省属国企，所涉领域均为环境敏感型行业。

表 7.20　2005—2019 年"一带一路"沿线国家十大投资风险案例

（单位：亿美元）

年份	案例	国家	金额	所涉行业
2006	中海油，北帕尔斯气田	伊朗	160	能源
2006	中石油，Rosneft	俄罗斯	25	能源
2011	中电投，密松水电站	缅甸	36	能源
2011	上海光明食品（集团）有限公司，奶农联盟	法国	24.1	农业
2012	中石油，南帕尔斯气田	伊朗	47	能源
2012	中国水电，巴赫蒂亚里水坝和水电站	伊朗	20	能源
2013	中冶和江西铜业集团有限公司，艾娜克铜矿	阿富汗	28.7	金属
2014	中石油，南阿扎德干油田	伊朗	25	能源
2015	中国机械工业集团有限公司和中国能源建设股份有限公司	巴基斯坦	23.4	能源
2016	广东省广晟资产经营有限公司，Frieda River 铜金矿项目	巴布亚新几内亚	18.0	金属
2017	上海电气（能源），K-Electric	巴基斯坦	17.7	能源
2018	中国华信能源有限公司，中石油	俄罗斯、马来西亚	144.4	能源
2019	中石油，中国能建建设集团有限公司	伊朗、哈萨克斯坦	10.8	能源

数据来源：根据 CGIT 原数据整理统计得出。

五、环境规制与中国 ODI 的不良投资

一般而言，环境质量越好的国家，其环境规制也越严格，跨国公司进入的环境壁垒越高。对环境敏感型行业的跨国投资，比如能源开采、运输、供应与消费的每个环节都会受到东道国政府环境治理与管控状况的影响。[①] 而环境质量差的国家，现有的环境规制较宽松，未来环境政策变动的不确定性大，因而环境风险也较大。接下来，我们考察环境规制与中国 ODI 质量之间的关系。

（一）环境规制与中国 ODI 不良投资：全球样本

由前文第三章、第四章对环境规制水平与环境敏感型行业 ODI 关系的研究可知，随着全球环境规制水平的渐渐上升，中国环境敏感型行业 ODI 的比重也呈现缓慢下降趋势，二者之间呈现负相关的关系（如表 7.21 第 3 列数据所示）。接下来，我们探讨环境规制与中国 ODI 不良投资之间的关系。

表 7.21　2007—2016 年全球环境规制均值与中国环境敏感型行业 ODI 占比

年份	全球 EPI 均值	BRCs EPI 均值	ESSs 投资占比[②]（%）	不良投资占比[③]（%）
2007	64.91	67.85	45.0	48.5
2008	65.00	67.69	22.9	52.7
2009	65.03	67.72	35.0	66.2

---

① 李芳林、蒋昊：《长江经济带城市环境风险评价研究》，载《长江流域资源与环境》2018 年第 5 期，第 939 - 948 页。

② "表 3.14 2007—2019 年中国对外直接投资流量行业分布"的结果，也可以用"表 7.13 环境敏感型行业不良投资占全球不良投资的比例"中"环境敏感型行业投资总额/中国在全球投资总额的占比"的结果。

③ 表 7.13 "环境敏感型行业投资总额/中国在全球投资总额的占比"的结果。

续上表

年份	全球 EPI 均值	BRCs EPI 均值	ESSs 投资占比[②]（%）	不良投资占比[③]（%）
2010	66.06	68.62	30.2	33.0
2011	66.07	68.61	40.6	53.6
2012	66.34	68.86	38.6	25.9
2013	66.05	68.48	42.8	22.5
2014	67.17	69.36	35.8	25.2
2015	67.34	69.57	34.5	27.0
2016	67.37	69.65	30.1	22.3

数据来源：根据 2007—2016 年《全球环境绩效指数报告》归纳整理。

根据表 7.21、图 7.2 可知，剔除个别年份的扰动，随着全球环境规制水平的不断上升，中国 ODI 的不良投资占比整体呈下降趋势，与东道国环境规制水平呈现负相关的关系。这一趋势自 2011 年以后尤为明显，说明东道国的环境规制水平不仅推动了我国企业 ODI 行业结构的优化，随着环境敏感型行业 ODI 占比不断下降，中国 ODI 的绩效水平也得到了缓慢提升，不良投资率持续下降。

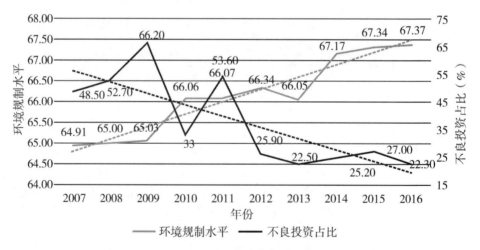

图 7.2　2007—2016 年全球环境规制均值与中国不良投资比率

数据来源：根据耶鲁大学环境法律与政策中心等编制的 Environmental Performance Index Report、China Global Investment Tracker（http://www.aei.org/china-global-invest-ment-tracker）整理而得。

（二）"一带一路"国家样本

在"一带一路"50 个样本国中，我们选取 2017 年中国 ODI 存量前二十大东道国作为子样本组，对东道国环境规制水平与中国 ODI 不良投资之间的关系进行研究。

1. 前二十大东道国环境规制水平与中国 ODI 不良投资率

接下来将前二十大样本国的不良投资率与环境规制水平结合起来分析（如表 7.22 所示）。

表 7.22　环境规制水平与环境敏感型行业不良投资分布

	环境管制严苛型						环境管制偏紧型			
	新加坡	荷兰*	德国*	俄罗斯	法国	意大利*	哈萨克斯坦	以色列*	马来西亚	吉尔吉斯斯坦
TTs	1.75	0.31	15.30	3.70	2.41	0.28	3.24	2.32	0.68	—
存量	33.446	20.588	7.842	12.980	5.117	1.555	5.433	4.230	3.634	1.238
TTs/存量	5.2%	1.5%	195.1%	28.5%	47.1%	18.0%	59.6%	54.8%	18.7%	—
EPI	87.04	82.03	84.26	83.52	88.20	84.48	73.29	78.14	74.23	73.13

	环境管制宽松型						环境管制适度型			
	越南	缅甸	柬埔寨	印度	老挝	泰国	印度尼西亚	伊朗	沙特阿拉伯	阿拉伯联合酋长国
TTs	2.27	4.67	0.19	2.27	—	0.30	3.19	25.2	0.62	—
存量	4.984	4.62	4.369	3.108	5.50	4.534	9.546	3.331	2.607	4.888
TTs/存量	45.6%	101.1%	4.3%	73.0%	—	6.6%	33.4%	756.5%	23.8%	—
EPI	58.50	48.98	51.24	53.58	50.3	69.54	65.85	66.32	68.63	69.35

资料来源：根据美国企业研究所（AEI）和传统基金会（HF）所做的《中国对外投资追踪数据》（CGIT）（http://www.aei.org/china–global–investment–tracker，2017）、耶鲁大学环境法律与政策中心（YCELP）与哥伦比亚大学国际地球科学信息网络中心（CIESIN）数据计算而得。说明：①TTs 和存量的单位为十亿美元；②CGIT 中没有老挝、阿拉伯联合酋长国和吉尔吉斯斯坦这三国的不良投资数；③在 * 号国家

的不良资产主要分布在非环境敏感型领域。

（1）五个发达国家的不良投资都集中在非环境污染型行业，如在荷兰、德国、意大利、以色列四国的不良投资主要集中在金融、技术和娱乐等行业；法国的不良投资也主要集中在农业这一资源密集型行业中；说明受制于严苛的环境规制，中国在发达国家的ODI主要集中在金融、技术等非污染型行业，而东道国这些行业的进入壁垒较高、导致中国不良投资所占比重较高。

（2）在新加坡、哈萨克斯坦和俄罗斯三个环境规制较严的东道国，不良投资主要集中在污染密集型行业，但在新加坡不良投资所占比例仅为5.2%；在哈萨克斯坦和俄罗斯这两个转型经济体中，中国不良投资所占比重较高，分别为59.6%和28.5%。

（3）在环境管制较宽松的国家，不良投资几乎全部集中在环境污染型行业，尤其是在环境规制最宽松的东道国中，除了柬埔寨，中国不良投资所占比例都很高；而在环境规制较宽松的东道国中，伊朗的不良投资无论是在绝对量还是相对比例上，在前二十大中高居榜首，其次是印度尼西亚，中国不良投资高达31.9亿美元，占比约33.4%。

综上，在环境敏感型行业中国不良投资所占比重较高的五个东道国伊朗、缅甸、印度、越南和印度尼西亚中，其EPI指数都低于65.37这一全球平均水平，属于环境管制较宽松的国家。扣除掉3个没有不良投资的国家、4个不良投资在非环境敏感型行业的国家，前十三大的平均不良投资比为51.7%（50.49/97.71）。绝大部分中南半岛国家尚处于发展中国家行业、资源禀赋好、环境规制相对宽松。

通常认为，一国环境规制宽松或生态环境脆弱时，未来提高环境规制水平的可能性也越大，从而导致环境政策的不确定性大、跨国企业在该国投资所面临的环境风险也越大。因此，本研究将"环境规制相对宽松或生态环境脆弱"的国家界定为环境敏感型国家。在投资便利化、绿色发展、环境善治等规范不断深化与完善的国际背景下，可持续发展与生态环境保护必将日益成为"一带一路"沿线国家的重要价值取向，尤其是那些环境敏感型东道国，未来环境规制的变量在加大，增加了中国ODI的环境风险。

2. 拓展样本国分析

在2017年中国对外投资存量前二十大东道国中，扣除掉7个在环境敏感型行业没有不良投资的东道国，再补进7个不在前二十大但环境敏感

型行业不良投资总金额达到 10 亿美元的国家，组成拓展样本，如表 7.23
所示。

表 7.23　2005—2017 年中国在环境敏感型行业不良投资最高的国别分布

国家	不良投资（十亿美元）	投资存量（十亿美元）	不良投资/投资存量	EPI	国家	不良投资（十亿美元）	投资存量（十亿美元）	不良投资/投资存量	EPI
新加坡	1.75	33.446	5.2%	87.04	缅甸	4.67	4.620	101.1%	48.98
哈萨克斯坦	3.24	5.433	59.6%	73.29	柬埔寨	0.19	4.369	4.3%	51.24
法国	2.41	5.117	47.1%	88.20	伊朗	25.20	3.331	756.5%	66.32
印度	2.27	3.108	73.0%	53.58	泰国	0.30	4.534	6.6%	69.54
俄罗斯	3.70	12.980	28.5%	83.52	沙特阿拉伯	0.62	2.607	23.8%	68.63
印度尼西亚	3.19	9.546	33.4%	65.85	波兰	1.38	0.320	431.3%	81.26
马来西亚	0.68	3.634	18.7%	74.23	阿富汗	2.87	0.440	652.3%	37.50
越南	2.27	4.984	45.6%	58.50	埃及	2.7	0.889	303.7%	66.45
伊拉克	1.59	0.558	284.9%	63.97	孟加拉国	1.47	0.225	653.3%	41.77
斯里兰卡	1.43	0.729	196.2%	65.55	菲律宾	6.56	0.719	912.4%	73.70

　　资料来源：Yale University Center for Environmental Law and Policy（YCELP）and
Columbia University International Geoscience Information Network（CIESIN）；American En-
terprise Institute and Heritage Foundation，China Global Investment Tracker，2017。

　　图 7.3 是将 20 个"一带一路"样本东道国环境规制水平与中国在敏
感型行业的不良投资结合起来的趋势图。可以看出，伴随着东道国环境规
制水平的不断提高，中国在样本国的不良投资呈下降趋势，两者之间呈现

反向变动的关系，基本上符合"污染天堂假说"的观点，东道国的环境规制水平会对中国企业 ODI 的行业或/区位选择产生重大影响。

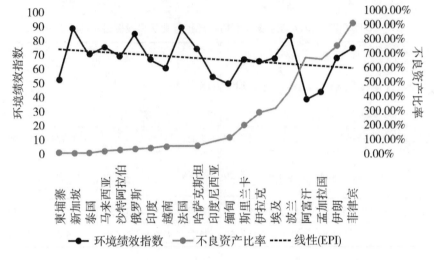

图 7.3　环境敏感型行业不良投资比率与东道国环境规制水平

　　从图 7.3 可以看出，有些国家有例外，在环境管制严苛的国家（EPI 得分 80 分以上），如波兰，中国不良投资（TTs）比例却很高；而管制水平相当的俄罗斯，比例则低很多；而在环境管制特别宽松的柬埔寨（EPI 得分 50 分左右），TTs 却特别低。由此可以看出，环境规制变量会对中国 ODI 区位选择产生重要影响，但其他变量，如本书第四章所述，两国政治经济关系、地理距离等，也会对中国 ODI 的区位选择产生影响。

第四节　研究结论与对策建议

一、研究结论

　　本章从风险源的两个视角探讨了中国 ODI 的环境风险表征。

　　一是基于东道国风险来源视角。主要体现在东道国生态环境的脆弱性、自然资源损耗风险和环境规制变动的可能性三个层面。研究结果表明：①大多数东道国生态环境总体脆弱，人均资源匮乏，中国 ODI 面临的潜在环境风险大。②东道国环境规制越来越严苛，中国对外投资面临的不确定性增大。③东道国环境规制与中国 ODI 不良投资比率之间呈反向变动的关系，中国 ODI 具有"污染天堂效应"。

二是基于母国 ODI 行为特征视角。主要体现为中国 ODI 在东道国的特定投资行为及由此导致的不良投资比率。研究结果表明：①中国 ODI 在区位分布上高度集中于中南半岛、中亚—西亚区域，在产业选择上主要集中于环境敏感型行业。②不良投资在区位分布上主要集中于中亚—西亚这一环境敏感型区域；③环境敏感型行业成不良投资高发地。农业、化工、能源、金属、房地产、交通等环境敏感型行业的不良投资占比高。

综上，中国 ODI 的行为特征叠加上东道国脆弱的生态环境约束条件，成为中国 ODI 环境风险的主要表征，导致中国 ODI 行为呈现出生态环境敏感特性。

二、对策建议

（一）实施多元化的区位与行业选择战略，避免因高度集中而带来的投资失败风险

中国 ODI 在区位与行业选择方面高度集中的行为特征，是造成其不良投资率高度集中的宏观变量。中国在"一带一路"的投资在区位上高度集中在东盟地区；在行业上，在发达国家以金融和科技行业为主，在发展中国家则主要集中在资源行业。前者具有技术寻求特征，在发达国家容易遭受投资技术壁垒的影响，后者具有资源寻求型特征，在发展中国家的投资更易受东道国环境变量的影响[1]，从而导致投资的失败。因此，跨国企业要对东道国的制度环境、市场规模、资源状况及技术壁垒进行充分研判，实施多元化的区位选择战略，优化对外投资的产业布局，侧重对非环境敏感型行业的投资，促进投资区域和行业的均衡化，避免"过度集中"带来的投资风险和资源浪费。

---

[1]　杨丽华、薛莹、董晨晨：《"一带一路"背景下中国 ODI 的行为特征及环境风险表征》，载《长沙理工大学学报（社会科学版）》2019 年第 4 期，第 52－62 页。

（二）强化中国企业 ODI 的环保意识与社会责任，弱化其投资行为的环境敏感性

对社会环境责任关注不够，是导致某些中国企业对外投资失败的微观因素之一。对外投资的失败案例大多源于企业国际化经验欠缺，对投资项目所面临的环境风险评估不足。[①] 对国际上通行的企业社会责任实践缺乏了解，导致其对跨国经营面临的环境责任风险认识不足，在整个海外投资活动中没有将对企业社会责任的关注上升到企业战略层面。尽管很多企业也意识到社会责任的重要性，但由于缺少国际化经验，对东道国的环境规制及法律法规了解不深，企业在对外投资中遇到越来越多的环境纠纷，使投资受阻甚至投资失败。

为此，政府在宏观层面可以采取的对策有：第一，进一步完善中国对外投资环境保护规制，完善和细化企业环境责任相关法律法规，借鉴发达国家的成功经验，推动企业履行环境责任，在标准制定方面向国际上通用的标准和公约靠拢，与东道国签订双边或者是多边投资的保护协定，建立健全对外投资的环境保护机制。第二，敦促企业提高环境风险意识，改变以末端治理为主的方式，注重环境风险评估和管理，建立有效的环境风险管理体系。第三，鼓励、扶持环境咨询服务业，为跨国企业提供专业的诊断和评估，制订专业的环境保护方案，促进企业建立环境风险预防机制，最大限度地降低企业因为环境责任问题造成的损失。

---

① 杨丽华、张诗文、贾林琅：《中国制造业跨国企业环境责任水平测度及提升策略》，载《中南林业科技大学学报（社会科学版）》2019 年第 3 期，第 38－44 页。

第八章 东道国环境风险测度及空间差异

如第七章所述，生态系统视角下的对外直接投资环境风险包括自然资源约束条件、人为活动、自然灾害三个构面，能全面把握一国环境风险来源及成因。本章即从此视角对东道国环境风险进行测度。

第一节 环境风险指数的组成维度

学者们从不同视角构建了环境风险指数并进行了相关实证分析。例如，王英旭抽取"一带一路"沿线 17 个国家作为样本，从生态环境破坏风险、自然资源损耗风险、抗风险能力强度以及环境政策波动风险四个维度，建立了包含 14 项二级指标的环境风险评价指标体系，利用主成分分析的方式进行了风险评价。[1] 李芳林等利用熵值法和空间自相关方法对环境风险进行了评估，从受体脆弱性和风险源危险性构面构建了多个环境风险评估指标，对我国长江经济带的环境风险进行了评估。[2] 本研究借鉴李芳林等的做法，构建环境风险评价指标体系。该指标体系由 3 个准则层组成，分别是风险源、受体敏感性、受体恢复性。应用熵值法确定指标权重，通过这三个准则层指标来计算环境风险综合指数（见表 8.1）。

---

① 王英旭：《"一带一路"倡议下我国对外投资的环境风险评价》，吉林大学 2018 年硕士学位论文。

② 李芳林、蒋昊：《长江经济带城市环境风险评价研究》，载《长江流域资源与环境》2018 年第 5 期，第 939 - 948 页。

表8.1　东道国环境风险评价指标体系

准则层	指标层	相关性	参考文献
风险源指标	二氧化碳排放量（人均吨数）	+	辛方坤[2]、徐鹤等[3]、王英旭[4]等的研究
	一氧化氮排放量（千吨二氧化碳当量）	+	
	GDP 单位能耗使用量（购买力平价美元/千克石油当量）	+	
受体敏感性指标	森林面积（占土地面积的百分比）	−	
	人均可再生内陆淡水资源（立方米）	−	
	人口密度（每千米土地面积人数）	+	
	自然资源总租金（占 GDP 的百分比）[1]	+	
受体恢复性指标	EPI	−	
	可替代能源和核能（占能源使用总量的百分比）	−	

　　从具体的指标选取来看，辛方坤选取人均可再生内陆淡水资源（立方米）与耕地（人均公顷数）作为资源约束条件的测度指标；自然资源损耗（占国民总收入的百分比）、二氧化碳排放量（人均吨数）作为人为活动风险的评价指标；干旱、洪水和极端气温（占总人口的百分比，1990—2009 年平均值）、7 级以上地震等作为自然灾害风险的评价指标。[5]王英旭[6]认为生态破坏风险指标主要有森林面积（占土地面积的百分比）、农业用地（占土地面积的百分比）、耕地（占土地面积的百分比）、改善

---

　　① 自然资源总租金占 GDP 的比重越高，说明经济发展对自然资源依赖程度高、经济结构单一，容易遭受"资源诅咒"发展困境。
　　② 辛方坤：《21 世纪海上丝绸之路：生态风险及应对》，载《太平洋学报》2018 年第 7 期，第 59 页。
　　③ 徐鹤、齐曼古丽·依里哈木、姚荣等：《"一带一路"战略的环境风险分析与应对策略》，载《中国环境管理》2016 年第 2 期，第 36－41 页。
　　④ 王英旭：《"一带一路"倡议下我国对外投资的环境风险评价》，吉林大学 2018 年硕士学位论文。
　　⑤ 辛方坤：《21 世纪海上丝绸之路：生态风险及应对》，载《太平洋学报》2018 年第 7 期，第 59 页。
　　⑥ 王英旭：《"一带一路"倡议下我国对外投资的环境风险评价》，吉林大学 2018 年硕士学位论文。

的水源（获得改善水源的人口所占百分比）、二氧化碳排放量（人均吨数）、PM$_{2.5}$空气污染平均年暴露量（微克/立方米）；资源损耗风险指标包括能源净进口（占能源使用量的百分比），燃料、矿石及金属出口（占商品出口比例），自然资源租金总额（占 GDP 的百分比）；环境政策波动指标包括 BTI 环境政策评价（对环境议题的重视，1～10 分，分数越高，环境政策越严厉）、世界银行法律权利力度指数（0 = 弱，12 = 强）。还有学者指出，生态环境风险可以用化石燃料能耗（占总量的百分比）和 GDP 单位能源消耗（购买力平价美元/千克石油当量）来衡量，前者主要反映该国传统能源的使用以及新能源或绿色能源的使用情况；后者能整体反映该国的能源耗费状况以及节能降耗水平。

　　基于此，本研究选取 9 个与环境风险息息相关的指标，按风险源与受体的准则层构建东道国环境风险评价体系。如表 8.1 所示，这 9 个指标分别是风险源危险性指标：二氧化碳排放量（人均吨数）（X_1）、一氧化氮排放量（千吨二氧化碳当量）（X_2）、GDP 单位能耗使用量（购买力平价美元/千克石油当量）（X_3）；受体敏感性指标：森林面积（占土地面积的百分比）（X_4）、人均可再生内陆淡水资源（立方米）（X_5）、人口密度（每千米土地面积人数）（X_6）、自然资源总租金（占 GDP 的百分比）（X_7）；受体恢复性指标：EPI（X_8）、可替代能源和核能（占能源使用总量的百分比）（X_9）。

第二节　环境风险指数的构建

　　熵值法由于适合于时间序列或横截面的分析，可以被用来对域际风险评价进行对比。例如，许和连和邓玉萍（2012）运用熵值法构建环境污染综合指数。杨青（2018）基于"差异驱动"原理，运用熵值赋权法突出局部差异，由各个样本的实际数据求得最优权重，反映了指标信息熵值的效用价值，具有较高的可信度。因此，本书借鉴这些学者的做法，选用熵值赋权法确定各指标的权重，构建和计算环境风险综合指数。

　　将上述 9 个指标进行极化标准化处理后构成的截面数据记为 X_{ij}，并合成环境风险指数 PI_i：

$$PI_i = \sum_{j=1}^{5} w_j X_{ij} \qquad\qquad (式 8-1)$$

式8-1中，w_j 表示权重，权重越大，表示指标变化越快，系统内越有序，信息熵越低；反之，一个系统指标权重越小，表示指标变化越慢，系统内越混乱，信息熵越高。指标权重与信息熵构成一对反函数，因此可以根据熵值法计算出各指标的权重。[①]

一、样本选择及数据来源

考虑到当前阶段"一带一路"的区域特征与数据的可获得性，本书选取"一带一路"四大经济走廊（中南半岛、中亚—西亚、孟中印缅、新亚欧大陆桥）共计40个代表性国家作为研究对象。选取9个风险指标在2003—2014年的均值构建截面数据，运用熵值法构建环境风险指数。9个变量指标均来源于世界银行的世界发展指数数据库（the World Development Indicators，WDI）。

二、数据标准化

环境风险指数各指标属性有正亦有负，为使之具有可比性，对原始数据 $\{X_i\}$ 进行指标类型归一化、无量纲化处理，计算公式如下：

$$正向指标: Y_{ij} = \frac{X_{ij} - \min(X_{ij})}{\max(X_{ij} - \min(X_{ij}))} \qquad （式8-2）$$

$$逆向指标: Y_{ij} = \frac{X_{ij} - \max(X_{ij}) - X_{ij}}{\max(X_{ij} - \min(X_{ij}))} \qquad （式8-3）$$

其中，正向指标包括：二氧化碳排放量（人均吨数）、一氧化氮排放量（千吨二氧化碳当量）、GDP单位能耗使用量（购买力平价美元/千克石油当量）、人口密度（每千米土地面积人数）、自然资源总租金（占GDP的百分比）。逆向指标包括：森林面积（占土地面积的百分比）、人均可再生内陆淡水资源（立方米）、可替代能源和核能（占能源使用总量的百分比）和EPI。式中的 X_{ij} 是第 i 国第 j 项指标的原始数值，$\max(X_{ij})$ 代表第 j 项指标的最大值，$\min(X_{ij})$ 代表第 j 项指标的最小值。当指标值作用为正向时，指标值越大越好；当指标值作用为负向时，指标值越小越好。Y_{ij}

---

① 杨玉珍：《快速城镇化地区生态—环境—经济耦合协同发展研究综述》，载《生态环境学报》2014年第3期，第541-546页。

为标准化处理过的数据。结果如表 8.2 所示。

三、权重的确定

为了排除评价指标权重的人为因素干扰，在对 $\{Xi\cdots\}$ 进行指标类型一致化、无量纲的标准化处理后，本书采用熵值法确定指标权重，计算步骤如下。

（1）计算第 j 项指标下第 i 个国家占该指标的比重：

$$P_{ij} = \frac{Y'_{ij}}{\sum_{i=1}^{n} Y'_{ij}} \qquad \begin{array}{l} i = 1, \cdots \\ j = 1, \cdots \end{array}$$

（2）计算第 j 项指标的熵值：

$$e_j \sum_{i=1}^{n} P_{ij} \ln P_{ij}, \text{其中} k = 1/\ln n > 0, \text{满足} e_j \geqslant 0$$

（3）计算信息熵冗余度：

$$d_j = 1 - e_j$$

（4）计算各项指标的权重：

$$w_j = \frac{d_j}{\sum_{j=1}^{m} d_j}$$

根据以上计算步骤，带入可得出 Y'_{ij}，准则层权重为 w_j（0.0753、0.1654、0.0315、0.0652、0.1460、0.2983、0.1749、0.0322、0.0111）。

指标层权重为 w_j（0.2765、0.6077、0.1158、0.0953、0.2133、0.4358、0.2556、0.7433、0.2567）。

表 8.2　40 个国家环境风险指标数据标准化值一览

区域	国家	X_1	X_2	X_3	X_4	X_5	X_6	X_7	X_8	X_9
中国—中亚—西亚经济走廊 13 国	哈萨克斯坦	0.5940	0.0736	0.1739	0.0176	0.1291	0.0000	0.4870	0.5845	0.9828
	吉尔吉斯斯坦	0.0521	0.0036	0.1795	0.0583	0.2919	0.0032	0.1327	0.7596	0.5637
	乌兹别克斯坦	0.1772	0.0475	0.0171	0.1157	0.0181	0.0087	0.4929	0.7148	0.9679
	土库曼斯坦	0.4857	0.0186	0.0000	0.1323	0.0084	0.0007	0.8935	0.6824	1.0000
	伊朗	0.3184	0.1135	0.2830	0.0980	0.0559	0.0057	0.5386	0.6122	0.9881
	伊拉克	0.1654	0.0166	0.5969	0.0277	0.0361	0.0091	1.0000	0.8686	0.9840
	土耳其	0.1687	0.1462	0.6638	0.2168	0.1019	0.0126	0.0084	0.5522	0.8929
	约旦	0.1359	0.0000	0.4498	0.0157	0.0024	0.0104	0.0293	0.5016	0.9651
	以色列	0.3822	0.0056	0.5479	0.1085	0.0026	0.0489	0.0036	0.3479	0.9045
	沙特阿拉伯	0.7636	0.0263	0.3823	0.0059	0.0022	0.0009	0.8825	0.3422	1.0000
	也门	0.0343	0.0127	0.7422	0.0147	0.0022	0.0054	0.5318	0.9250	1.0000
	阿拉伯联合酋长国	1.0000	0.0051	0.4358	0.0665	0.0000	0.0131	0.4752	0.2328	0.9998
	埃及	0.0953	0.1027	0.5980	0.0000	0.0001	0.0111	0.2239	0.4444	0.9658
中国—中南半岛经济走廊 8 国	马来西亚	0.3129	0.0631	0.3821	1.0000	0.6738	0.0113	0.2200	0.4454	0.9824
	缅甸	0.0040	0.1233	0.5812	0.7437	0.6575	0.0102	0.1841	0.9663	0.9534
	泰国	0.1704	0.1067	0.3771	0.4822	0.1100	0.0181	0.0534	0.5552	0.9847
	柬埔寨	0.0059	0.0556	0.3620	0.8846	0.2751	0.0107	0.0498	0.8486	0.9837

续上表

区域	国家	X_1	X_2	X_3	X_4	X_5	X_6	X_7	X_8	X_9
中国—中南半岛经济走廊8国	越南	0.0546	0.1201	0.3356	0.6714	0.1328	0.0401	0.1779	0.8103	0.8993
	新加坡	0.3569	0.0055	0.7847	0.3545	0.0033	1.0000	0.0000	0.0938	0.9962
	菲律宾	0.0322	0.0536	0.6835	0.3624	0.1666	0.0437	0.0487	0.7009	0.9276
	印度尼西亚	0.0730	0.5406	0.5183	0.7984	0.2730	0.0182	0.1608	0.6994	0.9833
新亚欧大陆桥经济走廊15国	波兰	0.3487	0.1216	0.3862	0.4594	0.0462	0.0172	0.0280	0.3013	0.9912
	捷克	0.4710	0.0285	0.2993	0.5207	0.0412	0.0186	0.0145	0.1094	0.6235
	斯洛文尼亚	0.3282	0.0023	0.3985	0.9376	0.3028	0.0138	0.0047	0.2002	0.4508
	匈牙利	0.2204	0.0212	0.4319	0.3396	0.0194	0.0153	0.0100	0.2922	0.6572
	罗马尼亚	0.1827	0.0410	0.4587	0.4294	0.0689	0.0122	0.0383	0.6149	0.7898
	德国	0.4102	0.2162	0.5356	0.4954	0.0432	0.0332	0.0031	0.1254	0.7061
	瑞士	0.2195	0.0081	0.9171	0.4715	0.1693	0.0275	0.0003	0.0000	0.1478
	荷兰	0.4669	0.0463	0.4979	0.1655	0.0213	0.0703	0.0175	0.1844	0.9496
	法国	0.2376	0.1933	0.4669	0.4498	0.1012	0.0162	0.0009	0.2791	0.0000
	希腊	0.3461	0.0216	0.6163	0.4535	0.1747	0.0116	0.0048	0.2455	0.9342

续上表

区域	国家	X_1	X_2	X_3	X_4	X_5	X_6	X_7	X_8	X_9
新亚欧大陆桥经济走廊15国	意大利	0.3089	0.1009	0.6772	0.4606	0.1012	0.0282	0.0025	0.2206	0.9193
	俄罗斯	0.5126	0.3179	0.1315	0.7523	1.0000	0.0004	0.3224	0.5642	0.8307
	乌克兰	0.2818	0.1006	0.0487	0.2499	0.0394	0.0108	0.1354	0.6387	0.5994
	白俄罗斯	0.2767	0.0541	0.1951	0.6353	0.1184	0.0060	0.0301	0.3332	0.9995
	格鲁吉亚	0.0643	0.0069	0.3771	0.6111	0.4985	0.0093	0.0245	0.6687	0.6597
孟中印缅经济走廊4国	印度	0.0516	1.0000	0.3874	0.3512	0.0380	0.0580	0.0790	0.9147	0.9493
	孟加拉国	0.0084	0.1031	0.6969	0.1676	0.0220	0.1660	0.0236	1.0000	0.9956
	尼泊尔	0.0000	0.0177	0.2034	0.3856	0.2401	0.0261	0.0211	0.8260	0.9294
	斯里兰卡	0.0229	0.0066	1.0000	0.5093	0.0857	0.0455	0.0030	0.5674	0.9324

数据来源：根据世界银行（WDI，2017）计算整理得出。

如表8.3所示，在准测层中，东道国环境风险影响主要受到受体敏感性指标和受体恢复性指标的影响；而在指标层中，东道国的环境风险影响主要受到一氧化氮排放量（千吨二氧化碳当量）、人口密度（每千米土地面积人数）、可替代能源和核能（占能源使用总量的百分比）这3个指标的影响。

表8.3　东道国环境风险评价指标体系

（单位:%）

准则层	指标层	权重	相关性	数据来源
风险源指标（权重：27.22%）	二氧化碳排放量（人均吨数）	27.65	+	WDI，BTI环境评价指数，世界银行 CPIA 环境可持续性政策及机构评级
	一氧化氮排放量（千吨二氧化碳当量）	60.77	+	
	GDP 单位能耗使用量（购买力平价美元/千克石油当量）	11.58	+	
受体敏感性指标（权重：68.45%）	森林面积（占土地面积的百分比）	9.53	−	
	人均可再生内陆淡水资源（立方米）	21.33	−	
	人口密度（每千米土地面积人数）	43.58	+	
	自然资源总租金（占 GDP 的百分比）①	25.56	+	
受体恢复性指标（权重：4.33%）	EPI	74.30	−	
	可替代能源和核能（占能源使用总量的百分比）	25.70	−	

第三节　东道国环境风险的测度

标准化值乘权重值得到各指标的得分，然后通过不同子系统求和得到环境风险得分。其计算公式为：

---

① 自然资源总租金占 GDP 的比重越高，说明经济发展对自然资源依赖程度高、经济结构单一，容易遭受"资源诅咒"发展困境。

$$v = \sum_{i=1}^{n} w_j Y'_{ij} \qquad (式 8 - 4)$$

根据式 8-4 我们可以得出 40 个国家受环境风险指标影响的程度，得分越高，环境风险影响越大。结果如表 8.4 所示。

表 8.4 东道国环境风险综合得分情况概况

区域	国家	风险源指标	受体敏感性指标	受体恢复性指标	总体得分
中国—中亚—西亚经济走廊13国	哈萨克斯坦	0.2297	0.1548	0.6846	0.1981
	吉尔吉斯斯坦	0.0391	0.1045	0.7070	0.1128
	乌兹别克斯坦	0.0814	0.1457	0.7771	0.1556
	土库曼斯坦	0.1467	0.2436	0.7613	0.2396
	伊朗	0.1907	0.1624	0.7064	0.1936
	伊拉克	0.1262	0.2702	0.8949	0.2581
	土耳其	0.2131	0.0517	0.6378	0.1210
	约旦	0.0911	0.0159	0.6189	0.0625
	以色列	0.1735	0.0349	0.4898	0.0923
	沙特阿拉伯	0.2718	0.2276	0.5100	0.2518
	也门	0.1046	0.1413	0.9406	0.1659
	阿拉伯联合酋长国	0.3301	0.1347	0.4291	0.2006
	埃及	0.1591	0.0637	0.5767	0.1119
	平均	0.1659	0.1347	0.6719	0.1664
中国—中南半岛经济走廊8国	马来西亚	0.1701	0.3004	0.5817	0.2771
	缅甸	0.1445	0.2631	0.9592	0.2609
	泰国	0.1567	0.0924	0.6634	0.1346
	柬埔寨	0.0789	0.1614	0.8800	0.1700
	越南	0.1282	0.1563	0.8302	0.1778
	新加坡	0.1937	0.4695	0.3254	0.3882
	菲律宾	0.1219	0.1030	0.7565	0.1364
	印度尼西亚	0.4083	0.1843	0.7696	0.2706
	平均	0.1753	0.2163	0.7208	0.2270

续上表

区域	国家	风险源指标	受体敏感性指标	受体恢复性指标	总体得分
新亚欧大陆桥经济走廊15国	波兰	0.2157	0.0699	0.4775	0.1272
	捷克	0.1831	0.0718	0.2419	0.1095
	斯洛文尼亚	0.1395	0.1622	0.2650	0.1605
	匈牙利	0.1251	0.0474	0.3856	0.0832
	罗马尼亚	0.1298	0.0723	0.6578	0.1133
	德国	0.3070	0.0732	0.2748	0.1456
	瑞士	0.1728	0.0946	0.0397	0.1135
	荷兰	0.2156	0.0571	0.3805	0.1142
	法国	0.2378	0.0733	0.2082	0.1239
	希腊	0.1811	0.0882	0.4217	0.1280
	意大利	0.2258	0.0799	0.3996	0.1335
	俄罗斯	0.3501	0.3674	0.6308	0.3741
	乌克兰	0.1458	0.0731	0.6268	0.1168
	白俄罗斯	0.1332	0.0975	0.5032	0.1248
	格鲁吉亚	0.0673	0.1758	0.6644	0.1674
	平均	0.1886	0.1069	0.4118	0.1424
孟中印缅经济走廊4国	印度	0.6648	0.0885	0.9201	0.2814
	孟加拉国	0.1468	0.1005	0.9949	0.1518
	尼泊尔	0.0361	0.1061	0.8494	0.1192
	斯里兰卡	0.1274	0.0889	0.6591	0.1240
	平均	0.2438	0.0960	0.8559	0.1691
	整体平均	0.1841	0.1367	0.6025	0.1698

数据来源：根据世界银行（WDI，2017）计算整理得出。

第四节　测度结果分析

接下来对表 8.4 的测度结果进行分析,其空间分布特征图按照"一带一路"沿线四大经济走廊划分为四个区域。

一、东道国环境风险指数的空间分布特征

"一带一路"东道国 2003—2014 年环境风险综合指数计算结果如表 8.4 所示。

按得分情况将"一带一路"40 个东道国按区域划分以下几个区段:低风险(0.00～0.10)、中低风险(0.10～0.20)、中高风险(0.20～0.30)、较高风险(0.30 以上)。得分越高表明风险越大。

就四大经济走廊整体风险来看,中南半岛区域综合得分最高,为 0.23 分;新亚欧大陆桥经济走廊得分最低,为 0.14 分。

就环境风险指数三个组成构面的得分情况来看,在受体恢复性方面,中国—中南半岛和孟中印缅经济走廊这两大区域得分最高,分别为 0.72 分和 0.86 分;在风险源危险性方面,孟中印缅经济走廊以 0.24 分居于榜首;在受体敏感性构面,中国—中南半岛经济走廊得分最高,为 0.22 分。整体而言,各经济走廊综合环境风险指数大多处于较低风险和低风险水平,但国别差异较大。

在 40 个东道国中,以下 10 个国家的综合指数得分最高:新加坡(0.3882)、俄罗斯(0.3741)、印度(0.2814)、马来西亚(0.2771)、印度尼西亚(0.2706)、缅甸(0.2609)、伊拉克(0.2581)、沙特阿拉伯(0.2518)、土库曼斯坦(0.2396)、阿拉伯联合酋长国(0.2006),主要分布在中南半岛和中亚—西亚经济走廊。

二、东道国风险源风险的空间分布特征

风险源构面的权重为 27.22%,主要采用废气排放和能耗使用量指标对生态环境破坏风险进行测度。就风险源危险性得分情况来看,各经济走廊呈现出异质性特征,风险指数最高的是印度,以 0.66 分的得分高居所

有样本国榜首；其次是俄罗斯、印度尼西亚、阿拉伯联合酋长国，得分均在 0.33 分以上。这些地区对引入风险源危险性产业的敏感性更大，环境敏感型行业 ODI 所面临的风险更高。

其他风险较高的国家有：新亚欧大陆桥经济走廊的德国（0.3070）、法国（0.2378）、意大利（0.2258）、波兰（0.2157）和荷兰（0.2156）；中国—中亚—西亚经济走廊的沙特阿拉伯（0.2718）、哈萨克斯坦（0.2297）、土耳其（0.2131）。

整体而言，新亚欧大陆桥和中国—中南半岛这两大经济走廊各东道国的得分离差较小，各国之间差别不大；孟中印缅经济走廊的国别差别最大，最高分印度（0.6648）和最低分尼泊尔（0.0361）之间的离差为 0.63 分；其次为中国—中亚—西亚经济走廊，最高分阿拉伯联合酋长国（0.3301）和最低分吉尔吉斯斯坦（0.0391）之间的离差为 0.29 分。

三、东道国受体敏感性风险的空间分布特征

受体敏感性构面的权重最高，为 68.45%，主要采用森林面积、人均淡水资源、自然资源总租金等指标对资源约束条件进行测度。就受体敏感性指标而言，新加坡自然资源和国土面积有限，导致其受体敏感性风险最高，以 0.47 的得分位列所有样本国第一；其次是俄罗斯、马来西亚、伊拉克，得分均在 0.27 分以上。通过对比可以发现，俄罗斯、沙特阿拉伯这两个国家在受体敏感性和风险源危险性指标中的表现比其他国家更高。

其他受体敏感性风险较高的国家有：中国—中南半岛经济走廊的缅甸（0.2631）、印度尼西亚（0.1843）、柬埔寨（0.1614）、越南（0.1563）；中国—中亚—西亚经济走廊的土库曼斯坦（0.2436）、沙特阿拉伯（0.2276）、伊朗（0.1624）。

整体而言，孟中印缅经济走廊和新亚欧大陆桥因其资源禀赋特征，环境风险在四大经济走廊中最低。中国—中亚—西亚和孟中印缅这两大经济走廊各东道国的得分离差较小，各国之间差别不大；中国—中南半岛经济走廊的国别差别最大，最高分新加坡（0.4695）和最低分泰国（0.0924）之间的离差为 0.38；其次为新亚欧大陆桥经济走廊，最高分俄罗斯（0.3674）和最低分匈牙利（0.0474）之间的离差为 0.32。

四、东道国受体恢复性风险的空间分布特征

受体恢复性构面的权重最低，仅占 4.33%，由 EPI 和可替代能源和核能共同组成在抗风险能力方面的测度。根据受体恢复性指标，孟加拉国风险最高，以 0.99 分位居所有样本国首位，其次是缅甸、也门、印度，得分均在 0.92 分以上。

其他受体恢复性风险较高的国家有：中国—中亚—西亚经济走廊的伊拉克（0.8949）、乌兹别克斯坦（0.7771）、土库曼斯坦（0.7613）、吉尔吉斯斯坦（0.7070）；中国—中南半岛经济走廊的柬埔寨（0.8800）、越南（0.8302）、印度尼西亚（0.7696）、菲律宾（0.7565）。

整体而言，四大经济走廊中，仅孟中印缅经济走廊各东道国的得分离差较小，各国在受体恢复性方面的风险都偏高，差别不大；而中国—中南半岛经济走廊的国别差别最大，最高分缅甸（0.9592）和最低分新加坡（0.3254）之间的离差为 0.63 分；第二为新亚欧大陆桥经济走廊，最高分格鲁吉亚（0.6644）和最低分瑞士（0.0397）之间的离差为 0.62 分；第三为中国—中亚—西亚经济走廊，最高分也门（0.9406）和最低分阿拉伯联合酋长国（0.4291）之间的离差为 0.51 分。

五、研究结论

从综合指数得分来看，各东道国的异质性较大，得分最高的国家为新加坡（0.3882），最低的国家为约旦（0.0625），相差接近 0.32 分。高风险国家分布最集中且国家个数最多的是中国—中亚—西亚经济走廊，有 6 个国家：伊拉克（0.2581）、沙特阿拉伯（0.2518）、土库曼斯坦（0.2396）、阿拉伯联合酋长国（0.2006）、哈萨克斯坦（0.1981）、伊朗（0.1936）。

从风险指数的 3 个组成构面来看，40 个东道国的风险差异也很明显。①风险源风险最大的国家是印度（0.6648），最低的是尼泊尔（0.0361）；高风险国家分布最集中且国家个数最多的是新亚欧大陆桥经济走廊，有 6 个国家：俄罗斯（0.3501）、德国（0.3070）、法国（0.2378）、意大利（0.2258）、波兰（0.2157）和荷兰（0.2156）。②受体敏感性风险最大的国家是新加坡（0.4695），最低的是约旦（0.0159）；风险最小的区域是孟中印缅经济走廊，得分仅为 0.1 分。③受体恢复性风险最大的区域是孟

中印缅经济走廊，风险最高的国家是孟加拉国（0.9949），其他 3 个国家风险也较高。

在 3 个准则层中，俄罗斯、伊拉克和沙特阿拉伯这 3 个国的风险都较高，而尼泊尔、也门、孟加拉国和越南这 4 个国家的风险都很小，都处在低风险阶段。

鉴于东道国环境风险的异质性特征，有必要依据东道国环境风险水平对中国 ODI 所面临的环境风险进行分类管理。

第九章　高质量共建 "一带一路" 背景下中国环境规制的现状

　　鉴于 "一带一路" 共建确定了实现生态环保合作与联合国《2030 年可持续发展议程》（2030 *Agenda for Sustainable Development*）所设置的 "2015 可持续发展议程"（SDGs）有机对接的战略目标，为进一步廓清中国现有制度建设、实际履责水平与联合国 SDGs 框架及国际通行规则之间的差异，本研究从宏观、微观视角对中国 ODI 所面临的环境制度差异进行分析。

第一节　宏观视角：中国环境规制与国际通行规则的差异

　　将中国现有环境规制建设与联合国环境目标框架及国际通行规则直接进行对比，分析中国环境规制与国际通行规则之间的差异。

一、国际通行规则中对环境保护的要求

（一）联合国《2030 年可持续发展议程》

　　中国企业在对外投资过程中越来越多地感受到承担社会责任的压力。国际社会对企业社会责任的限制多为一些不带有强制约束的指南，如联合国倡导的企业经营应有利于经济、生态、社会发展的 "三重底线"；联合国 SDGs，对全球范围内的投资与贸易活动提出了新的要求。SDGs 对生态环境和持续性发展的关注，尤其是对气候变化、可持续城市和社区、海洋资源以及可持续消费和生产模式的关注（见表 9.1），标志着可持续发展、环境善治等理念在全球范围的不断强化，也为世界通行规则的制定提供了

框架指南。例如，亚洲开发银行《2020 战略：2008—2020 亚洲开发银行长期战略框架》和 2009 年修订通过的《保障政策声明》都将环境保障和可持续投资作为核心战略。世界银行公布的世界发展指数对环境指标的选取也是以 SDGs 为指南，涵盖了其中的诸多议题。

表 9.1　SDGs 关于环境维度的目标

目标	内容
目标 2	促进可持续农业的发展
目标 6	为所有人提供水和环境卫生并对其进行可持续管理
目标 7	建立可靠的能源发展战略
目标 12	全球资源的消耗和可持续管理问题
目标 13	采取紧急行动应对气候变化及其影响
目标 14	养护和可持续利用海洋和海洋资源以促进可持续发展
目标 15	保护、恢复和促进可持续利用陆地生态系统，可持续地管理森林，防治荒漠化，制止和扭转土地退化，阻止生物多样性的丧失

资料来源：http://www.globalgoals.org/。

（二）国际通行准则

国际通行的赤道原则（根据国际金融公司《环境与社会可持续性绩效标准》建立）和 OECD 的《跨国公司指南》虽然是"软法律"，但也已成为国际通行的标准。

（1）赤道原则。赤道原则（the Equator Principles，EPs）是银行管理环境风险的一套全面客观的评估体系，是根据国际金融公司和世界银行的政策和指南建立，旨在决定、评估和管理项目融资中的环境与社会风险而确定的金融行业基准。世界银行下属国际金融公司于 2012 年开发了《环境和社会可持续政策》（*Policy on Environmental and Social Sustainability*），该指南制定了一套非官方自愿性原则，旨在用于确定、评估和管理项目融资过程中所涉及的环境和社会风险，规定了对外投资方在环境风险管理中的责任，为具有重大环境影响的项目提供了明确的环境风险管理框架和原则，并对涉及环境评估和管理系统、污染防治和资源效率等八个方面的关键问题进行了详细说明。该指南首次确立了国际投资项目中环境的最低标准，虽然是自愿性原则，但已发展成国际惯例，被视为可持续项目投资的"黄金准则"，被许多国际金融机构所广泛采纳。随着环境与社会的变化而不断演进，第四版赤道原则（EP4）于 2019 年底推出并于 2020 年 7 月 1 日起正式启用。相较于第三版赤道原则，EP4 修订的主要内容包括扩大赤道原则审查项目范围、新增与国际减排目标相适应的内容、重视气候变化和温室气体排放披露和提升环境社会风险管理等方面。EP4 更加注重加强与国际减排协议的联系，主动适应国际主要减排目标如《巴黎协定》、国家自主贡献（NDCs）以及气候相关财务信息披露工作组（TCFD）等。同时，EP4 要求金融机构主动参与并加强对项目环境和社会风险的管理。截至 2020 年，共有分属 37 个国家的 112 家金融机构宣布采用赤道原则，占新兴市场 70% 以上的项目融资份额，包括国际性领先银行如花旗银行、巴克莱银行、荷兰银行、汇丰银行等。因此，它形成了一个实务上的准则。赤道原则的应用对推进绿色环保项目的顺利实施、促进产业结构的绿色升级、实现社会可持续发展有重要的价值。[1]

（2）《跨国公司指南》。对企业社会责任影响较大的另一规范是 OECD 提出的《跨国公司指南》。该文件自 1976 年推出之后，历经数次修改，对信息披露、人权、劳工标准、环境保护、反贿赂和敲诈等进行了较为详细的阐述。[2] OECD 组织 2004 年修订的《跨国公司指南》"企业环境管理工具及方法"章节为企业提高环境绩效提出了详细的工具和方法，如建立环境管理系统（EMS）、信息公示企业标准、生命周期评估、改善环境绩效和环境教育培训等。该指南明确表示这些指导方针是 OECD 组织 30 个成员国和 9 个非成员国的共同标准。

此外，国际环保法律体系（包括一国制定的法律和国际环境公约）和现行的国际合作组织发布的一些"软法律"，也对企业对外投资活动施加了社会责任和义务。在一系列国际环保公约中，《联合国气候变化框架公约》《生物安全议定书》《控制危险废物越境公约》等都是具有硬性法律约束力的公约。

---

① 徐枫、马佳伟：《中国商业银行执行环境风险管理政策对其经营绩效的影响——以赤道原则为例》，载《宏观经济研究》2019 年第 9 期，第 14 - 26 页。

② 何帆：《中国对外投资的特征与风险》，载《国际经济评论》2013 年第 1 期，第 4 - 5 页、第 34 - 50 页。

二、"一带一路"倡议对 ODI 环境议题的关注

气候和环境贯穿人类和人类文明的整个历程,一直是"一带一路"倡议重点关注的主题之一。由于沿线地区具有复杂多样的地理地质气候条件、差异巨大的社会经济发展格局、丰富的生物多样性以及独特而较脆弱的生态系统,再加上 2008 年国际金融危机以来,自 20 世纪 80 年代盛行的新自由主义全球化日渐式微,保护主义和逆全球化思潮开始抬头,"一带一路"建设面临着全新的国际环境和舆论氛围,必须走一条绿色发展之路。

中国政府与商务部等部门近年来发布了一系列相关政策,引导规范企业对外投资行为(见表 9.2)。

从部委层面来看,2013 年商务部、环境保护部(现生态环境部)推出《对外投资合作环境保护指南》以及《履行企业环保责任,共建绿色"一带一路"倡议》等文件,要求"企业应尊重东道国宗教信仰、民族风俗,保障劳工合法权益,树立环境保护理念,积极履行环保责任",对中国企业加强沿线国家生态环境和野生动物栖息地保护提出了具体要求,引导其履行环境责任。

2015 年 3 月,国家发展和改革委员会、外交部、商务部联合发布《推动共建丝绸之路经济带和 21 世纪海上丝绸之路的愿景与行动》,明确指出"强化基础设施绿色低碳化建设和运营管理,在建设中充分考虑气候变化影响""在投资贸易中突出生态文明理念,加强生态环境、生物多样性和应对气候变化合作,共建绿色丝绸之路",充分反映出中国政府对"一带一路"沿线生态环境问题的重视。

2015 年 9 月,在联合国成立 70 周年系列峰会上,习近平总书记提出了"打造人类命运共同体、构筑尊崇自然、绿色发展的生态体系"的全球治理理念。[①]

2016 年 6 月,习近平总书记提出了深化环保合作、践行绿色发展理念、加大生态环境保护力度、携手打造"绿色丝绸之路"的倡议,承诺要加强"一带一路"倡议实施中的环境保护工作。

2017 年 5 月,中国环境保护部、外交部、国家发展和改革委员会与商务部联合发布了《关于推进绿色"一带一路"建设的指导意见》,明确

---

① 张云飞:《携手打造"绿色丝绸之路"维护全球生态安全》,人民网,2017 年 5 月 11 日。

提出，推进绿色"一带一路"建设是"分享生态文明理念、实现可持续发展的内在要求，是参与全球环境治理、推动绿色发展理念的重要实践，是服务打造利益共同体、责任共同体和命运共同体的重要举措"，要求"重视当地民众生态环保诉求"①，并进一步明确了"一带一路"生态共同体建设的宗旨，即在分享中国生态文明和绿色发展理念与实践，提高生态环境保护能力，防范生态环境风险，促进沿线国家和地区共同实现联合国《2030年可持续发展目标》。此后，中国通过一系列政策文件确立了建设生态共同体的目标、路径、重点内容和基本原则，初步完成了生态共同体的顶层设计。

2017年5月，中国环境保护部发布《"一带一路"生态环境保护合作规划》，对"一带一路"生态环保合作的战略目标、实现路径与重点推进领域进行了界定。①"一带一路"生态环保合作的两大阶段性战略目标：第一阶段目标是推进生态文明和绿色发展理念融入"一带一路"建设、夯实生态环保合作基础，到2025年形成生态环保合作的良好格局；第二阶段目标是到2030年推动实现联合国《2030可持续发展议程》的环境目标，深化生态环保合作领域，全面提升生态环保合作水平。② ②"一带一路"生态环保合作的实现路径包括：生态环保政策沟通、促进国际产能合作与基础设施建设绿色化、发展绿色贸易、推动绿色资金融通、开展生态环保项目和活动、加强能力建设等多条合作路径。③"一带一路"生态环保合作的重点推进领域：深化环境污染治理、推进生态保护、加强核与辐射安全、加强生态环保科技创新、推进环境公约履约。

国家发展和改革委员会2017年通过《企业境外投资管理办法》，要求"注重生态环境保护、树立中国投资者良好形象"。

从社会机构和行业协会层面看，中国金融学会绿色金融委员会2018年通过《"一带一路"绿色投资原则》，包括将可持续性纳入公司治理，充分了解环境、社会和治理风险，充分披露环境信息，加强与利益相关方沟通，充分运用绿色金融工具，采用绿色供应链管理，通过多方合作进行能力建设7条原则。

2019年4月，习近平总书记在第二届"一带一路"国际合作高峰论

---

① 陶平生：《全球治理视角下共建"一带一路"国际规则的遵循、完善和创新》，载《管理世界》2020年第5期，第161−171页、第203页。

② 国务院新闻办公室：七部委印发《关于构建绿色金融体系的指导意见》，http://www.scio.gov.cn/32344/ 32345/35889/36819/xgzc36825/Document/1555348/1555348.htm，2016−08−31。

坛上指出,"一带一路"建设要本着开放、绿色、廉洁理念,追求高标准、惠民生、可持续目标,提出了高质量共建"一带一路"倡议,把支持联合国《2030 年可持续发展议程》融入"一带一路"共建中,实现"一带一路"生态环保合作与联合国 SDGs 的紧密对接,统筹推进经济增长、社会发展、环境保护①,并与联合国环境规划署共同发布建立"一带一路"绿色发展国际联盟的倡议。这标志着环境与发展质量问题已成为"一带一路"建设不可或缺的重要内容,也是全球生态治理领域中国贡献的集中体现。②

综上,中国政府和一些协会组织在高质量共建绿色"一带一路"方面做了大量开创性工作,整个环境规制体系的顶层设计已初现雏形,但整体而言,中国对外投资的环境规制尚未形成成熟体系,在对跨国公司对外直接投资活动这一领域,近年来,政府和相关部门也不断推出相关条例、指南、指导意见性质的约束文件,对境外企业投资活动中的环境保护进行规范,但只涉及一般性的原则和基本要求,针对性和可操作性相对较低,更重要的是不具有法律效应,对企业 ODI 环境活动的约束性差,因此与SDGs 目标和现行通用国际规范相比,还有诸多完善之处。

三、中国环境规制与国际通行规则的对比分析

此处选取 SDGs 中的环保目标、现行国际规范与中国当前对外投资环境规制进行对比,如表 9.2 所示。经对比不难发现,中国现行的对外投资环保规制还有诸多需完善之处。

(1)我国现行的对外投资环境规制的法律硬性约束力低,且目前没有专门针对对对外投资的环境保护方面的法律法规。

(2)国内颁发的环境保护规制关注点集中在对森林资源、矿产资源的保护及企业的对外投资活动指引,SDGs 与国际通用规范则远超此范围,包括环境污染防治、生态气候、生物多样性、企业社会责任与义务等方面。

(3)国内相关环境规制在细则方面尚需完善,可操作性有待加强。

---

① 习近平:《高质量共建"一带一路"——在第二届"一带一路"国际合作高峰论坛圆桌峰会上的开幕辞》,http:// www. gov. cn/xinwen/2019 – 04/27/content_5386840. htm,2019 – 04 – 27。

② 李丹、李凌羽:《"一带一路"生态共同体建设的理论与实践》,载《厦门大学学报(哲学社会科学版)》2020 年第 3 期,第 66 – 78 页。

2013 年商务部、环境保护部制定的《对外投资合作环境保护指南》对生态环境风险的规避以及管理责任进行了说明，要求跨国企业以此指南为前提，将对外投资的限制进行细分，并控制与预测生态环境产生的环境与社会效应；要求企业在对外投资管理中纳入环境保护相关内容，并在此基础上完善企业管理措施、改进其管理系统。不过，该指南的作用是对对外投资主体进行指导与激励，引导企业自觉承担环保责任、进行绿色健康运行活动并建立生态友好与节约资源的公司，并未强制性地对公司行为进行要求，也没有强制性的处理办法。2017 年，中国颁布实施了《民营企业境外投资经营行为规范》，要求企业重视境外投资中的资源节约及环保问题，但在如何优化对外投资法律规范、如何完善管理与监管系统对生态环境问题进行有效监管与控制，如何设置执行准则、进行事后责任划分等环节，尚缺乏可操作性，需要进一步改进。此外，在中国企业与沿线国家开展投融资合作时，目前尚缺乏遵循《巴黎协定》减排承诺的相关细则，也无针对性和实操性的环境风险管理规则，监测机制和执行机制也有待健全①，一些民营企业和中小企业对相关规则执行不到位。

---

① 陶平生：《全球治理视角下共建"一带一路"国际规则的遵循、完善和创新》，载《管理世界》2020 年第 5 期，第 161 – 171 页、第 203 页。

表 9.2　中外现行环境保护规制对比

项目	SDGs 目标	国际通用规范体系	中国现行规范
环境管理	目标 6：为所有人提供水和环境卫生并对其进行可持续管理	①2002 年 10 月，国际金融公司和荷兰银行提出赤道原则，成为当前国际通用的环境风险管理工具和行业标准，旨在识别、评估和管理项目投资过程中的环境和社会风险；②2012 年，国际金融公司发布的《环境与社会可持续性绩效标准》规定了对外投资方在环境风险管理中的责任，并对涉及环境评估和管理系统、污染防治和资源效率等八方面的关键问题进行了详细说明；③经济合作与发展组织 2004 年颁布的《跨国公司指南》设立专章"企业环境管理工具及方法"，鼓励对外投资企业加强环境管理，完善环境响应机制，提高环境绩效，鼓励企业公开环境信息，明确提出该指南是 OECD 国家的共同标准；④联合国环境规划署 2006 年《负责任的投资原则》为对外投资方提供了环境治理方面的决策指引和行动指南	2013 年，商务部与环境保护部联合颁布《对外投资合作环境保护指南》，倡导企业树立环保理念，依法履行环境责任，要求企业遵守东道国的环境法规，履行环境影响评价、达标排放、环保应急管理等环保法律义务，鼓励与国际接轨，为指导文件，无法律约束力
可持续发展	目标 9：建造有抵御灾害能力的基础设施，促进具有包容性的可持续工业化，推动创新；目标 12：采用可持续的消费和生产模式	①亚洲开发银行颁布的《2020 战略：2008—2020 亚洲开发银行长期战略框架》提出将环境可持续发展、区域一体化、共享式经济增长作为其三个关键战略议程；②1997 年联合国规划署（UNEP）发布了《金融机构关于可持续发展的声明》，并确立了"金融机构倡议"的内容，鼓励全球优秀金融机构签署声明。该声明由"可持续发展承诺""可持续性管理""公共意识和交流"三个部分构成	2013 年 2 月，商务部、环境保护部联合发布了《对外投资合作环境保护指南》，这是中国在对外投资合作领域针对企业环境保护行为的第一个指导性文件，旨在对企业进行方向性指导，促进对外投资可持续发展

续上表

项目	SDGs 目标	国际通用规范体系	中国现行规范
自然资源保护和生物多样性	目标 14：养护和可持续利用海洋和海洋资源以促进可持续发展；目标 15：保护、恢复和促进可持续利用陆地生态系统，可持续管理森林，防治沙漠化，制止和扭转土地退化，阻止生物多样性的丧失	国际环保公约：由一系列国际环保公约组成，包含保护臭氧层有关的国际环保公约及《控制危险废物越境公约》《濒危野生动植物物种国际贸易公约》《生物多样性公约》《生物安全议定书》《卡特赫纳生物安全议定书》《联合国气候变化框架公约》。对国际贸易中环境保护、生物多样性、生态和气候都作出了明确规定	① 2006 年 10 月，国务院发布条例，敦促中国投资者在海外"注意环境资源的保护和维持当地社会和人民的生计"；②2009 年，《中国企业境外森林可持续经营利用指南》对建立多利益方的公示和咨询制度、加强环境保护与生物多样性保护、促进当地社区发展等方面提出了规范性要求

　　总的来看，国际社会的一系列环境保护规范适用范围广且认可度高，在环境治理工具和方法、环境风险预防和保障措施上更具有操作性，无论是具有硬性法律约束力的公约还是赤道原则之类的"软法律"，对企业的对外投资活动更具有约束力。SDGs 是最新的普遍适用的可持续发展规范、全球范围内接受度和认可度较高的全球发展治理机制，目前我国对外直接投资活动中的环境保护规制尚不完善，在相关规则制定上可参考 SDGs 框架的要求，借鉴国际通行的规范，以推进对外投资活动可持续发展，约束企业对外投资环境活动，规避环境风险。

第二节　微观视角：中国跨国企业环境责任履行现状

随着"一带一路"倡议和国际产能合作的不断推进，中国制造业在对外直接投资中占据越来越重要的地位。在绿色发展与环境善治等理念盛行的国际背景下，企业国际化进程中所面临的环境问题也越来越成为企业战略决策中不可回避的重要议题，实现企业跨国经营与东道国的社会、环境效应的双赢，正日益成为中国跨国企业的战略目标。[①] 在此背景下，对跨国企业的环境责任水平进行测度，有助于把握中国跨国企业环境责任履责现状及制约因素，找到其与高质量共建"一带一路"背景下环境目标的差距，并提供对策建议。

一、企业环境责任的概念界定

企业环境责任起源于企业社会责任理论，现有研究经历了从企业社会责任逐步过渡到企业环境责任这一嬗变过程。Sheldon 率先提出将企业社会责任纳入其他责任中的理念。[②] 美国经济发展局（1971）提出了包括保护环境和环境责任在内的企业社会责任"三中心圈"模式。Carroll 提出了企业社会责任的四级金字塔模型，将企业环境责任涵盖在第二、第三层级中。[③] Enderle 提出了涵盖经济、政治、文化和环境在内的企业社会责任四构面。[④] 此后，学者们对企业环境责任的研究进一步深入。Lyon 和 Maxwell（2007）提出环境责任是企业的自愿活动，会产生正的外部效应并改变公共产品只由政府提供的局面。Gunningham 认为环境责任是企业自愿将经营活动对生态环境的影响降低到最小的做法。[⑤]

① 刘宏、苏杰芹：《中国对外直接投资现状及存在问题研究》，载《国际经济合作》2014年第7期，第37-41页。

② Sheldon O. *The Social Responsibility of Management of the Philosophy of Management*. London：Sir Isaac Pitman and Sons Ltd, 1924.

③ Carroll A. "The Pyramid of Corporate Social Responsibility：Toward the Moral Management of Organizational Stakeholders". *Business Horizons*：1991, 34（4）：39-48.

④ Enderle G, Tavis L A. "A Balanced Concept of the Firm and the Measurement of Its Long-term Planning and Performance". *Journal of Business Ethics*, 1998, 17（11）：1129-1144.

⑤ Gunningham N. *Corporate Environmental Responsibility*. John Wiley & Sons, Ltd, 2017.

相较而言，国内学界对企业环境责任的研究起步较晚，到 20 世纪 90 年代末才涌现刘俊海、刘连煜、卢代富等学者，从法律视角对企业社会责任问题给予关注并出版了类似《公司的社会责任》①《公司治理与公司社会责任》②《企业社会责任的经济学和法学分析》③ 等一系列论著，此后学者高桂林（2005）、吴真（2007）、谭莎（2012）、叶大凤、唐娅玲（2017）、龙成志等（2017）也对企业环境责任的内涵和外延进行了研究。

基于此，本研究将企业环境责任界定为：为实现可持续发展目标，企业在生产经营过程中主动降低经营活动对生态环境的负面影响、承担保护生态环境的责任。

二、企业环境责任评价的文献综述

随着人们对企业环境责任认识的不断深入，有关环境责任评价指标的研究也逐渐增加。福斯特·莱因哈特按照环境责任履行水平将跨国公司分为五类：环境落后者（environmental laggards）、被动者（environmental reluctants）、合规者（environmental committed compliers）、战略者（environmental strategists）以及笃信者（environmental true believers）。④ Morhardt 等（2002）选取全球最大的跨国企业为样本，运用 GRI 2000 和 ISO 14031 这两大国际环境责任评估指标及标准，对 40 家样本企业的环境责任进行了重新评价，并将评价结果与企业发布的自愿环境评估报告（voluntary corporate environmental reports）进行比较。结果发现，很多在 GRI 2000 和 ISO 14031 标准体系中权重较高的评价指标（如占 GRI 2000 评估体系 42% 权重的一些经济和社会指标，占 ISO 14031 评估体系 22% 权重的环境因子指标），在企业自愿环境评估报告中却很少运用，由此导致二者之间偏差很大。⑤ Harrison 等构建了一个包含员工、顾客、股东等利益相关方

---

① 刘俊海：《公司的社会责任》，法律出版社 1999 年版。
② 刘连煜：《公司治理与公司社会责任》，中国政法大学出版社 2001 年版。
③ 卢代富：《企业社会责任的经济学与法学分析》，法律出版社 2002 年版。
④ ［美］福斯特·莱因哈特、［美］理查德·维尔特：《企业管理与自然环境》，李丽、赵正斌、仲晓天译，东北财经大学出版社 2000 年版。
⑤ Morhardt J E, Baird S, Freeman K. "Scoring Corporate Environmental and Sustainability Resports Using GRI 2000, ISO14301 and Other Criteria". *Corporate Social Responsibility Environmental Management*, 2002（9）：62–68.

在内的企业绩效评估体系。[1] Lockie 等从农场主、员工和社区多视角对企业环境责任进行了评估。[2] Cong 等从两个维度对企业环境绩效进行了评估：其一是环境影响得分（environmental impact score），来自《新闻周刊》（Newsweek）公布的绿色排名（green ranking）；其二是危害人口模型（modeled hazard population results），以美国环境保护局（EPA）公布的风险筛选环境指标（risk-screening environmental indicator）为基础。[3]

国内对于企业环境责任评估指标体系的构建也进行了有益探讨。例如，王天仁从环境保护记录、环境保护投入比率、能源使用率和节约资源率等维度对环境责任进行测度[4]；万莹仙认为企业环境责任评价应当涵盖环境法规执行情况、环境质量情况以及环境治理和污染物利用情况三方面[5]；关阳建议从企业环境法律责任与企业环境道德责任方面构建企业环境责任评价指标体系[6]；黎敏从单位收入资源消耗、对周围生态环境的影响以及新能源的开发和利用等维度来评估石油企业的环境责任水平。[7] 这些研究无疑为企业环境责任评价体系的构建提供了有益的思路。然而基于数据的可获得性，很多评价指标并不能被直接套用到中国跨国企业的环境责任水平测度中。

综上所述，国外尤其是发达国家对企业环境责任的研究日趋成熟，有专门的组织机构或政府部门定期对企业环境绩效或环境责任履行水平进行评估，因而测度指标体系已日趋成熟，数据的可获得性也比较强。国内的研究则相对滞后，对企业环境责任或环境绩效的评估并未形成统一的评估体系，如中国社会科学院公布的《企业社会责任蓝皮书》和《中国企业

① Harrison J S, Wicks A C. "Stakeholder Theory, Value, and Firm Performance". *Business Ethics Quarterly*, 2013, 23 (1): 97 - 125.

② Lockie S, Travero J, Tennent R. "Private Food Standards, Regulatory Gaps and Plantation Agriculture: Social and Environmental Responsibility in the Philippine Export Banana Industry". 2014 (21): 122 - 129.

③ Cong Y, Freedman M, Park J D. "Tone at the Top: CEO Environmental Rhetoric and Environmental performance". *Advances in Accounting*, 2014, 30 (2): 322 - 327.

④ 王天仁：《中国企业社会责任评价体系的构建》，载《中国工商管理研究》2008 年第 8 期，第 55 页。

⑤ 万莹仙：《企业的环境责任与环境业绩评价》，载《内蒙古科技与经济》2010 年第 1 期，第 30 页。

⑥ 关阳：《企业环境责任评价体系及成果应用分析》，载《中国环境管理》2012 年第 1 期，第 1 - 6 页。

⑦ 黎敏：《生态文明建设中企业实施绿色责任的现实意义和路径》，载《中南林业科技大学学报（社会科学版）》2014 年第 4 期，第 9 - 11 页。

社会责任研究报告》①，和讯网公布的《上市公司社会责任报告》，都是将企业环境责任作为社会责任的一个组成构面进行评价②。

由于中国企业跨国经营的历史不长，现有文献主要聚焦于企业跨国经营的战略、绩效及风险等方面③，对企业环境责任的研究起步较晚，目前国内对中国跨国企业环境责任的研究也是将其作为企业社会责任的一个组成构面来进行，如徐二明、郑平所著的《国际化经营中的企业社会责任》④，王红（2016）对中国跨国公司百强公司信息披露情况的研究，南非中国经贸协会发布的《在南非中资企业履行社会责任的报告》⑤，中国社会科学院发布的《中央企业海外社会责任研究报告》《中资企业海外社会责任蓝皮书（2016—2017）》等。基于数据的可获得性，专门对企业环境责任进行量化分析的研究并不多见。在此背景下，本研究以和讯网发布的企业社会责任评价标准为基础，从环保意识、环境管理体系认证、环保投入金额、排污种类、节约能源种类数 5 个维度构建制造业跨国企业环境责任评价指标体系，对现有的研究是一种有益的补充，也拓展了企业国际化研究的维度。

三、企业环境责任评价的指标选取及其测度

（一）评价指标的选取

关于环境责任的定量研究，国内外学者一般从能源使用、工业"三废"排放和废弃物处理等方面进行度量。随着企业环境责任研究的深入，一些学者将企业的环境管理意识、环保投入、ISO 体系认证等指标纳入环

---

① 黄群慧、钟宏武等：《中国企业社会责任研究报告（2018）》，社会科学文献出版社 2018 年版，第 44 - 73 页。

② 和讯网是从股东责任、员工责任、供应商、客户和消费者权益责任、环境责任和社会责任 5 个维度对企业社会责任进行评估，其中环境责任的权重为 10%（服务企业）、20% 或 30%（制造企业）。

③ 杨丽华：《服务企业国际化的研究范式及其嬗变趋势》，载《企业活力》2011 年第 9 期，第 5 - 7 页。

④ 徐二明、郑平：《国际化经营中的企业社会责任》，中国人民大学出版社 2006 年版，第 53 - 54 页。

⑤ 刘洁妍、杨牧：《在南非中资企业履行社会责任的报告》，见 http://world. people. com. cn/n1/2018/1130/c1002 - 30435639. html。

境责任评价体系，如张萃、周敏等①。本研究采用和讯网公布的企业社会责任评分标准中有关制造业环境责任部分的评分标准及权重比例，选取环保意识、环境管理体系认证、环保投入金额、排污种类、节约能源种类数5个指标维度，依据表9.3给定细则和指标权重进行评分，得分越高说明环境责任水平越高。

表9.3　制造业企业环境责任指标体系评分细则

环境责任指标	评分细则	分值	权重（%）
环保意识（EA）	上市公司对环境和保护环境的认识水平和程度高则得4分，依次递减	0～4	13.3
环境管理体系认证（ISO）	企业通过ISO 14001认证得5分，未通过不得分	0～5	16.7
企业环保投入金额（EPI）	没有投入得0分，1000万元人民币以下得2分，1000万元人民币以上至1亿元得4分，1亿元人民币以上得6分	0～6	23.3
排污种类数（ST）	排污种类数为3类得7分，2类得4分，1类得2分，报表未记录相关数据则不得分	0～7	23.3
节约能源种类数（ES）	节约能源数为3种得7分，2种得4分，1种得2分，报表未记录相关数据则不得分	0～7	23.3
合计	—	0～29	100

资料来源：和讯网。

（二）中国制造业跨国企业环境责任的测度

1. 样本企业的选取及描述性统计分析

样本企业的选取。现有我国对外投资项目70%的投资主体是上市公司，相对非上市公司而言，其信息披露更规范全面，基于数据的可获得性及可靠性，本研究选取深沪两市A股制造业上市公司中具有跨国投资业

---

① 张萃、伍双霞：《环境责任承担与企业绩效——理论与实证》，载《工业技术经济》2017年第5期，第67-75页。周敏、谢莹莹、孙叶飞等：《中国城镇化发展对能源消费的影响路径研究——基于直接效应与间接效应视角》，载《资源科学》2018年第9期，第1693-1705页。

务且定期公布企业环境责任信息的 85 家公司为样本，数据来源于和讯网及各样本企业在 2008—2017 年披露的年报和社会责任报告。

样本企业的描述性统计分析。①非国有企业数量比国有企业多，由此可见"走出去"战略初显成效，越来越多的非国有企业开始走出国门，跨国经营的主体逐渐多元化。②71.76% 的制造业跨国经营年龄小于 15 年，说明大部分企业是在改革开放之后才开始国际化，跨国经营经验并不丰富。③制造业跨国经营行业呈现多元化趋势，从传统的劳动密集型到技术含量较高的科技行业都有覆盖，化学和化学制品、造纸、纺织、金属和非金属制品等环境敏感型行业占比较高，约为 45%。

表 9.4　样本企业描述性统计分析

项目	项目说明	样本数量（个）	占比（%）
企业性质	国有企业	39	45.88
	非国有企业	46	54.12
企业跨国经营年龄（截至 2017 年 12 月）	$0 \leqslant EXP \leqslant 15$	61	71.76
	$15 \leqslant EXP \leqslant 25$	17	20.00
	$EXP \geqslant 25$	7	8.23
子行业分布	C1 汽车制造业	1	1.17
	C2 食品制造业	2	2.23
	C3 造纸和纸制品业	2	2.23
	C4 金属和非金属制品	13	15.29
	C5 纺织业、纺织服装、服饰业	4	4.71
	C6 计算机、通信和其他电子设备制造业	19	22.35
	C7 医药制造业	4	4.71
	C8 机械、仪表、设备制造业	19	22.35
	C9 铁路、船舶、航空航天和其他运输设备制造业	2	2.23
	C10 化学和化学制品制造业	19	22.35

2. 企业环境责任的测度结果

从85个样本企业2008年到2017年的环境责任分项指标得分来看，总体呈缓慢上升趋势。企业环境责任意识（EA）和通过ISO 140001体系认证的企业数目处于缓慢提升态势，说明随着环境责任意识的提高，越来越多的跨国企业获得了国际通用的环境管理体系标准认证；环保投入（EPI）整体上也逐年增长，而加大环保投入也促进企业节能和减排绩效，因此，2017年样本企业在节能（ST）和减排（ES）的得分也达到了峰值。

表9.5　样本企业环境责任评分

年份	分项目评分					总体评分			
	EA	ISO	EPI	ST	ES	全样本	国有企业	非国企	全样本加权得分
2008	2.08	2.27	1.45	2.42	2.21	10.44	11.33	9.67	2.07
2009	1.99	2.53	1.70	2.49	1.97	10.67	10.56	9.00	2.12
2010	2.07	2.64	1.59	2.63	2.22	11.16	12.28	10.22	2.22
2011	2.13	2.68	2.04	2.67	2.46	11.97	13.23	10.89	2.40
2012	2.14	2.78	2.09	3.01	2.13	12.15	13.72	10.8	2.43
2013	2.15	2.84	2.21	3.05	2.23	12.48	13.87	11.3	2.51
2014	2.18	2.99	2.16	2.93	2.27	12.52	13.69	11.52	2.50
2015	2.18	3.01	2.27	2.77	2.33	12.55	13.82	11.48	2.51
2016	2.19	3.03	2.52	3.01	2.42	13.17	13.87	12.24	2.65
2017	2.29	3.18	2.29	3.13	2.77	13.66	14.74	13.11	2.74
平均	2.14	2.80	2.03	2.81	2.30	12.08	13.11	11.02	2.42
满分值	4	5	6	7	7	29	29	29	6.03
平均得分率	53.46%	55.90%	33.86%	40.15%	32.86%	41.63%	45.21%	38.01%	40.07%

数据来源：根据样本数据统计结果整理。

就样本企业各年的整体得分而言，环境责任加权平均得分也呈稳定增长趋势，从2008年的2.07分逐步增加到2017年的2.74分，说明企业环境绩效在缓慢提高，但与满分值相比，平均得分率仅有 40% 左右，还有较大的提升空间。就分项目平均得分比来看，样本企业在环境责任意识（EA）和通过 ISO 140001 体系认证数目这两个维度的平均得分率最高，分别为 53.46% 和 55.9%；而环保投入（EPI）和减排（ES）这两个维度的平均得分率低，分别仅有 33.86% 和 32.86%。

就企业所有制性质而言，国有企业的环境责任得分明显比非国有企业高，平均得分率分别为 45.21% 和 38.01%，说明国有企业环境责任履行情况更好，与管亚梅和赵瑞（2018）、阚京华和董称（2016）的实证结果一致。这也许是因为国有企业更具资源和规模优势，在追求经济目标时对非经济目标也较为看重，故而环境责任表现更好。

第三节　研究结论

从宏观视角来看，中国环境规制建设任重道远，与国际通行规则相比，法律硬性约束力低，缺乏专门针对对外投资的环境保护方面的法律法规；现有环境责任范围窄，有些领域的环境责任界定尚是空白，离 SDGs 目标差距较大；企业环境评估和管理的工具方法有待创新，以期为企业提供可量化、操作性强的环境责任标准。

从微观视角来看，中国跨国企业环境责任履行水平在缓慢增长，但总体履责水平偏低，全样本加权得分比仅为 40% 左右，由此可见大部分制造业跨国企业环境责任的履行情况有待提升。尤其非国有企业在响应政府政策、实现公众利益等方面需具备更多的社会责任感。

第十章 高质量共建 "一带一路" 背景下
中国 ODI 环境风险治理

第一节 中国对外直接投资的环境问题

共建"一带一路"是中国构建面向发达经济体和发展中国家两个开放体系、增强自身规则构建功能的主要途径。[①] 在环境问题已成为高质量共建"一带一路"的核心议题这一现实背景下，中国 ODI 区位分布高度集中于某些特定国家、行业分布集中于环境敏感型行业的行为特征，折射出中国对外直接投资的实际表现与高质量共建"一带一路"的倡议存在落差，中国 ODI 面临着较大环境风险。本书从三个层面对中国 ODI 的环境问题进行了探讨。

一、基于中国 ODI 行为的视角

随着"一带一路"倡议的不断推进，中国在"一带一路"沿线国家的 ODI 流量和存量占比均值分别为 11.2% 和 9.2%。就 ODI 流量占比来看，整体上虽呈上升态势，但受外生变量的影响大，导致各年份份额波动较明显；就 ODI 存量占比来看，自 2016 年开始有下降趋势，中国在沿线国家 ODI 的可持续发展是值得关注的问题。

就中国 ODI 的行为特征来看，中国在"一带一路"沿线国家的 ODI 无论是在区位分布还是产业选择上，都表现出环境敏感特性。就区位分布特征来看，中国—中南半岛经济走廊无论是在流量还是存量方面几乎占据了中国在"一带一路"对外投资的半壁江山；前十大东道国（50 个样本

---

① 张晓娣：《加快建设积极引领、全面高质的开放经济体系》，载《上海经济研究》2020 年第 4 期，第 1-8 页。

国）的投资占比高达 71.6%。就产业分布来看，ODI 在钢铁、有色金属、建材、铁路、电力、通信工程等环境敏感型行业的集中度较高。过于集中的 ODI 分布增加了中国企业的投资风险。

就中国 ODI 动因来看，全样本回归分析结果验证了市场寻求、效率寻求和资源寻求是中国对"一带一路"沿线国家 ODI 的主要动因；在资源丰富的地区（原独联体、中国—中亚—西亚以及中国—中南半岛经济走廊），中国 ODI 的资源寻求动因较为显著，特别是在中国—中亚—西亚经济走廊，虽然东道国的政府稳定性较差，中国 ODI 对资源的追求超过了制度因素的抑制效应。在高风险区域的资源寻求型动因，意味着中国在该区域的 ODI 可能面临着更大的环境风险。对于不同收入国家的分样本回归结果表明，随着东道国劳动力成本的上升，中国 ODI 逐渐不再存在效率寻求型动因；且中国 ODI 并不具有战略寻求型特征，说明推动中国 ODI 的转型升级具有现实意义。

二、基于环境效应双向传导路径的视角

本研究基于中国 2007—2016 年在"一带一路"沿线样本国的数据，采用面板回归法对环境效应的双向传导路径进行了实证验证，结果如下。

（一）中国企业 ODI 对"一带一路"沿线国家环境规制变动较敏感

无论在全样本回归还是分样本回归中，环境规制对中国 ODI 的区位选择都起到显著的负向抑制作用，即东道国的环境规制水平越宽松，流向该国的 ODI 存量越多。根据全球环境规制均值将样本国分高水平组和低水平组进行稳健性检验，结果表明：当环境规制水平提高时，低水平组国家将会显著抑制我国 ODI 的流入；而高水平组国家的负向抑制程度较低。这意味着中国 ODI 在 EPI 低水平组国家面临的环境风险更大，因为这些国家通常是中低或低收入国家，未来环境规制变动的可能性更大。过于集中的 ODI 区位分布和行业结构使得中国企业 ODI 对东道国的环境规制变量更加敏感。

（二）中国 ODI 对东道国环境质量在一定程度上具有显著的正向促进作用

在总样本回归中，中国 ODI 规模对东道国环境污染水平在一定程度

上具有显著的负向抑制效应,说明中国 ODI 对东道国环境质量有正向促进作用,且越是在收入水平低的东道国,促进效应越明显。本研究验证了中国对外直接投资具有"污染光晕"效应,是有利于母国与东道国实现双赢。此外,东道国环境规制对其污染排放水平具有负向抑制作用,而且越是中高以上收入国家,环境质量的改善效应越明显。这也说明越是在收入水平较高的东道国投资,中国 ODI 所面临的投资壁垒或阻力将越小;越是在收入水平低的东道国,中国 ODI 面临的环境风险越大。

三、基于环境风险表征的视角

中国 ODI 的行为特征,再叠加上东道国脆弱的生态环境约束条件,成为中国 ODI 环境风险的主要表征。

从东道国风险来源来看,中国 ODI 环境风险表征主要体现在东道国生态环境的脆弱性、自然资源损耗风险和环境规制变动的可能性三个层面。①大多数东道国生态环境总体脆弱,人均资源匮乏,ODI 面临的潜在环境风险大。②东道国环境规制越来越严苛,对外投资面临的环境壁垒增大。③东道国的环境规制与中国 ODI 不良投资比率之间呈反向变动的关系,东道国环境政策是中国企业 ODI 的主要风险源。

从 ODI 的行为特征视角来看,主要体现为母国 ODI 在东道国的特定投资行为及由此导致的不良投资比率。研究结果表明:①中国 ODI 在区位分布和产业选择上具有高度集中特征;②某些企业缺乏环境责任关注,叠加地缘政治冲突和东道国保护主义的抬头,导致 ODI 失败案例高发。③环境敏感型行业成不良投资高发地。农业、化学、能源、金属、房地产、交通等环境敏感型行业的不良投资占比高,以中亚—西亚区域尤甚。④不良投资在区域上主要集中在中亚—西亚这一环境敏感型区域。

就样本国环境规制水平严苛程度来看,欧盟国家发展水平最高,环境规制也最严苛,是全球生态环保运动的积极践行者;绝大部分中南半岛国家尚处于发展中国家,资源禀赋好,环境规制相对宽松;中亚—西亚主要国家水资源紧张、生态环境比较恶劣,而经济发展水平较高(尤其是石油资源富裕),对生态环境保护相对重视,环境规制适中或偏紧。

将中国对"一带一路"沿线国家 ODI 存量前二十大东道国的环境规制水平与中国在环境敏感型行业的不良投资率结合起来,同样可以看出,伴随着东道国环境规制水平的不断提高,中国在这些样本国的不良投资也呈下降趋势,两者之间呈反向变动的关系,东道国的环境规制水平会对中国 ODI 的行业或/区位选择产生重大影响。在环境规制水平最宽松的样本国中，除了柬埔寨，不良投资所占比例都很高；在环境管制较宽松的国家，不良投资几乎全部集中在环境污染型行业。

第二节　中国 ODI 环境风险治理对策

共建"一带一路"背景下中国 ODI 的行为特征，以及东道国脆弱的生态环境约束条件，成为中国 ODI 风险的主要来源。整体来看，一些中国企业的 ODI 对部分东道国环境质量有负向影响效应，有遭受东道国政府管制或公众抵制的风险，对中国 ODI 的环境风险治理尤为重要。改变中国企业的 ODI 行为与理念，创新与对外投资环境保护相关的制度，是中国 ODI 环境风险治理的重点。

一、实施多元化区位与行业选择战略，改变环境敏感型投资行为

中国 ODI 在区位与行业选择方面高度集中的行为特征，是造成其不良投资率高的宏观变量。中国对"一带一路"沿线国家的投资在区位上高度集中于东盟地区；在行业上，在发展中国家的 ODI 主要集中在能源、基础设施等环境敏感型行业，更易受东道国环境变量的影响①，从而增加了投资失败的概率。

（一）充分考量东道国环境规制变量，合理选择 ODI 区位

第六章实证研究结果表明，中国 ODI 环境效应具有异质性特征，越是在中高以上收入国家，东道国环境规制对其环境质量的正向促进效应越显著，中国企业 ODI 的环境规制效应越明显，所面临的投资壁垒或阻力将越小。而事实上，本书第四、第五章研究结果表明，中国 ODI 更倾向流入环境规制水平较宽松、自然资源禀赋和地理距离小的东道国，具有较明显的资源寻求特征和环境敏感特征。东道国的环境规制水平对中国在

① 杨丽华、薛莹、董晨晨：《"一带一路"背景下中国 ODI 的行为特征及环境风险表征》，载《长沙理工大学学报（社会科学版）》2019 年第 4 期，第 52－62 页。

"一带一路"ODI 区位选择具有显著的负向抑制作用，这一效应在环境规制水平较低的东道国更明显。目前中国在东南亚、中亚—西亚区域的 ODI 大多同时符合这些特征，其暴露于东道国环境规制变动的风险更大。因此，东道国环境规制变动是影响中国企业 ODI 区位选择的重要因素，必须纳入企业对外投资的战略决策考量中。越是在中低收入东道国，环境规制水平越宽松，未来发生变动的风险越大，对环境敏感型 ODI 的影响更大，为此要改变现有投资主要集中在东盟国家的现状，优化 ODI 区位选择战略，在充分了解东道国的环境规制水平以及相关法律制度的现状及变动趋势的基础上进行区位选择，防范因环境规制变动而产生的对外投资环境风险。在对东道国制度环境、市场规模、资源状况及技术水平进行科学调研的基础上增加对新亚欧大陆桥或中亚—西亚国家的投资。

（二）优化 ODI 产业布局，主动适应东道国的环境规制变化

优化对外投资的产业布局，积极适应东道国环境规制以降低潜在风险。鼓励发展环境清洁型的产业，对从事生态环境保护活动的企业给予一定的政策扶持和经济资助，促进中国对外直接投资企业从污染型和劳动密集型向高新技术密集型的转型升级，提升 ODI 的技术含量，增加非环境敏感型行业的投资比重，加大具有比较优势产业的 ODI 比例，如新能源、机械工程等行业；在传统重工业和重大基础设施建设中提高绿色清洁能源的使用比率；大力促进金融服务、电子信息技术等服务业的对外投资。促进投资区域和行业的均衡化，避免"过度集中"带来的投资风险和资源浪费，有助于从源头上控制对外投资风险。

二、强化企业的环保意识与社会责任，提高合规经营水平

对外投资中的企业环境与社会责任问题已成为国际上备受关注的热点问题。[1]"一带一路"沿线国家主要是发展中国家，有关生态环境方面的基础大多比较薄弱[2]；中国企业"走出去"需密切关注各国政治经济风险，加强风险统筹，熟悉有关环境影响合规性评价方面的规则与信息，提

---

[1]　杨挺、陈兆源、韩向童：《2019 年中国对外直接投资特征、趋势与展望》，载《国际经济合作》2020 年第 1 期，第 13－29 页。

[2]　刘卫东：《共建绿色丝路是"一带一路"建设必然选择》，载《中国经济时报》2019 年 4 月 26 日第 007 版。

高合规意识。

(一) 树立正确的企业伦理观，强化 ODI 环保意识

企业对社会环境责任关注不够，是造成中国对外投资失败案例的微观因素。中国企业对外投资的失败案例部分源于企业国际化经验缺乏，社会环境责任意识淡薄，对投资项目所面临的环境风险评估不足。[①] 由于对国际上通行的企业社会责任实践缺乏了解，一些企业难以对国际化背景下的环境社会责任角色进行明确界定，导致其对跨国经营面临的环境责任风险认识不足，在整个海外投资活动中没有将对社会责任的关注上升到企业战略层面。[②] 尽管很多企业也意识到社会责任的重要性，但由于缺少国际化经验，对东道国的环境规制及法律法规了解不深，企业在对外投资中遇到越来越多的环境纠纷，使投资受阻甚至投资失败。

对于企业来说，企业环境责任构建的重点在于树立正确的企业伦理观，在对外投资中要注重对东道国资源消耗、生态环境污染以及当地公民关注的其他社会问题的关注，这是跨国公司能主动履行东道国社会/环境责任的关键所在。要从源头做起，管理者和员工加强自身伦理制度、价值观念和道德观念建设，在跨国经济活动中尊重东道国的生态与制度环境，以形成良好的经营环境，求得长期稳定的发展。企业应将商业伦理责任融入企业文化中，使其能够贯穿到企业的跨国经营管理全过程中，重视跨国经营活动对东道国资源的耗损与生态环境的污染，不断强化跨国企业对外投资的环保责任和社会责任意识，弱化其投资行为的环境敏感性。为此，政府可以敦促企业把环境管理成本纳入对外投资战略决策中，倒逼企业加大环保投入和减排力度，引导企业对环境管理的成本效益进行合理预测，保证其人力、物力资源的投入及企业环境管理体系的有效运行，这样可以提高对外投资在生态环境方面的安全性，减小中国 ODI 的环境风险。

此外，培养专业化的环境管理人才与团队，强化对外投资环境风险评估和管理在跨国公司决策和运营中的地位，也是跨国公司的环保意识真正建立起来的切实体现。培养企业风险观念及管理能力，对环境风险不仅关注一般资源、土地和污染，也需要关注其他因素，比如物种多元化、民众

---

① 杨丽华、薛莹、董晨晨：《"一带一路"背景下中国ODI的行为特征及环境风险表征》，载《长沙理工大学学报（社会科学版）》2019年第4期，第52－62页。

② 杨丽华、张诗文、贾林琅：《中国制造业跨国企业环境责任水平测度及提升策略》，载《中南林业科技大学学报（社会科学版）》2019年第3期，第38－44页。

用水、历史文物的保护等。

(二) 推行国际环境管理标准体系,提升企业风险评估与管理水平

国外环保劳工标准严格,更加注重企业的品牌声誉和社会责任实践,这就要求中国企业进一步提升综合业务能力和跨国经营能力。[①] 从企业层面来说,积极履行环境责任有利于企业实现可持续发展的"走出去"战略目标,在跨国经营过程中,企业应该将环境责任纳入其国际化战略中。本书第九章研究结果表明,截至 2017 年,仍有近四成的样本企业尚未获得 ISO 14001 认证。ISO 14000 标准是 ISO 颁布的关于质量管理和环境管理方面的系列标准,其质量认证被世界贸易组织接受。1994 年,我国宣布等同采用,其中 ISO 14001 是一系列标准的核心,是企业进入国际市场的绿色通行证。通过 ISO 14001 认证有利于实现各国间环境认证的双边和多边认证,消除技术性贸易壁垒,提高跨国经营绩效。中国企业需正确认识建立 ISO 14000 管理体系的意义,加大推行力度,提高企业环境管理水平,调动企业防治环境污染的主动性以降低环境风险。中国中钢集团有限公司的经验值得学习借鉴。中钢集团把环境责任理念贯穿到战略目标和生产操作流程,不断对其员工和承包商进行培训,以提高环境保护意识和处理环境问题的能力,第三方认证机构 SAI Global 对中钢集团国外投资经营的环境管理表现极为认可。

(三) 发挥智库和信息平台的咨询作用,建立东道国环境风险预警机制

加强对沿线地区的资源、生态、环境现状系统而全面的研究,有助于从整体上把握东道国的环境风险,敦促企业提高环境风险意识,改变以末端治理为主的方式,建立风险预警机制。注重环境风险评估和管理,建立有效的环境风险管理体系,不仅有利于推动企业顺利进行海外投资,还将促进企业社会/环境责任的进步。

由于"一带一路"沿线国家既包括发展中国家,也有发达国家,跨度广,差异大,再加上生态环境问题往往与社会、政治等问题同时出现,包括由移民、征地等所产生的一系列社会及环境相关问题,非常专业、非

---

① 张爽:《从"理性投资"到"高质量发展"的中国对外投资合作》,载《国际经济合作》2020 年第 1 期,第 91 - 103 页。

常复杂，因而既要根据理论与实际数据来进行分析，还应该通过现场调查等进行判断。各种生态环境风险层出不穷，单靠企业的力量很难应对复杂多变的生态环境问题。为此，应发挥政府和国家研究机构的作用，通过打造投资环境风险智库，为企业提供信息咨询。目前，"一带一路"政策的有关分析非常的多，但还需加强对东道国生态环境风险的关注，加大在生态环境风险评估方面的科研立项，并与国际组织或机构加强合作交流，实现信息共享，基于大数据技术，发挥信息服务平台的智库作用，为企业 ODI 提供科学的分析报告。对国家研究机构及研究队伍而言，需要设置生态环境咨询专家队伍，并构建相应的投资环境风险智库。依靠专家和智库的专业知识与多渠道信息优势，可以对东道国环境风险来源、环境风险评估、环境治理体系构建等系列问题展开深入研究，可以全方面、多视角地为跨国企业提供环境风险评估的智力与信息支撑，帮助企业深入了解 ODI 所面临的环境问题。

此外，鼓励扶持环境咨询服务业，建立事务性的利益协调沟通机制。新兴的环境咨询服务业致力于用科学的手段进行环境治理和改善，能为企业提供专业的诊断和评估，制订专业的环境责任合规性方案，促进企业建立环境风险预防机制，最大限度上降低企业因为环境责任问题造成的损失。在我国企业环境责任意识淡薄、政府的环境行为监管标准远低于发达国家这一现实背景下，政府可培育、发展第三方服务中介，用市场化的手段为企业和政府提供更专业的环境咨询服务。鼓励环境咨询服务随着跨国经营一起"走出去"，将有助于降低企业在跨国经营中所面临的环境风险、提升企业跨国经营的竞争力。

三、完善对外投资环境保护规制，构建"一带一路"安全保障体系

政府在利用政策支持企业"走出去"的同时，应加强对企业环境行为的监管，在推动企业履行环境责任方面扮演好引导者、管制者、监督者、保护者的角色。

（一）完善相关法律法规和管理机制，实现环保标准与国际接轨

由于我国制定的企业环境责任标准离 SDGs 目标差距较大，相关法律的缺失也使政府对 ODI 环境责任的监管缺乏强有力的工具，因此，政府

应尽快出台相关政策和法律来约束企业海外经营行为、调控 ODI 的环境风险。政府有责任和义务完善和细化企业环境责任相关法律法规，并借鉴发达国家的成功经验，实现企业环境责任管理水平向国际标准靠拢，倒逼企业加大环保投入和减排力度，推动企业履行环境责任。

1. 打通 SDGs 环保标准与其他国际规制的"软联通"

早在 2017 年，中国环境保护部（现生态环境部）就提出了在 2030 年推动实现联合国《2030 可持续发展议程》环境目标、实现"一带一路"生态环保合作与联合国 SDGs 紧密对接的战略目标。因此，在对标 SDGs 的标准与要求，推进生态环保标准建设的过程中，中国政府要进一步对接和充分遵循现有全球经济治理体系下普遍接受的国际规则、标准，做好规则标准的"软联通"，建立健全对外投资的环境保护机制。鉴于有些中国金融机构已加入赤道原则，有些企业开始适用《跨国公司管理指南》等实际，在标准制定方面，中国应打通 SDGs 标准规则与国际上其他通用标准和公约的联通。联合国主导的《巴黎协定》规定了国家自主贡献减排规则，具有法律约束力，有普适性和一定强制性，但精准性和授权性低。在世界银行相关规则中，《环境与社会政策框架》要求借款国在经济发展中全面落实环境和社会保护标准，对标最佳国际惯例和实践，有一定普适性、强制性、精准性、授权性较高；其他国际通行的规则如赤道原则、《跨国公司管理指南》具有一定的操作性和普适性，在 SDGs 标准下实现与这些国际规则与惯例的融通，是一项系统工程。

2. 进一步完善对外投资环境保护规制

在充分研究东道国政策法规的基础上，完善和细化企业环境责任相关法律法规。"一带一路"东道国虽大多属于发展中国家，但也在不断地健全和优化环境保护规制立法方面的工作。例如，尼日利亚将通过新《石油产业法案》来完善相关的合资石油企业的环境报告制度；秘鲁推出的《矿产和碳氢化合物法》要求外资企业在环境保护方面必须通过公听会与当地社区磋商，其《原居民或当地人的事前会商权法》要求在公听会上，当地群众可以对公司强制性环境影响评估这一必要内容进行提问及表示异议，而外资企业必须考虑这些提问及异议。为此，应在充分把握东道国环境规制现状及变动趋势的基础上，完善中国 ODI 环境保护规制。

在标准制定方面向国际上通用的标准和公约靠拢，如 SDGs、赤道原则、跨国公司管理指南等。此外，还可借鉴发达国家的成功经验，推动企业履行环境责任。例如，美国对企业海外投资环境行为的管理经验值得参考。美国政府通过国内立法对企业的对外直接投资行为进行管制，先后颁布了《对外援助法》《经济合作法》《肯希卢泊修正案》《冈扎勒斯修正案》及《贸易法》中的限制条款等，对企业境外投资的社会责任进行规范；推出了《清洁空气法》《水污染法》等法律体系，明确规定企业的环境责任；利用《萨班斯法案》《反海外腐败法》等法律法规，强化合规性要求，提高公司披露的准确性和可靠性，以确保环保型经营活动的真实合规性。

（二）加强环境保护国际交流，构建"一带一路"安全保障体系

中国与"一带一路"沿线国家所签订双边投资协议的时间都比较早，但除 2011 年重新修订的《中华人民共和国政府和乌兹别克斯坦共和国政府关于促进和保护投资的协定》中包含环境条款以外，其他双边投资协定都没有关于环境保护的相关规定，这与国际投资法的发展趋势不相符。据联合国贸易发展委员会统计，2016 年新增的 30 个国际投资协定（IIAs）、20 个双边投资协定（BITs）和 11 个有关投资规定的条约（TIPs）中，大部分都包含了环境条款。[①] 随着中国资本越来越多地流向"一带一路"沿线国家，中国 ODI 所面临的潜在风险也随之提高。经济开发给东道国环境带来压力，在"民粹主义"的影响下，将不断引发各种环境争议。环境安全被视为"一带一路"倡议的安全内核，加强环境保护国际交流与合作，有利于构建"一带一路"安全保障体系，促进高质量共建"一带一路"的顺利实施。为此，要加强与沿线国家的国际交流与合作，构建"一带一路"安全保障体系。

共建"一带一路"主要以执行东道国环境标准为主，兼顾联合国制定的相关国际规则，特别是具有法律约束力的《巴黎协定》。对东道国环境规制现状及变动趋势给予充分的考量，将环境保护议题纳入双边或多边投资协定中，加强对中国对外直接投资的保护，优化企业海外营商环境。积极协调各国政府在环境规制方面的合作，为环境生态发展国际化和区域协调奠定基础。[②] 推动共建"一带一路"相关国际规则的完善与创新，也是中国积极参与全球治理体系变革，建设开放、绿色、创新、包容、合

---

① 刘恩媛：《论"一带一路"环境争端解决机制》，载《国际贸易》2018 年第 4 期，第 35 - 44 页。

② 蔡玲、王昕：《中国跨国投资、生态环境优势和经济发展——基于"一带一路"国家空间相关性》，载《经济问题探索》2020 年第 2 期，第 94 - 104 页。

作、廉洁的"一带一路"的应有之义。

（三）创新多元化合作模式，完善 ODI 海外利益安全保障体系

（1）发挥境外经贸合作区的安全保障与产业集聚功能。境外经贸合作区已成为中国企业"集体出海、抱团取暖"、有效规避风险的投资平台，能够提供各种投资便利和优惠。发生突发事件时，境外经贸合作区可以为海外企业在第一时间建立防火墙。截至 2020 年 3 月底，纳入国家统计范围的境外园区建有 113 家，分布在 58 个东道国（严兵，2020）。[①] 未来要进一步深化境外经贸合作区的建设，最大限度地发挥其在中国 ODI 中的产业集聚与安全保障功能。

（2）深入推进自由贸易区建设，为中国企业"走出去"提供制度支持。中国应借鉴日本在东盟地区自由贸易区（简称"FTA"）网络建设的经验，在中国—东盟 FTA、中国—新加坡 FTA 的基础上，增选马来西亚、泰国等国作为双边 FTA 伙伴国的对象。同时，对于俄罗斯、沙特阿拉伯、印度等与中国全球价值链（GVC）联系密切的国家，也可以开展与这些国家建立 FTA 的可行性研究，以上三国正好覆盖南亚、西亚和中东欧三个不同区域，且都属于区域性大国，有利于形成覆盖"一带一路"沿线区域支点国家的 FTA 网络。[②]

（3）创新 ODI 海外利益安全保障体系。在双边投资协定、自由贸易协定等经贸协定中，推动有关政府部门、贸促机构、智库与企业加强协作，就重大苗头性、趋势性问题加强综合分析，加大对海外投资项目的风险研判力度，及时向企业发布风险预警。与东道国签订双边或者是多边投资的保护协定，建立健全对外投资的环境保护机制。从完善国内机制、引领国际规则、采用多种手段、调动各方力量等多方面出发，借鉴部分发达国家和新兴经济体维护海外利益的成功经验，并结合实际，在海外利益安全保障体系中实现模式转型和机制创新。[③] 中国企业国际化的内生动力与海外投资的风险阻力将长期并存，该体系有助于应对国际环境的不确定性

①　佟家栋、盛斌、蒋殿春等：《新冠肺炎疫情冲击下的全球经济与对中国的挑战》，载《国际经济评论》2020 年第 3 期，第 4 页、第 9 – 28 页。

②　彭羽、沈玉良：《"一带一路"沿线自由贸易协定与中国 FTA 网络构建》，载《世界经济研究》2017 年第 8 期。

③　杨挺、陈兆源、韩向童：《2019 年中国对外直接投资特征、趋势与展望》，载《国际经济合作》2020 年第 1 期，第 13 – 29 页。

和对外投资风险问题，让市场在全球资源配置中发挥决定性作用、政府更多地在投资保护方面发挥积极作用。[①]

（四）推动 NGO "走出去"，拓展环境议题的沟通渠道

本研究实证分析表明，中国对"一带一路"沿线国家的投资具有明显的市场和资源寻求动因。海外投资中，市场的开发、自然资源的开采以及劳动力的雇佣都涉及政府、居民、企业等多个利益相关方关系的处理。国际投资经验表明，随着社会公众对投资者社会责任的诉求越来越多，要求越来越高，更多的投资协定开始寻求投资目的国社会公众和外来投资企业的利益平衡，既要照顾到外来投资者的利益，又要兼顾东道国社会的大众福利。因此，非政府组织和社会公众团体在"一带一路"沿线国家和地区的经济和社会生活中扮演着举足轻重的角色，在推动企业"走出去"进行海外投资时，除了和政府高层维持良好的关系，也应推动非政府组织（NGO）走出去，增进与当地民众、非政府机构等民间组织的联系，加强在宗教信仰、劳工权益、环境保护等非传统议题上的沟通，在可承受范围之内积极履行相应的社会责任，积极融入当地，听取他们对生态环境保护方面的意见建议和利益诉求，帮助中国企业主动协调好与"一带一路"沿线国家利益相关方的关系[②]，降低在相关议题上的冲突与风险。这不仅可以保护投资者的利益，还可以维护和巩固中国负责任大国的形象，保障高质量共建"一带一路"的顺利推进。

四、推动 ODI 转型升级，降低中国 ODI 的环境敏感性

如本书第三章所述，中国 ODI 结构的转型升级已初显成效，开始缓慢朝着价值投资型转换，以环境敏感型行业为主的第二产业所占的比重出现了下降的趋势，但以公共服务为主、受环境规制影响较小的第三产业 ODI 比重依然偏低，中国 ODI 的转型升级依然任重道远。第六章对 ODI 环境效应的分析结果表明，中国 ODI 的技术效应和结构效应都不明显。这说明推动中国 ODI 转型升级、提高 ODI 技术含量、增加在中高收入水

[①] 江小涓：《新中国对外开放 70 年：赋能增长与改革》，载《管理世界》2019 年第 12 期，第 1－16 页、第 103 页、第 214 页。

[②] 邸玉娜、由林青：《中国对一带一路国家的投资动因、距离因素与区位选择》，载《中国软科学》2018 年第 2 期，第 168－176 页。

平以上东道国的投资，将有利于更好地发挥中国 ODI 对东道国发展的正向促进效应，实现高质量共建"一带一路"的宏伟目标。通过推进"一带一路"基础设施的互联互通，结合四大经济走廊各东道国的经济发展需求促进企业创新转型升级，既有助于改善各东道国尤其是发展中国家的环境风险，又有助于延长中国跨国企业对外投资的生命周期。

（一）明确 ODI 转型升级的产业选择战略

在当前"一带一路"大多数国家面临着不小的碳减排压力这一背景下，鉴于中国对外投资在能源矿产和金属化工两大行业中所占比重较高这一特征，控制碳排放是中国在"一带一路"沿线国家对外投资中所面临的紧迫问题。为此制定产业扶持政策，促进中国对外直接投资向环境友好型和高新技术密集型的转型升级，优化中国在"一带一路"沿线国家和地区直接投资的产业结构，以应对东道国环境规制水平的提高给中国 ODI 带来的不利影响。

（1）中国跨国企业的创新升级，可以将重点放在低碳技术创新领域，在投资中选择更为成熟的低碳技术。为在低碳经济发展时代取得后发优势，很多经济高速发展的发展中国家大都把注意力集中到了新能源的开发使用上，因此，在对外投资的转型升级中重视对新能源的开发与使用，既有助于保护东道国的生态环境，也可以降低跨国企业对外投资所面临的环境风险，实现跨国公司对外投资的可持续发展。当前，中国已有 44 个环保企业在世界 54 个国家签订了 149 份合同订单，超六成的订单分布在"一带一路"沿线国家。中国对外投资建设的清洁能源项目是"一带一路"绿色项目中的一大亮点。①

（2）大力促进金融服务业、电子信息技术等第三产业的对外投资，在传统重工业和重大基础设施投资过程中运用新的环保技术并加强环保技术革新，提高绿色清洁能源的使用比率，提高重工业投资的技术含量。中国在"一带一路"沿线国家和地区不断扩大直接投资规模的同时，还要关注直接投资的质量，提高对外直接投资的技术含量，尽量减少重复、低效率、污染强的加工制造业。对于技术和资本寻求型企业投资，应该选择经济、科技相对发达的地区进行投资，这些地区的经济发展水平较高，基础设施完善，总体生态环境风险较小。从长远看，企业应该放弃追逐短

---

① 陶平生：《全球治理视角下共建"一带一路"国际规则的遵循、完善和创新》，载《管理世界》2020 年第 5 期，第 161－171 页、第 203 页。

期经济利益而忽视生态环境保护的盲目对外直接投资行为，协调好经济发展与环境保护的关系。这种协调行为不仅有利于加深对外直接投资企业与东道国的经济、社会关系，也对母国生态、经济的可持续发展贡献了力量。

（3）完善中国 ODI 低碳发展的制度环境。近年来，中国不断完善有关低碳环保项目的相关法律法规，例如《可再化能源法》《清洁生产促进法》《循环经济促进法》等。要想推动中国跨国企业积极使用低碳技术，需要政府着力开展扶持低碳教育，进一步制定和完善政策支撑体系，为企业发展低碳技术提供良好的政策环境和制度保障。截至 2017 年，美国能源部已累计投资了超过 31 亿美元用于低碳技术的开发。在全球低碳经济蓬勃发展的背景下，2017 年 10 月，党的十九大报告做出了推进绿色低碳循环发展的一系列部署。2021 年全国两会上，"碳达峰"和"碳中和"被首次写入政府工作报告，会议提出了"扎实做好碳达峰、碳中和各项工作，制定了 2030 年前碳排放达峰行动方案"的战略目标。这无疑为推动中国 ODI 的转型升级与可持续发展提供了良好的制度环境。

（二）完善绿色金融体系，引导和促进产业结构的绿色升级

ESG（environment, social and governance）投资理念关注环境、社会与公司治理的协调发展，从 20 世纪 70 年代开始兴起，由联合国环境规划署金融行动于 2004 年正式提出，为量化非财务风险设置了环境、社会、治理三层底线。[①] 2006 年，联合国责任投资原则组织发布了负责任投资原则，推动投资机构将 ESG 指标纳入投资决策。经过 50 年的发展，ESG 投资理念在欧美等发达经济体的投资领域逐渐主流化，国际上已建立了以 MSCI、道琼斯、汤森路透等为代表的 ESG 评价体系；在中国，随着"碳达峰""碳中和"的热议，ESG 投资已成为金融市场焦点。在此背景下，绿色金融作为产业结构改善和产业效率提高的助推器[②]，可以通过为绿色产业提供融资服务达到优化产业结构的目的。[③] 为此，要完善绿色金融体系，发挥绿色信贷、绿色证券、绿色保险对中国 ODI 产业结构在绿色升

---

① 胡群：《ESG 投资从边缘到主流》，见经济观察网（http://www.eeo.com.cn/eeo/esg/），2021 - 07 - 31。

② Weber O. "Sustainability Benchmarking of European Banks and Financial Service Organizations". *Corporate Social Responsibility and Environmental Management*, 2005, (12): 73 - 87.

③ 王波、岳思佳：《我国绿色金融激励约束保障机制研究》，载《西南金融》2020 年第 10 期，第 79 - 87 页。

级中的引导和促进作用。

1. 发挥绿色金融对中国 ODI 环境治理的促进作用

国外绿色金融的实践经历了从政策推动到市场驱动的发展历程，最初主要依靠建立专门的银行来支撑环保项目，并制定一些优惠制度。2003年之后，发达国家的一些银行开始自觉承担环保责任，并推动实施赤道原则。目前，全球范围内自觉实施赤道原则的金融机构已有 90 多家，赤道原则对环境和社会的正向效应推动了国际可持续融资的发展。

2020 年，中国人民银行起草了《银行业存款类金融机构绿色金融业绩评价方案》，标志着绿色金融已成为中国经济发展的强大内生动力，绿色信贷、绿色证券指数也呈现高速增长态势，说明资本市场对绿色产业的融资支持显著提升。但整体而言，中国的绿色金融发展起步较晚，体量不足，金融体系发展失衡。以绿色信贷为例，尽管银行机构对"两高"产业的贷款得到有效控制，绿色信贷指数呈现平稳态势，但仍有不少资本支持"两高"产业发展，对绿色产业的支持力度不够；绿色保险和碳金融起步较晚，发展也相对滞后。[①] 在企业环境社会责任相对滞后的背景下，绿色金融具有准公共产品的特征，金融机构和企业改变现有金融制度的动力不足。因此，在绿色金融发展初期，需要政府加大政策引导力度，完善政府的环境管理机制，即以环境绿色成本对污染主体形成抑制的同时，引导金融机构从战略高度认识其对产业结构调整升级的促进效应，鼓励其进行金融创新，推动和发展绿色产业对资本的吸附效应，加大对高端制造业等战略新兴产业的支持力度。

2. 对接对标赤道原则，建立健全绿色金融标准体系

尽管中国已出台了具有强制性规范的绿色信贷政策，对绿色项目融资的规则和标准也有不同程度的规定，但当前阶段我国的"绿色"理念"侧重于生态环境保护"层面，与赤道原则的"环境、社会和人权影响"仍然存在一定的差异。[②] 中国大陆仅有 6 家银行采纳赤道原则，包括兴业银行（2008）、江苏银行（2017）、湖州银行（2019）、重庆农村商业银行（2020）、贵州银行（2020）。商业银行绿色信贷积极性不高，缺乏环保统

---

① 邵学峰、方天舒：《区域绿色金融与产业结构的耦合协调度分析——基于新制度经济学的视角》，载《工业技术经济》2021 年第 1 期，第 120 - 127 页。

② 何丹：《赤道原则的演进、影响及中国因应》，载《理论月刊》2020 年第 3 期，第 71 - 79 页。

一评价标准，导致绿色信贷发展不平衡、绿色信贷法律法规不健全等问题。① 就中国的绿色信贷实践来看，不同金融机构对绿色信贷的评价标准与机制相差甚大，导致不同银行对同一公司同一项目的评价结果不一致。为此，借鉴赤道原则的典型经验，鼓励金融机构引入环境和社会风险评估方法和管理体系，制定完善的绿色金融机制，统一环境风险评价标准，成为高质量共建"一带一路"的重要议题。

（1）推动"一带一路"绿色金融标准建设。通过理念倡导、融资方参与及国际合作等方式，推动"一带一路"绿色金融标准的生成及适用，以满足项目可持续融资的现实需求。①首先要发挥关键金融机构的示范引领作用。鼓励亚洲基础设施投资银行（简称"亚投行"）、丝路基金以及金砖国家新开发银行等关键银行参与绿色项目融资，主动适用绿色信贷标准，发挥积极引领示范作用。目前，亚投行在可持续金融政策上已形成了环境与社会问题的解决框架，有一定的制度基础。其于 2016 年发布的《环境与社会保障框架》（ESF）与赤道原则的标准重合度较高，在沿线基础设施建设融资上已累积了一定的经验，其绿色信贷实践能够在国际上形成一定的辐射效应，是推动"一带一路"绿色信贷标准的关键银行。应鼓励亚投行与丝路基金、金砖国家新开发银行等其他金融机构共同推进绿色信贷标准的普遍适用，促进关键金融机构的引领作用，提高"一带一路"倡议的国际声誉。②利用"一带一路"高峰论坛多边合作平台，积极开展绿色金融合作。主权国家、国际组织和非政府组织为绿色信贷合作的主要推动者，要推动政府、国际组织和非政府组织在环境监测、环评标准制定、项目融资监管、项目环境与社会影响评估等领域的多级合作。

（2）建立健全 ODI 绿色金融的实施准则。进一步完善对外投资金融的环评准则，完善 ESG 信息披露制度，强制执行对外投资金融审批过程中的生态环境保护标准。金融机构在支持绿色产业时要充分考虑潜在的环境风险与成本，建立 ESG 信息共享机制，对外披露环评标准条件，对公司筹资活动进行指导，提高环境风险的防范能力。在环境和社会风险确定、评估和管理程序上，金融机构可以借鉴赤道原则的相关规定，如环境与社会影响评估（ESIA）、环境与社会管理计划（ESMP）、环境与社会管理体系（ESMS）、赤道原则行动计划（AP）等，建立一套统一的环境和社会影响评估管理体系，用于识别融资项目的环境和社会风险，制订负面

---

① 中国人民银行遂宁市中心支行课题组：《商业银行发展绿色信贷的研究》，载《西南金融》2017 年第 4 期，第 74 页。

风险消除计划，设计相应的技术支持方案以及环境与社会的可持续发展方案，并进行定期的评估和审查。

五、把握东道国环境风险的异质性，对 ODI 实行分类管理

按照东道国的生态环境风险水平以及中国 ODI 的行业分布特点，可将样本国归纳为以下四类，依据东道国环境风险水平的空间和行业差异性再对中国对外投资的环境风险实行分类管理。

（一）生态环境风险低、经济社会整体发展状况好的国家

此类国家包括在中国 ODI 存量前二十排行榜的荷兰、德国、法国、瑞士、以色列、意大利 6 国，整体经济和社会发展水平高，属于发达国家行列，也是中国目前较为重要的经贸合作伙伴。由于经济社会发展水平相对较高，其生态环境政策制度和立法完善，对于企业在社会责任承担和环境保护认证方面的监控严格，甚至有要求投资企业的碳排放和环保投资在总额上实现"零碳"目标。此类国家生态环境保护好、环境风险低。

在对此类国家的投资中，应充分利用其生态环境风险较低、经济社会发展水平较高、各类环保法律法规政策相对较完善的特点，加强交流合作，提升整体合作水平，提高 ODI 的技术含量，鼓励企业开展绿色认证，提升中国的优势产业在 ODI 中的比重，如电子电器产品生产设计与加工、精密机械设备制造等，在此类国家具有广阔的发展前景。在企业 ODI 环境治理方面，切实注重企业社会环境责任的履行，打造高端环保的品牌形象，以迎合东道国在环境保护方面的严格要求。例如，以色列作为中亚—西亚区域经济和社会发展水平较高的国家，具有强大的工业基础和众多高新技术作为支撑，相对完善的法制体制和资源节约高效利用的传统，中国在以色列的投资主要集中在金融、电子、装备制造等高新技术领域，较好地实现了双赢。泰国和乌兹别克斯坦属于发展中国家，因自然资源禀赋较好、森林覆盖率较高、生态风险相对较低，也是中国 ODI 的主要目标国。此类环境风险较小的国家应该成为中国企业未来 ODI 区位选择的首选目标国。

表 10.1　中国对"一带一路"ODI 存量前二十大东道国风险指数情况

排名	东道国	ODI 存量	风险指数	排名	东道国	ODI 存量	风险指数
1	新加坡	526.4	0.3882/1	11	越南	70.7	0.1778
2	荷兰	238.5	0.1142	12	柬埔寨	64.6	0.1700
3	印度尼西亚	151.3	0.2706/5	13	法国	59.5	0.1239
4	德国	142.3	0.1456	14	瑞士	56.6	0.1135
5	俄罗斯	128.0	0.3741/2	15	缅甸	41.3	0.2609/6
6	老挝	82.5	—	16	以色列	37.8	0.0923
7	马来西亚	79.2	0.2771/4	17	印度	36.1	0.2814/3
8	阿拉伯联合酋长国	76.4	0.2006/9	18	乌兹别克斯坦	32.5	0.1556
9	哈萨克斯坦	72.5	0.1981/10	19	伊朗	30.6	0.1936
10	泰国	71.9	0.1346	20	意大利	25.7	0.1335
合计	前十	1569	—	合计	前二十	2024.4	—

（二）环境风险较高、经济发展对资源依赖度较高的国家

如表 10.1 所示，主要包括印度尼西亚、俄罗斯、马来西亚、阿拉伯联合酋长国、哈萨克斯坦、缅甸、印度、伊朗等发展中国家。这类国家的整体发展状况一般，自然资源丰富，自然资源租金比重占 GDP 整体比率较高，经济发展以资源拉动型为主，对生态环境保护的重视程度以及环保要求相对较低，易产生生态失衡和环境破坏，且应对生态环境风险能力较低。例如，缅甸在固体燃料的家庭使用、海洋生态系统保护和二氧化碳减排等方面的表现糟糕。印度尼西亚、马来西亚和柬埔寨在过去五年中大量砍伐森林。印度的空气质量排名垫底，固体燃料、煤炭和农作物残留燃烧造成的污染，每年危及数百万人的生命。这类国家的整体生态环境风险较高，矿产资源和能源出口比重较大。中国 ODI 的行业分布也主要偏向能源资源开发、矿产开采、重大交通、水利等基础设施的建设。例如，阿拉伯联合酋长国属于西亚地区较为发达的国家，拥有丰富的石油天然气等能源资源、发达的旅游业，与中国的能源资源安全保障战略需要具有较大的互补性。在这类能源资源丰富的国家进行直接投资，有利于实现中国与东道国资源互补的优势，充分发挥中国作为制造业大国和基建强国的优势，

进一步深入开展合作，实现共同发展、共享发展成果。但这类国家难以两头兼顾经济社会发展与生态环境的保护，尤其是在资源能源开发矿产开采的相关行业，废气废水及固体废弃物废料的排放对生态环境保护产生较大的挑战和破坏。此类国家属于重点关注对象，未来环境风险变动的风险较大，要密切关注东道国环境政策变量给中国ODI带来的环境风险。例如，阿拉伯联合酋长国近年来在保护和增强生态系统活力方面进步较大，加大了对生物多样性和栖息地的保护等方面的力度；在中东，减少家庭使用固体燃料的运动取得了一定成果。

（三）自然资源能源相对匮乏、整体生态环境质量较差的国家

主要包括东盟的越南、柬埔寨等国。这类国家具有人口红利方面的人力资源优势且人力成本低廉、供给充足，经济发展不依赖于资源能源出口，但由于长期以来经济发展缓慢、发展方式粗放，对基础设施建设有较多的需求，其生态环境质量较差。以环境绩效水平来衡量，越南和柬埔寨环境绩效水平都很低，分别为33.4分和33.6分，全球排名倒数第40名左右。得分低的国家大多苦于治理不善，在空气污染、水污染、保护生物多样性以及转型使用清洁能源等方面，治理力度有待加强。在可持续发展理念不断推行的背景下，这些国家的环境保护政策日趋收紧的可能性在加大，如越南近10年中在气候变化管理中力度不断加大。

此类国家均为发展中国家，具有较高的经济增长潜力、广阔的未来经济市场，随着经济发展和人民生活水平的提高，在这些类国家投资房地产行业、电力热力设施、电子商务及通信行业以及中国传统优势制造业有较为广阔的前景。同时，东盟国家属于"海上丝绸之路"的关键节点，对其进行必要的基础设施建设和投资具有重要意义。中国在这类国家投资容易占据先入为主的先发优势，且主要集中在基础设施建设、制造业等尤其是电信、能源设备等行业，具有环境敏感特征。中国ODI所面临的环境风险较大，需要评估可能产生的生态环境风险，积极预防、应对，最终达到规避风险、减少损失、获得更大经济和社会效益的目标。

（四）高风险、高收益的国家

新加坡是中国ODI存量第一的东道国，也是风险最高国家。因经济发展快、人均资源又少，新加坡在受体敏感性面临风险大；再加上在石化工业、建筑和交通运输等环境敏感型行业的高排放（Chin，2019），其气

候变化在过去 10 年急剧恶化，在风险源方面暴露的风险大。根据 2020 EPI 报告可知，新加坡的环境规制水平一直比较严格，但近 10 年来因为应对气候变化不力，EPI 得分下降了 8.4 分。[①] 在此背景下，未来其环境规制变动的风险大，是需要重点关注的东道国，未来应该增加对经济金融、服务业、高新技术等非环境敏感型行业的 ODI 规模。

第三节　未来的研究方向

中国对外直接投资高质量发展将是本团队未来的研究方向。拟选取不良投资作为中国 ODI 质量的测度指标之一，不良投资比率受哪些因素的影响，是我们未来将要继续研究的课题。

本研究结果表明，很多东道国的环境规制水平与中国 ODI 的不良投资比率负相关，但也有例外原则。在环境管制严苛的国家（EPI 得分在 80 分以上），如波兰，中国 ODI 不良投资比率高；而在管制水平相当的俄罗斯（自然资源丰富、生态环境压力小），比率则低很多；在菲律宾这一环境管制较严格的国家（70 分以上），不良投资比率偏高；在环境管制偏宽松的国家（60 分左右），如叙利亚、伊朗、埃及、伊拉克，中国不良投资比率却远远高于其他相当管制水平的国家；在环境管制特别宽松的柬埔寨（50 分左右），不良投资却特别低。除东道国环境规制水平（EPI）和中国 ODI 的行业偏好与分布特征以外，还有哪些因素会影响不良投资呢？显然，政策变量是一个重要的因素。未来可以纳入研究视野的有如下几点。

（1）中国经贸关系。代理变量可以选取是否签订双边贸易协定（BIT）、是否设立"中国境外经济贸易合作区"、对中国投资或进出口的依存度等指标。双边贸易协定的量化标准可以借鉴"10——已签订，5——已签订未生效，0——未签订"的赋分原则。对中国投资的依存度可以用中国对该国的对外直接投资总量占东道国吸引外资总量之比来测度。对中国的出口/进口依存度，用出口/进口至（自）中国的贸易总额占东道国出口/进口总额之比来测度。

（2）东道国生态环境风险。不良投资与东道国生态环境敏感性之间

①　数据来源：https://epi. yale. edu/epi－results/2020/component/epi。

的关系有待验证，与东道国生态环境压力（现有资源禀赋或生态环境脆弱性、应对气候变化的减排表现与未来的减排目标、减排表现等）的关系也值得探讨。

附　　表

附表1　主要东道国的外资准入政策一览

国别	政策整体情况	禁止投资行业	鼓励投资行业
俄罗斯	鼓励的行业多是传统行业，整体较为宽松	国防军工、广播媒体、水下资源、赌博业、部分金融业	石油天然气、煤炭、木材加工、建筑、食品加工、纺织、汽车制造①
柬埔寨	对内外资同等待遇，基本无限制	麻醉剂、影响环境的化工业、农药、杀虫剂、部分林业	创新高科技、农业、旅游业、基础设施及能源、农村发展、环境保护②

在环境管制偏宽松的国家（60分左右），如叙利亚、伊朗、埃及、伊拉克，TTs比例远高于其他管制水平相近的国家

国别	政策整体情况	禁止投资行业	鼓励投资行业
伊朗	不允许外国投资者拥有任何土地，对投资审批较为严格	破坏环境，危害安全，垄断行业等	基础建设、水利工程、清洁能源、高科技能源、旅游业、工业、矿业、石化、钢铁、汽车③

外资投资限制少的国家

国别	政策整体情况	禁止投资行业	鼓励投资行业
印度尼西亚	由总统令负责行业禁止和有条件开放，调整较为频繁，但整体较为宽松，鼓励政策较多	酒精饮料、污染环境的化学工业、珍稀鱼类捕捞、赌博业等④	旅游、饲料加工、可再生能源、交通运输、林业、基础建设、通信、石化、电子、纺织等

---

① 对环境敏感型投资并不设限。

② 仅禁止了化学工业及部分林业，宽松。

③ 既禁止破坏环境的投资，又鼓励基建、水利工程、矿业、能源等环境敏感型行业投资，投资审批严格。

④ 仅禁止了化学工业，偏宽松。

续上表

国别	政策整体情况	禁止投资行业	鼓励投资行业
哈萨克斯坦	对国内外投资者一视同仁，基本没有限制	国家安全部分行业	农业、林业、16 个制造行业、黑色冶金、炼油石化、食品、农药、发动机、电器、铁路设备等①

新加坡不良投资比率低，环境规制水平最高

国别	政策整体情况	禁止投资行业	鼓励投资行业
新加坡	对外资准入政策宽松，基本没有限制，投资政策成熟	广播、印刷媒体、法律、住宅	先进制造业和高端服务业，各企业研发业务②

阿拉伯联合酋长国、老挝和吉尔吉斯斯坦在环境敏感型行业没有不良投资案例

国别	政策整体情况	禁止投资行业	鼓励投资行业
阿拉伯联合酋长国	整体赋税水平较低，较为鼓励投资	农业、房地产、汽车租赁、林业渔业、安保、运输	航天、新能源、汽车
老挝	有部分行业由政府专控，并出台了相应法律，较为严格，禁止行业较多	导游、兴奋剂、破坏民族风俗的行业、对人类和环境有危害的化学品和工业、交通、贵重金属、矿产、粮食、药品、能源、建材、教育③	出口商品、农林加工、先进加工技术、生态保护业、旅游、基础建设、工业原料
吉尔吉斯斯坦	外国投资者可在任何经济活动领域投资，不受行业限制	目前吉尔吉斯斯坦暂无限制外资进入行业的规定	环境保护、交通运输、燃料能源开发和社会领域

资料来源：根据商务部《对外投资合作国别（地区）指南》整理而得。

---

① 宽松，对环境敏感型行业投资基本没有限制。
② 外资准入虽宽松，但成熟，鼓励高端产业。
③ 禁止行业多，EESs 禁止投资（除基础建设外）。

附表 2　东道国生态环境风险评估数据

国家	年份	耕地（人均公顷数）	化石燃料能耗（占总量的百分比）	GDP单位能源使用量（购买力平价美元/千克石油当量）	矿产租金（占GDP的百分比）	自然资源租金总额（占GDP的百分比）	能源净进口（占能源使用量的百分比）	二氧化碳排放量（人均公吨数）	可燃性再生资源和废弃物（占能源总量的百分比）	森林面积（占土地面积的百分比）	可再生内陆淡水资源总量（十亿立方米）
阿拉伯联合酋长国	2014	0.004134114	99.81246336	8.670139302	0	22.84644912	183.8439704	0.437759998	64.37812608	3.846172249	0.15
白俄罗斯	2014	0.598447772	92.44037502	6.454850103	0	1.101378071	86.77969893	6.701957705	5.262442768	42.45034744	34
波兰	2014	0.287490166	90.0879643	10.3510739	0.424388982	0.952315151	28.39101101	7.517151585	8.740943683	30.74496228	53.6
菲律宾	2014	0.055842901	61.99358096	14.56782566	2.279347155	2.871840352	45.76800308	1.055456846	17.7394693	26.1595734	479
格鲁吉亚	2014	0.122618728	72.20953534	7.824898413	0.815001283	1.007006646	68.75204873	2.411541991	10.59116527	40.61591596	58.13
哈萨克斯坦	2014	1.700284325	99.17390731	5.603129834	2.604944635	17.51205361	116.8904268	14.36238966	0.028656283	1.225691744	64.35
吉尔吉斯斯坦	2014	0.219449919	69.3015104	5.153233746	6.954683201	7.367736266	49.54466148	1.646395339	0.081782823	3.362877998	48.93
柬埔寨	2014	0.248841088	30.68095828	7.893911452	0	2.527344921	33.11629751	0.437759998	64.37812608	54.29639701	120.6
罗马尼亚	2014	0.440906588	72.76394909	12.94842137	0.026299306	1.654928323	16.77549802	3.516153691	12.22963122	29.51929764	42.38
马来西亚	2014	0.031560125	96.6281989	8.588796859	0.26174097	7.275996313	5.505028941	8.032991579	2.065448528	67.51118551	580

续上表

国家	年份	耕地（人均公顷数）	化石燃料能耗（占总量的百分比）	GDP单位能源使用量（购买力平价美元/千克石油当量）	矿产租金（占GDP的百分比）	自然资源租金总额（占GDP的百分比）	能源净进口（占能源使用量的百分比）	二氧化碳排放量（人均公吨数）	可燃性再生资源和废弃物（占能源总量的比）	森林面积（占土地面积的百分比）	可再生内陆淡水资源总量（十亿立方米）
缅甸	2014	0.207783726	39.32898817	13.51262291	0.59518565	6.272897812	32.97079407	0.41660362	56.73868269	45.30440375	1003
尼泊尔	2014	0.074627759	15.76376458	5.784223189	0	0.96819037	16.67706471	0.283538526	80.43786429	25.3664925	198.2
沙特阿拉伯	2014	0.113787297	99.99680242	7.586348862	0.051308659	40.12595821	191.5238831	19.5292718	0.003156831	0.454484135	2.4
斯里兰卡	2014	0.062587261	50.26848312	21.75661246	0.002956996	0.103527006	50.26849245	0.885545809	45.84230206	33.11433583	52.8
斯洛文尼亚	2014	0.089326764	59.66323665	9.53394591	0	0.260696106	44.49892058	6.213686845	10.1695999	61.95630586	18.67
塔吉克斯坦	2014	0.087291912	54.9048879	7.998519222	1.657344859	1.800107652	36.24549558	19.5292718	0.003156831	2.965717003	63.46
泰国	2014	0.245699987	79.75285801	7.946239422	0.051721102	2.260700752	41.56815174	4.621860032	19.10439787	32.0401652	224.5
土耳其	2014	0.26880217	89.57631444	15.22963455	0.239359601	0.423737215	74.20811136	4.491479026	2.931252544	15.08854904	227
土库曼斯坦	2014	0.354905684	59.66323665	3.0853856	0	28.28252713	191.5113368	12.51729534	0.027500112	8.782159045	1.405
乌克兰	2014	0.718568609	75.32772842	3.533402112	3.038659912	5.795913482	27.20850822	5.020747064	1.829747538	16.6327746	55.1

续上表

国家	年份	耕地（人均公顷数）	化石燃料能耗（占总量的百分比）	GDP 单位能源使用量（购买力平价美元/千克石油当量）	矿产租金（占 GDP 的百分比）	自然资源租金总额（占 GDP 的百分比）	能源净进口（占能源使用量的百分比）	二氧化碳排放量（人均公吨数）	可燃性再生资源和废弃物（占能源总量的比）	森林面积（占土地面积的百分比）	可再生内陆淡水资源总量（十亿立方米）
乌兹别克斯坦	2014	0.14548725	97.73849947	3.694351192	6.74087914	21.258141	26.16485847	3.41742433	0.009066016	7.621391631	16.34
新加坡	2014	0.000102382	97.52354251	16.64004754	0	0.000498991	97.68200129	10.30633191	2.465409781	23.0606488	0.6
匈牙利	2014	0.446360339	67.99283847	11.02819484	0.000020315	0.426914863	55.60738232	4.265574976	7.906807284	22.80349056	6
也门	2014	0.048795132	98.48850274	12.40147175	0	16.88148753	120.629674	0.99688497	1.343136397	1.039831809	2.1
伊拉克	2014	0.143803591	97.27173257	11.05864613	0.000223035	43.50276047	229.390491	4.811839686	0.089571822	1.89952109	35.2
伊朗	2014	0.187307683	98.98824418	5.8967079	0.762055331	23.84069966	33.39527219	8.283020787	0.217922426	6.564490778	128.5
以色列	2014	0.036576311	96.43468077	12.33899567	0.052210111	0.260637911	67.04873828	7.863181348	0.105829594	7.52310536	0.75
印度	2014	0.120927369	73.46341619	8.899705328	0.562804199	2.744500493	34.30552375	1.730000432	23.46519123	23.71311622	1446
印度尼西亚	2014	0.092109502	65.56434565	11.92163045	0.760012079	4.454359151	103.0913295	1.819363319	26.20403709	50.61598503	2019
约旦	2014	0.026960126	97.60844665	9.782186163	0.956436268	1.028788093	96.81229729	3.002514727	0.079001215	1.09822032	0.682
越南	2014	0.070196281	69.82183655	7.938818567	0.540174056	6.624121714	15.10587448	1.609111593	25.32552398	46.81201019	359.4

数据来源：世界银行发展指标。

附表3　中国在"一带一路"样本国的投资流量

（单位：百万美元）

国家	2006	2007	2008	2009	2010	2011	2012	2013	2014	2015	2016	2017	2018
哈萨克斯坦	4600	27992	49643	6681	3606	58160	299599	81149	-4007	-251027	48770	207047	11835
吉尔吉斯斯坦	2764	1499	706	13691	8247	14507	16140	20339	10783	15155	15874	12370	10016
塔吉克斯坦	698	6793	2658	1667	1542	2210	23411	7233	10720	21931	27241	9501	38824
乌兹别克斯坦	107	1315	3937	493	-463	8825	-2679	4417	18059	12789	17887	-7575	9901
土库曼斯坦	-4	126	8671	11968	45051	-38304	1234	-3243	19515	-31457	-2376	4672	-3830
伊朗	6578	1142	-3453	12483	51100	61556	70214	74752	59286	-54966	39037	-36829	-56733
伊拉克	35	36	-166	179	4814	12244	14840	2002	8286	1231	-5287	-881	773
土耳其	115	161	910	29326	782	1350	10895	17855	10497	62831	-9612	19091	35282
叙利亚	13	-1126	-117	343	812	-208	-607	-805	955	-356	-69	53	-1
约旦	-618	60	-163	11	7	18	983	77	674	158	613	1516	8562
以色列	100	222	-100	—	1050	201	1158	189	5258	22974	184130	14737	41057
沙特阿拉伯	11720	11796	8839	9023	3648	12256	15367	47882	18430	40479	2390	-34518	38307
也门	761	4347	1881	164	3149	-912	1407	33125	596	-10216	-41315	2725	1045
阿曼	2668	259	-2295	-624	1103	951	337	-74	1516	1095	462	1273	5191
阿拉伯联合酋长国	2812	4915	12738	8890	34883	31458	10511	29458	70534	126868	-39138	66123	108101
卡塔尔	352	981	1000	-374	1114	3859	8446	8747	3579	14085	9613	-2663	-36810

续上表

国家	2006	2007	2008	2009	2010	2011	2012	2013	2014	2015	2016	2017	2018
科威特	406	-625	244	292	2286	4200	-1188	-59	16191	14444	5055	17508	19208
埃及	885	2498	1457	13386	5165	6645	11941	2322	16287	8081	11983	9276	22197
阿富汗	25	10	11391	1639	191	29554	1761	-122	2792	-326	221	543	-16
马来西亚	751	-328	3443	5378	16354	9513	19904	61638	52134	48891	182996	172214	166270
缅甸	1264	9231	23253	37670	87561	21782	74896	47533	34313	33172	28769	42818	-19724
泰国	1584	7641	4547	4977	69987	23011	47860	75519	83946	40724	112169	105759	73729
老挝	4804	15435	8700	20324	31355	45852	80882	78148	102690	51721	32758	121995	124179
柬埔寨	981	6445	20464	21528	46651	56602	55966	49933	43827	41968	62567	74424	77834
越南	4352	11088	11984	11239	30513	18919	34943	48050	33289	56017	127904	76440	115083
新加坡	13215	39773	155095	141425	111850	326896	151875	203267	281363	1045248	317186	631990	641126
菲律宾	930	450	3369	4024	24409	26719	7490	5440	22495	-2759	3221	10884	5882
印度尼西亚	5694	9909	17398	22609	20131	59219	136129	156338	127198	145057	146088	168225	186482
文莱	—	118	182	581	1653	2011	99	852	-328	392	14210	7136	-1509
波兰	—	1175	1070	1037	1674	4866	750	1834	4417	2510	-2411	-433	11783
捷克	910	497	1279	1560	211	884	1802	178	246	-1741	185	7295	11302
斯洛文尼亚	—	—	—	—	—	—	—	—	—	—	2186	39	1328

续上表

国家	2006	2007	2008	2009	2010	2011	2012	2013	2014	2015	2016	2017	2018
匈牙利	37	863	215	821	37010	1161	4140	2567	3402	2320	5746	6559	9495
波黑	—	—	—	151	6	4	6	—	—	162	85	—	—
塞尔维亚	—	—	—	—	210	21	210	1150	1169	763	3079	7921	15341
罗马尼亚	963	680	1198	529	1084	30	2541	217	4225	6332	1588	1586	157
德国	7672	23866	18341	17921	41235	51238	79933	91081	143892	40963	238058	271585	146799
瑞士	101	121	1	2099	2725	1719	864	12826	3364	24677	6806	751418	−321206
荷兰	531	10675	9197	10145	6453	16786	44245	23842	102997	1346284	116972	−22312	103834
法国	560	962	3105	4519	2641	348232	15393	26044	40554	32788	149957	95215	−7502
希腊	—	3	12	—	—	43	88	190	—	−137	2939	2857	6030
意大利	763	810	500	4605	1327	22483	11858	3126	11302	9101	63344	42454	29761
俄罗斯	45211	47761	39523	34822	56772	71581	78462	10225	63356	296086	129307	154842	72524
乌克兰	183	565	241	3	150	77	207	1014	472	−76	192	475	2745
白俄罗斯	—	—	210	210	1922	867	4350	2718	6372	5421	16094	14272	6773
格鲁吉亚	994	821	1000	778	4057	80	6874	10962	22435	4398	2077	3846	8023
印度	561	2202	10188	−2488	4761	18008	27681	14857	31718	70525	9293	28998	20620
孟加拉国	531	364	450	1075	724	1032	3303	4137	2502	3119	4080	9903	54365

续上表

国家	2006	2007	2008	2009	2010	2011	2012	2013	2014	2015	2016	2017	2018
尼泊尔	32	99	1	118	86	858	765	3697	4504	7888	-4882	755	5122
斯里兰卡	25	-152	904	-140	2821	8123	1675	7177	8511	1747	-6023	-2527	783

资料来源:《中国对外直接投资统计公报》。

附表4 中国在"一带一路"样本国的投资存量

（单位：百万美元）

国家	2006	2007	2008	2009	2010	2011	2012	2013	2014	2015	2016	2017	2018
哈萨克斯坦	27624	60993	140230	151621	159054	285845	625139	695669	754107	509546	543227	756145	734108
吉尔吉斯斯坦	12476	13975	14681	28372	39432	52505	66219	88582	98419	107059	123782	129938	139308
塔吉克斯坦	3028	9899	22717	16279	19163	21674	47612	59941	72896	90909	116703	161609	194483
乌兹别克斯坦	1497	3082	7764	8522	8300	15647	14618	19782	39209	88204	105771	94607	368988
土库曼斯坦	16	142	8813	20797	65848	27648	28777	25323	44760	13304	24908	34272	31193
伊朗	11059	12235	9427	21780	71516	135156	207046	285120	348415	294919	333081	362350	323429
伊拉克	43618	2245	2079	2258	48345	60591	75432	31706	37584	38812	55781	41437	59854
土耳其	1038	1199	2236	38617	40363	40648	50251	64231	88181	132884	106138	130135	173368
叙利亚	1681	555	438	849	1661	1483	1446	641	1455	1100	1031	1031	87
约旦	1106	1195	1032	1054	1263	1281	2254	2343	3098	3255	3949	6440	14198
以色列	865	1087	987	1137	2187	2388	3846	3405	8665	31718	422988	414869	461998
沙特阿拉伯	27284	40403	62068	71089	76056	88314	120586	174706	198743	243439	260729	203827	259456
也门	6376	10723	14054	14930	18466	19145	22130	54911	55507	45330	3921	61255	62300
阿曼	3387	3717	1422	797	2111	2938	3335	17473	18972	20077	8663	9904	15068
阿拉伯联合酋长国	14463	23431	37599	44029	76429	117450	133678	151457	233345	460284	488830	537283	643606
卡塔尔	848	3979	4979	3628	7705	13018	22066	25402	35387	44993	102565	110549	43598

续上表

国家	2006	2007	2008	2009	2010	2011	2012	2013	2014	2015	2016	2017	2018
科威特	631	51	296	588	5087	9286	8284	8939	34591	54362	57810	93623	109184
埃及	10043	13160	13135	28507	33672	40317	45919	51113	65711	66315	88891	83484	107926
阿富汗	67	77	11469	18132	16859	46513	48274	48742	51849	41993	44050	40364	40444
马来西亚	19696	27463	36120	47989	70880	79762	102613	166818	178563	223137	363396	491470	838724
缅甸	16312	26177	49971	92988	194675	218152	309372	356968	392557	425873	462042	552453	468006
泰国	23267	37862	43716	44788	108000	130726	212693	247243	307947	344012	453348	535847	594670
老挝	9607	30222	30519	53567	84575	127620	192784	277092	449099	484171	550014	665495	830976
柬埔寨	10366	16811	39066	63326	112977	175744	231768	284857	322228	367586	436858	544873	597368
越南	25363	39699	52173	72850	98660	129066	160438	216672	286565	337356	498363	496536	560543
新加坡	46801	144393	333477	485732	606910	1060269	1238333	1475070	2063995	3198491	3344564	4456809	5009383
菲律宾	2185	4304	8673	14259	38734	49427	59314	69238	75994	71105	71893	81960	83002
印度尼西亚	22551	67948	54333	79906	115044	168791	309804	465665	679350	812514	954554	1053880	1281128
文莱	190	438	651	1737	4566	6613	6635	7212	6955	7352	20377	22067	22045
波兰	8718	9893	10993	12030	14031	20126	20811	25704	32935	35211	32132	40552	52373
捷克	1467	1964	3243	4934	5233	6683	20245	20468	24269	22431	22777	16490	27923
斯洛文尼亚	140	140	140	500	500	500	500	500	500	500	2686	2725	409

续上表

国家	2006	2007	2008	2009	2010	2011	2012	2013	2014	2015	2016	2017	2018
匈牙利	5365	7817	8875	9741	46570	47535	50741	53235	55635	57111	31370	32786	32069
波黑	351	351	351	592	598	601	607	613	613	775	860	434	434
塞尔维亚	0	200	200	268	484	505	647	1854	2971	4979	8268	17002	27141
罗马尼亚	6563	7288	8566	9334	12495	12583	16109	14513	19137	36480	39150	31007	30462
德国	47203	84541	84550	108224	150229	240144	310435	397938	578550	588176	784175	1216320	1368861
瑞士	758	888	891	3030	5854	9194	10132	29654	38766	60415	57621	811173	500037
荷兰	2043	13876	23442	33587	48671	66468	110792	319309	419408	2006713	2058774	1852900	1942899
法国	4488	12681	16713	22103	24362	372389	395077	444794	844488	572355	511617	570271	659879
希腊	35	38	168	168	423	463	598	11979	12085	11948	4808	32786	24247
意大利	7441	12713	13360	19168	22380	44909	57393	60775	71969	93197	155484	190379	214535
俄罗斯	92976	142151	183828	222037	278756	376364	488849	758161	869463	1401963	1297951	1387160	1420822
乌克兰	654	1351	1592	2079	2229	2929	3314	5198	6341	6890	6671	6265	9048
白俄罗斯	29	29	239	449	2371	2907	7747	11590	25752	47589	49793	54841	50378
格鲁吉亚	3209	4293	6586	7533	13017	10935	17808	33075	54564	53375	55023	56817	63970
印度	2583	12014	22202	22127	47980	65738	116910	244698	340721	377047	310751	474733	466280
孟加拉国	3966	4330	4814	6030	6758	7668	11725	15868	16024	18843	22517	32907	87023

续上表

国家	2006	2007	2008	2009	2010	2011	2012	2013	2014	2015	2016	2017	2018
尼泊尔	359	866	867	1413	1594	2480	3358	7531	13834	29193	24705	22762	37919
斯里兰卡	846	774	1678	1581	7274	16258	17858	29265	36391	77251	72891	72835	46893

资料来源:《中国对外直接投资统计公报》。

参 考 文 献

［1］陈强. 高级计量经济学及 Stata 应用［M］. 北京：高等教育出版社，2010.

［2］陈伟光，郭晴. 逆全球化机理分析与新型全球化及其治理重塑［J］. 南开学报（哲学社会科学版），2017（5）：58 - 70.

［3］邓明. 制度距离，"示范效应"与中国 ODI 的区位分布［J］. 国际贸易问题，2012（2）：123 - 135.

［4］高桂林. 公司的环境责任研究：以可持续发展原则为导向的法律制度建构［M］. 北京：中国法制出版社，2005.

［5］龚梦琪，刘海云. 中国双向 FDI 协调发展、产业结构演进与环境污染［J］. 国际贸易问题，2020（2）：110 - 124.

［6］管亚梅，赵瑞. 产权性质、环境管制与企业碳绩效［J］. 中国注册会计师，2018（10）：56 - 61.

［7］郭红燕，韩立岩. 外商直接投资、环境管制与环境污染［J］. 国际贸易问题，2008（8）：111 - 118.

［8］郭亚军. 一种新的动态综合评价方法［J］. 管理科学学报，2002（2）：49 - 54.

［9］韩先锋，惠宁，宋文飞. ODI 逆向创新溢出效应提升的新视角：基于环境规制的实证检验［J］. 国际贸易问题，2018（4）：103 - 116.

［10］贺文华. FDI 的"污染天堂假说"检验：基于中国东部和中部的证据［J］. 当代财经，2010（6）：99 - 105.

［11］蒋冠宏，蒋殿春. 中国对发展中国家的投资：东道国制度重要吗？［J］. 管理世界，2012（11）：45 - 56.

［12］阚京华，董称. 独立董事治理、内部控制与企业环境责任履行［J］. 会计之友，2017（18）：80 - 87.

［13］冷艳丽，冼国明，杜思正. 外商直接投资与雾霾污染：基于中国省际面板数据的实证分析［J］. 国际贸易问题，2015（12）：74 - 84.

［14］李斌，彭星，方刚. 环境规制、FDI 与中国治污技术创新：基于省

际动态面板数据的分析 [J]. 财经研究, 2011 (10): 92 – 102.

[15] 李勃昕, 韩先锋, 宋文飞. 环境规制是否影响了中国工业 R&D 创新效率 [J]. 科学学研究, 2013 (7): 1032 – 1040.

[16] 李芳林, 蒋昊. 长江经济带城市环境风险评价研究 [J]. 长江流域资源与环境, 2018 (5): 939 – 948.

[17] 李建军, 孙慧. 全球价值链分工、制度质量与中国 ODI 的区位选择偏好: 基于"一带一路"沿线主要国家的研究 [J]. 经济问题探索, 2017 (5): 110 – 122.

[18] 李凝, 胡日东. 文化差异对中国企业 OFDI 区位选择的影响: 东道国华人网络的调节效应 [J]. 华侨大学学报 (哲学社会科学版), 2014 (3): 93 – 100.

[19] 龙成志, 等. 国外企业环境责任研究综述 [J]. 中国环境管理, 2017 (4): 98 – 108.

[20] 鲁明泓. 外国直接投资区域分布与中国投资环境评估 [J]. 经济研究, 1997 (12): 38 – 45.

[21] 彭冬冬, 林红. 不同投资动因下东道国制度质量与中国对外直接投资: 基于"一带一路"沿线国家数据的实证研究 [J]. 亚太经济, 2018 (2): 95 – 102, 151.

[22] 彭维刚. 全球商务 [M]. 3 版. 易靖韬, 译. 北京: 中国人民大学出版社, 2016.

[23] 朴美敬. 生态成本测度与 FDI 东道国环境效应研究 [D]. 杭州: 浙江大学, 2013.

[24] 任力, 黄崇杰. 国内外环境规制对中国出口贸易的影响 [J]. 世界经济, 2015 (5): 59 – 78.

[25] 沈军, 包小玲. 中国对外直接投资与经济发展的关系研究 [J]. 产经评论, 2013 (6): 97 – 106.

[26] 盛斌, 吕越. 外国直接投资对中国环境的影响: 来自工业行业面板数据的实证研究 [J]. 中国社会科学, 2012 (5): 54 – 75.

[27] 史青. 外商直接投资、环境规制与环境污染: 基于政府廉洁度的视角 [J]. 财贸经济, 2013 (1): 93 – 103.

[28] 苏红岩, 李京梅. "一带一路"沿线国家 FDI 空间布局与污染转移的实证研究 [J]. 软科学, 2017 (3): 25 – 29.

[29] 谭莎. 低碳经济背景下长沙市企业环境责任及评价指标研究 [D]. 长沙: 湖南农业大学, 2012.

[30] 佟家栋, 盛斌, 蒋殿春, 等. 新冠肺炎疫情冲击下的全球经济与对中国的挑战 [J]. 国际经济评论, 2020 (3): 4, 9 – 33.

[31] 王凤彬, 杨阳. 海外直接投资: 学会 "两栖" [J]. 清华管理评论, 2014 (6): 68 – 71.

[32] 王广宇, 张倩肖. 中国对中亚 5 国 OFDI 的实证研究: 以 "丝绸之路经济带" 为背景 [J]. 国际商务 (对外经济贸易大学学报), 2016 (5): 88 – 99.

[33] 王金波. 双边政治关系、东道国制度质量与中国对外直接投资的区位选择: 基于 2005—2017 年中国企业对外直接投资的定量研究 [J]. 当代亚太, 2019 (3): 4 – 28, 157.

[34] 王永钦, 杜巨澜, 王凯. 中国对外直接投资 (ODI) 区位选择的决定因素: 制度, 税负和资源禀赋 [J]. 经济研究, 2014 (12): 126 – 142.

[35] 王永中, 李曦晨. 中国对一带一路沿线国家投资风险评估 [J]. 开放导报, 2015 (4): 30 – 34.

[36] 吴真. 企业环境责任确立的正当性分析: 以可持续发展理念为视角 [J]. 当代法学, 2007 (5): 50 – 54.

[37] 肖文, 周君芝. 国家特定优势下的中国 OFDI 区位选择偏好: 基于企业投资动机和能力的实证检验 [J]. 浙江大学学报 (人文社会科学版), 2014 (1): 184 – 196.

[38] 熊伟, 熊英, 章玲. 论制度全面影响对外直接投资的机制: 以修正的国际生产折中理论为基础 [J]. 改革与战略, 2008 (6): 7 – 19.

[39] 徐春华, 刘力. 省域市场潜力、产业结构升级与城乡收入差距: 基于空间关联与间异质性的视角 [J]. 农业技术经济, 2015 (5): 34 – 46.

[40] 徐俊武. 制度环境与 FDI 互动机制及路径分析: 基于新制度经济学的一个初步框架 [J]. 学习与实践, 2006 (6): 14 – 23.

[41] 徐沛然. 东道国环境规制对中国 ODI 的影响研究 [D]. 杭州: 浙江工商大学, 2016.

[42] 许和连, 邓玉萍. 外商直接投资导致了中国的环境污染吗? [J]. 管理世界, 2012 (2): 106 – 115.

[43] 阎大颖, 洪俊杰, 任兵. 中国企业对外直接投资的决定因素: 基于制度视角的经验分析 [J]. 南开管理评论, 2009 (6): 135 – 142, 149.

[44] 阎大颖. 中国企业对外直接投资的区位选择及其决定因素 [J]. 国际贸易问题, 2013 (7): 128 – 135.

［45］杨青. 湖南省城镇化与生态环境协调发展水平测度［J］. 长沙：中
南林业科技大学，2018.

［46］姚志毅. 技术贸易壁垒对出口贸易的影响：中国的检验［J］. 河北
经贸大学学报，2009（2）：78－83.

［47］叶大凤，唐娅玲. 西方发达国家环境政策的经验及其启示［J］. 中
南林业科技大学学报（社会科学版），2017（6）：14－17.

［48］尹美群，盛磊，吴博. "一带一路"东道国要素禀赋、制度环境对
中国对外经贸合作方式及区位选择的影响［J］. 世界经济研究，
2019（1）：81－92，136－137.

［49］袁其刚，郜晨，闫世玲. 非洲政府治理水平与中国企业 OFDI 的区
位选择［J］. 世界经济研究，2018（10）：121－134，137.

［50］原毅军，谢荣辉. FDI、环境规制与中国工业绿色全要素生产率增
长：基于 Luenberger 指数的实证研究［J］. 国际贸易问题，2015
（8）：84－93.

［51］张波. 安徽省外商直接投资的环境效应分析［D］. 合肥：安徽大
学，2015.

［52］张宏，王建. 东道国区位因素与中国 OFDI 关系研究：基于分量回
归的经验证据［J］. 中国工业经济，2009（6）：151－160.

［53］张磊，韩雷，叶金珍. 外商直接投资与雾霾污染：一个跨国经验研
究［J］. 经济评论，2018（6）：69－85.

［54］张鹏杨，李惠茹，林发勤. 环境管制、环境效率与 FDI：基于成本
视角分析［J］. 国际贸易问题，2016（4）：117－128.

［55］张倩，李芳芳，程宝栋. 双边政治关系，东道国制度环境与中国
OFDI 区位选择：基于"一带一路"沿线国家的研究［J］. 国际经
贸探索，2019（6）：89－103.

［56］张晓娣. 加快建设积极引领、全面高质的开放经济体系［J］. 上海
经济研究，2020（2）：1－8.

［57］张学刚. 环境管制政策工具的演变与发展：基于对外部性问题认识
的视角［J］. 中国环境管理丛书，2010（1）：12－15.

［58］张莹莹. 东道国制度风险对中国企业对外投资的影响［J］. 天津：
天津财经大学，2020.

［59］张友棠，杨柳. "一带一路"国家税收竞争力与中国对外直接投资
［J］. 国际贸易问题，2018（3）：85－99.

［60］曾慧. 外商直接投资环境效应及区域差异研究：基于面板模型的实

证分析 [J]. 国际商务研究, 2016 (2): 87 - 96.

[61] 赵蓓文. 经济全球化新形势下中国企业对外直接投资的区位选择 [J]. 世界经济研究, 2015 (6): 119 - 126, 129.

[62] 周建, 肖淑玉, 任兵. 东道国制度环境对我国外向 FDI 的影响分析 [J]. 经济与管理研究, 2010 (7): 86 - 93.

[63] 周敏, 谢莹莹, 孙叶飞. 中国城镇化发展对能源消费的影响路径研究: 基于直接效应与间接效应视角 [J]. 资源科学, 2018 (9): 1693 - 1705.

[64] 宗芳宇, 路江涌, 武常岐. 双边投资协定、制度环境和企业对外直接投资区位选择 [J]. 经济研究, 2012 (5): 71 - 82.

[65] Aggarwal R, Agmon T. The international success of developing country firms: role of government-directed comparative advantage [J]. Management International Review, 1990: 163 - 180.

[66] Ahmad F, Ahmad I, Khan M S. Screening of free-living rhizospheric bacteria for their multiple plant growth promoting activities [J]. Microbiological Research, 2008 (2): 173 - 181.

[67] Antweiler W, Copeland B R, Taylor M S. Is free trade good for the environment? [J]. American Economic Review, 2001 (4): 877 - 908.

[68] Athreye S, Kapur S. Introduction: the internationalization of Chinese and Indian firms-trends, motivations and strategy [J]. Industrial and Corporate Change, 2009 (2): 209 - 221.

[69] Barret P, Brinkmann M, Beckert M. A major locus expressed in the male gametophyte with incomplete penetrance is responsible for in situ gynogenesis in maize [J]. Theoretical and Applied Genetics, 2008 (4): 581 - 594.

[70] Bathelt H, Malmberg A, Maskell P. Clusters and knowledge: local buzz, global pipelines and the process of knowledge creation [J]. Progress in Human Geography, 2004 (1): 31 - 56.

[71] Becker R, Henderson V. Effects of air quality regulations on polluting industries [J]. Journal of Political Economy, 2000 (2): 379 - 421.

[72] Birdsall N, Wheeler D. Trade policy and industrial pollution in Latin America: where are the pollution havens [J]. The Journal of Environment & Development, 1993 (1): 137 - 149.

[73] Blonigen B A. A review of the empirical literature on FDI determinants

[J]. Atlantic Economic Journal, 2005 (4): 383 –403.

[74] Brenton P, Di M F, Lücke M. Economic integration and FDI: an empirical analysis of foreign investment in the EU and in Central and Eastern Europe [J]. Empirica, 1999 (2): 95 –121.

[75] Buckley L J, Durbin E G. Seasonal and inter-annual trends in the zooplankton prey and growth rate of Atlantic cod (Gadus morhua) and haddock (Melanogrammus aeglefinus) larvae on Georges Bank [J]. Deep Sea Research Part II: Topical Studies in Oceanography, 2006 (23 – 24): 2758 –2770.

[76] Buckley P L, Clegg L J, Cross A R, et al. The determinants of Chinese outward foreign direct investment [J]. Journal of International Business Studies, 2007 (4): 499 –518.

[77] Buckley R. Evaluating the net effects of ecotourism on the environment: a framework, first assessment and future research [J]. Journal of Sustainable Tourism, 2009 (6): 643 –672.

[78] Cantwell J, Janne O. Technological globalisation and innovative centres: the role of corporate technological leadership and locational hierarchy [J]. Research Policy, 1999 (2 –3): 119 –144.

[79] Cantwell J, Santangelo G D. The frontier of international technology networks: sourcing abroad the most highly tacit capabilities [J]. Information Economics and Policy, 1999 (1): 101 –123.

[80] Chen H, Chen T J. Network linkages and location choice in foreign direct investment [J]. Journal of International Business Studies, 1998 (3): 445 –467.

[81] Child. The internationalization of Chinese firms [J]. Management and Organization Review, 2005 (3): 381 –410.

[82] Coase R H. The nature of the firm [J]. The Nature of the Firm, 1991: 18 –33.

[83] Cole M A. Trade, the pollution haven hypothesis and the environmental Kuznets curve: examining the linkages [J]. Ecological Economics, 2004 (1): 71 –81.

[84] Cole M, Lindeque P, Halsband C. Microplastics as contaminants in the marine environment: a review [J]. Marine Pollution Bulletin, 2011 (12): 2588 –2597.

［85］ Copeland B R, Taylor M S. North-South Trade and the Environment ［J］. Quarterly Journal of Economics, 1994 (3): 755 – 787.

［86］ Copeland B R, Taylor M S. Trade and the environment: a partial synthesis ［J］. American Journal of Agricultural Economics, 1995 (3): 765 – 771.

［87］ Cui L, Meyer K E, Hu H W. What drives firms' intent to seek strategic assets by foreign direct investment? a study of emerging economy firms ［J］. Journal of World Business, 2014 (4): 488 – 501.

［88］ Delios A, Henisz W J. Political hazards, experience, and sequential entry strategies: the international expansion of Japanese firms, 1980 – 1998 ［J］. Strategic Management Journal, 2003 (11): 1153 – 1164.

［89］ Deng F G, Long G L, Liu X S. Two-step quantum direct communication protocol using the Einstein-Podolsky-Rosen pair bloc ［J］. Physical Review, 2003 (4).

［90］ DiMaggio P J, Powell W W. The iron cage revisited: institutional isomorphism and collective rationality in organizational fields ［J］. American Sociological Review, 1983: 147 – 160.

［91］ Doytch N, Uctum M. Globalization and the environmental impact of sectoral FDI ［J］. Economic Systems, 2016 (4): 582 – 594.

［92］ Duncan K P, Györffy B L. Semiclassical theory of quasiparticles in the superconducting state ［J］. Annals of Physics, 2002 (2): 273 – 333.

［93］ Duncan, Kevin P, Györffy B L. Semiclassical theory of quasiparticles in the superconducting state ［J］. Annals of Physics, 2002 (2): 273 – 333.

［94］ Eichengreen B, Tong H. Fear of China ［J］. Journal of Asian Economics, 2006 (2): 226 – 240.

［95］ Ekeledo I, Sivakumar K. International market entry mode strategies of manufacturing firms and service firms: a resource-based perspective ［J］. International Marketing Review, 2004 (5): 368 – 389.

［96］ Elango B, Pattnaik C. Building capabilities for international operations through networks: a study of Indian firms ［J］. Journal of International Business Studies, 2007 (4): 541 – 555.

［97］ Erdogan A M. Foreign direct investment and environmental regulations: a survey ［J］. Journal of Economic Surveys, 2014 (5): 943 – 955.

［98］ Ernst H. Success factors of new product development: a review of the empirical literature [J]. International Journal of Management Reviews, 2002 (1): 1 –40.

[99] Erramilli M K, Rao C P. Service firms' international entry-mode choice: a modified transaction-cost analysis approach [J]. Journal of Marketing, 1993 (3): 19 –38.

[100] Eskeland G S, Harrison A E. Moving to greener pastures? multinationals and the pollution haven hypothesis [J]. Journal of Development Economics, 2003 (1): 1 –23.

[101] Fahy J. A resource-based analysis of sustainable competitive advantage in a global environment [J]. International Business Review, 2002 (1): 57 –77.

[102] Gomes C B, Hagedoorn J, Jaffe A B. Do alliances promote knowledge flows? [J]. Journal of Financial Economics, 2006 (1): 5 –33.

[103] Gray W B, Shadbegian R J. Plant vintage, technology, and environmental regulation [J]. Journal of Environmental Economics and Management, 2003 (3): 384 –402.

[104] Grey K, Brank D. Environmental issues in policy-based competition for investment: a literature review [J]. Ecological Economics, 2002 (11): 71 –81.

[105] Harrigan K R. Joint ventures and competitive strategy [J]. Strategic Management Journal, 1988 (2): 141 –158.

[106] He J H. Some asymptotic methods for strongly nonlinear equations [J]. International Journal of Modern Physics, 2006 (10): 1141 –1199.

[107] Hsieh M F, Shen C H, Lee J S. Factors influencing the foreign entry mode of Asian and Latin-American banks [J]. The Service Industries Journal, 2010 (14): 2351 –2365.

[108] Javorcik B S. The composition of foreign direct investment and protection of intellectual property rights: evidence from transition economies [J]. European Economic Review, 2004 (1): 39 –62.

[109] Johanson J, Vahlne J E. The uppsala internationalization process model revisited: from liability of foreignness to liability of outsidership [M]. London: Routledge, 2015: 33 –59.

[110] John Child, Suzana B R. The internationalization of Chinese firms: a case for theoretical extension? [J]. Management and Organization Re-

view, 2005 (3): 381 – 410.

[111] Kang Y, Jiang F. FDI location choice of Chinese multinationals in East and Southeast Asia: traditional economic factors and institutional perspective [J]. Journal of World Business, 2012 (1): 45 – 53.

[112] Kim W C, Hwang P. Global strategy and multinationals' entry mode choice [J]. Journal of International Business Studies, 1992 (1): 29 – 53.

[113] Klein H J, Wesson M J, Hollenbeck J R. Goal commitment and the goal-setting process: conceptual clarification and empirical synthesis [J]. Journal of Applied Psychology, 1999 (6): 885.

[114] Kogut B. Joint ventures: theoretical and empirical perspectives [J]. Strategic Management Journal, 1988 (4): 319 – 332.

[115] Kojima K, Maeda A, Takai Y. Thermally stimulated currents from polyethylene terephthalate due to injected charges [J]. Japanese Journal of Applied Physics, 1978 (10): 1735.

[116] Kolk A, et al. International business, corporate social responsibility and sustainable development [J]. International Business Review, 2010 (2): 119 – 125.

[117] Kolstad I, Wiig A. What determines Chinese outward FDI? [J]. Journal of World Business, 2012 (1): 26 – 33.

[118] Kumar K, McLeod M G. Multinationals from Third World Countries [M]. Lexington: DC Heath, 1981.

[119] Kumar K. Third world multinationals: a growing force in international relations [J]. International Studies Quarterly, 1982 (3): 397 – 424.

[120] Kuznets S. International Differences in Capital Formation and Financing [M]. Princeton: Princeton University Press, 1955.

[121] Letchumanan R, Kodama F. Reconciling the conflict between the "pollution-haven" hypothesis and an emerging trajectory of international technology transfer [J]. Research Policy, 2000 (1): 59 – 79.

[122] Li P P. Toward an integrated theory of multinational evolution: the evidence of Chinese multinational enterprises as latecomers [J]. Journal of International Management, 2007 (3): 296 – 318.

[123] List J A, Co C Y. The effects of environmental regulations on foreign direct investment [J]. Journal of Environmental Economics and Management, 2000 (1): 1 – 20.

[124] Lyon T P, Maxwell J W. Environmental public voluntary programs re-considered [J]. Policy Studies Journal, 2007 (4): 723 – 750.

[125] Markusen J R. The boundaries of multinational enterprises and the theory of international trade [J]. Journal of Economic Perspectives, 1995 (2): 169 – 189.

[126] Mathew J, Lechner R, Foysi H. An explicit filtering method for large eddy simulation of compressible flows [J]. Physics of Fluids, 2003 (8): 2279 – 2289.

[127] Matthews J A, Wnek G E, Simpson D G. Electrospinning of collagen nanofibers [J]. Biomacromolecules, 2002 (2): 232 – 238.

[128] Meyer K E, Estrin S, Bhaumik S K. Institutions, resources, and entry strategies in emerging economies [J]. Strategic Management Journal, 2009 (1): 61 – 80.

[129] Meyer K E, Peng M W. Probing theoretically into Central and Eastern Europe: transactions, resources, and institutions [J]. Journal of International Business Studies, 2005 (6): 600 – 621.

[130] Moshirian F. Financial services: global perspectives [J]. Journal of Banking & Finance, 2004 (2): 269 – 276.

[131] Nadia B K, Park H, Cioffi J. A comparison of obstetrical outcomes and costs between misoprostol and dinoprostone for induction of labor [J]. The Journal of Maternal-Fetal & Neonatal Medicine, 2016 (22): 3732 – 3736.

[132] Nadia D, Merih U. Globalization and the environmental impact of sectoral FDI [J]. Economic Systems, 2016 (4): 582 – 594.

[133] Narula R, Dunning J H. Industrial development, globalization and multinational enterprises: new realities for developing countries [J]. Oxford Development Studies, 2000 (2): 141 – 167.

[134] Neequaye N A, Oladi R. Environment, growth, and FDI revisited [J]. International Review of Economics & Finance, 2015 (39): 47 – 56.

[135] Nguyen T T, Wang J J, Wong T Y. Retinal vascular changes in prediabetes and prehypertension: new findings and their research and clinical implications [J]. Diabetes Care, 2007 (10): 2708 – 2715.

[136] Peng M W, et al. An institution-based view of international business

strategy: a focus on emerging economies [J]. Journal of International Business Studies, 2008 (5): 920 –937.

[137] Riordan M H, Williamson O E. Asset specificity and economic organization [J]. International Journal of Industrial Organization, 1985 (3): 365 –378.

[138] Robins R W, Trzesniewski K H, Tracy J L. Global self-esteem across the life span [J]. Psychology and Aging, 2002 (3): 423.

[139] Rugman A M, Li J. Will China's multinationals succeed globally or regionally? [J]. European Management Journal, 2007 (5): 333 –343.

[140] Rugman A M, Verbeke A. Edith Penrose's contribution to the resource-based view of strategic management [J]. Strategic Management Journal, 2002 (8): 769 –780.

[141] Rugman A M. A test of internalization theory [J]. Managerial and Decision Economics, 1981 (4): 211 –219.

[142] Rui H, Yip G S. Foreign acquisitions by Chinese firms: a strategic intent perspective [J]. Journal of World Business, 2008 (2): 213 –226.

[143] Sanfilippo M. Chinese FDI to Africa: what is the nexus with foreign economic cooperation? [J]. African Development Review, 2010 (22): 599 –614.

[144] Spatareanu M. Searching for pollution havens: the impact of environmental regulations on foreign direct investment [J]. The Journal of Environment & Development, 2007 (2): 161 –182.

[145] Sturgeon T, et al. Value chains, networks and clusters: reframing the global automotive industry [J]. Journal of Economic Geography, 2008 (3): 297 –321.

[146] Taylor M J. Non-spatial attentional effects on P1 [J]. Clinical Neurophysiology, 2002 (12): 1903 –1908.

[147] Wagner U J, Timmins C D. Agglomeration effects in foreign direct investment and the pollution haven hypothesis [J]. Environmental and Resource Economics, 2009 (2): 231 –256.

[148] Witt M A, Lewin A Y. Outward foreign direct investment as escape response to home country institutional constraints [J]. Journal of International Business Studies, 2007 (4): 579 –594.

[149] Xing E, Jordan M, Russell S J. Distance metric learning with applica-

tion to clustering with side-information [J]. Advances in Neural Information Processing Systems, 2002 (15).

[150] Xing Y, Kolstad C D. Do lax environmental regulations attract foreign investment? [J]. Environmental and Resource Economics, 2002 (1): 1 – 22.

[151] Yang X, Jiang Y, Kang R. A comparative analysis of the internationalization of Chinese and Japanese firms [J]. Asia Pacific Journal of Management, 2009 (1): 141 – 162.

[152] Ye T, Suo Z, Evans A G. Thin film cracking and the roles of substrate and interface [J]. International Journal of Solids and Structures, 1992 (21): 2639 – 2648.

后 记

　　本书是笔者系列研究成果的整合与凝练，也是对前期研究的进一步深入与拓展。自 2006 年攻读博士学位开始，笔者一直致力于国际贸易与投资的研究。前期研究主要关注新兴市场企业国际化议题，基于内向视角，在中国企业国际化动因、区位选择与进入模式、国际化学习效应等方面，积累了较丰富的研究成果（主持教育部人文社会科学研究项目等相关课题 7 项、出版专著 2 部、发表论文 12 篇）；自 2015 年起，笔者将研究视角外射到中国企业国际化后对东道国环境变量的影响效应上，并基于"一带一路"绿色共同体建设这一背景，逐渐廓清研究思路，确立了中国 ODI "环境效应"的双向传导路径与环境风险治理等研究方向。在此基础上，笔者先后申报了系列研究课题并成功获得立项资助，2020 年底本书成功入选《广东哲学社会科学成果文库》（GD20CGYJ02），由广东省哲学社会科学规划办立项并资助出版。从初步确定选题到进一步廓清研究思路，从把握最新研究进展到不断收集更新相关数据，从确定研究框架到进一步凝练研究内容，从构建理论模型到确定实证方法，从梳理整合系列研究成果到最后定稿成书，历时八载多，在数易其稿的艰辛中，本书最终确定用"环境效应"这一主题，沿着两条主线对中国 ODI "环境效应"进行研究，将中国 ODI 环境规制效应、东道国环境效应、环境风险表征与治理等主题串起来，采用规范分析与实证分析相结合的方法，对中国 ODI 环境效应的作用机理及实证检验展开了系统的研究。

　　在全球经济下行压力加大、"逆全球化"思潮和"绿色投资壁垒"日益抬头的国际背景下，环境安全已成为"一带一路"命运共同体的核心议题。由于中国企业"走出去"的历史尚短，现有文献主要关注东道国环境规制对发达国家 ODI 区位选择的影响效应，有关中国 ODI 与东道国环境变量关系的研究并不充分。本书从"外向国际化"视角，跳出单向思维的研究模式，关注中国企业"走出去"的环境效应，向前探求东道国环境规制对中国 ODI 分布的影响效应，向后追溯中国 ODI 对东道国环境质量的影响效应，提出了环境效应的双向传导范式，创新了 ODI 环境效应研究范式。当然，本书的写作也是一项具有挑战性的工作。除了研究范式的创新，实证数据的可获得性差，是本书面临的主要困难。这导致某些初次研究的结果不理想，需要重新调整变量或指标选择，甚至是理论模型。具体表现在：①由于中国"走出去"历史尚短，对中国 ODI 的统计没有细分到东道国内的行业分布，导致基于行业差异性的环境效应分析数据可获得性差。②中国在"一带一路"投资的东道国大部分属于发展中国家，数据的可获得性不好，特别是涉及制度和环境政策层面的数据匮乏。如在环境污染指数测算过程中，因为数据可获得性和指标选取方面的问题，造成研究结果差强人意，需要对环境污染指数组成维度进行调整。

为了克服数据可获得性差的困难，本书团队从《中国对外直接投资统计公报》、China Global Investment Tracker、World Development Index、Environmental Performance Index 等数据库中收集相关数据，然后进行分类、归纳与统计，数据收集与整理、计量分析的工作量巨大，为此我要特别感谢我的研究生团队能积极参与到我的课题中来，尤其是钟汝谦、陶禹佑、张诗文、薛莹、董晨晨、朱旭泽、王俊业、叶婧怡、黄静等同学。

在本书写作过程中，笔者参考了众多国内外学者的文献，学者们在研究视角、学术思想、理论范式与研究方法方面的匠心独运与深厚功底，给予了笔者写作此书的思想源泉与学理支撑，在此表示衷心感谢！作为中国企业国际化领域的一种创新性、阶段性的努力结果，本书无论是在理论范式、研究方法还是在行文构思方面，尚需不断地完善。由于笔者才疏学浅，本书不可避免地存在着诸多不足或谬误，而这些局限性也为未来的深入研究提供了方向。笔者文责自负，敬请各位专家、学者不吝批评与指正。

感谢"广东沿海经济带发展研究院省级平台"、广东海洋大学特色重点学科应用经济学等研究平台提供的支持。

感谢中山大学出版社，感谢策划编辑金继伟、责任编辑杨文泉等审校人员为本书的编辑出版付出了辛勤的劳动。他们的严谨认真为本书的出版质量提供了有力支撑，谨向他们表示诚挚的谢意！

同时，感谢谭志军、谭珉威先生。作为我的家人，他们给予我精神上的理解、鼓励与支持；作为课题组成员，他们在实地调研、数据收集与整理、书稿精简完善等方面，给予我大力的帮助。

衷心感谢所有帮助过、关心过我的同行、学生、亲人、朋友和单位！

杨丽华

2022 年 8 月于长沙